이 책의 목적은, 단어만 알면,

세상의 모든 영어 문장 99%를
빠르게 해석할 수 있게 되는 것입니다.

난생처음 끝까지 보는

고등
영어
독해비급

❶ 이번 생은 망했어!

그때로 돌아가면
죽어도 그림은 안 그릴 거야!
나도 20년 전으로
돌아가고 싶어!

그림 조연재

❷ 20년 전 학교

축의금이 없어서 결혼식에 못 갔다. 대신에 울다 지쳐 한숨 자고 눈을 떴는데, 놀랍게도 20년 전의 고등학교였다. 그러나 새로운 인생을 살 수 있다는 기쁨도 잠시뿐이었다. 20년간 안 하던 공부를 하려니 쫓아갈 수 없었다. 특히 이해가 전혀 안 되는 영어 수업을 들을 때면 잠이 쏟아졌다.

아침 8시부터 저녁 10시까지 오로지 공부, 또 공부. 쳇바퀴 같은 삶 속에서 유일한 탈출구가 그림이었음이 생각났다. 그렇다고 다시 그림을 그릴 수는 없다. 이후 20년을 쏟아도 내 재능으로는 먹고 살 수 없기 때문이다.

나는 좋은 대학교에 입학할 수 있을까? 대학교에 간다면 무엇을 전공하고, 졸업 후에는 뭘 하며 살아야 할까?

❸ 영어를 잘하고 싶어서

영어를 포기할 수 없었다. 그런데 집에 학원을 다닐 돈은 없어서, 학원 대신 책이라도 있으면 도움이 될 것 같아 서점에 왔다. 그런데 대부분의 영어 책은 이해할 수 없었다. 영어 잘하는 사람 입장에서 문장을 놓고 분석을 해놨지, 영어 못하는 사람 입장에서 '어떻게 해석해야 하는 지'에 대한 내용은 없었다. 2시간 가량 더 찾은 결과 '고등영어 독해비급'을 찾을 수 있었다. 이 책은 완전히 달랐다.

고등영어 독해비급은 모든 영어 단어를 1:1로 해석했다. 내가 모르는 단어와 문법을 같은 줄에서 바로 확인해서 알 수 있다.

기존의 해석은 문장 앞뒤를 여러 번 읽어야 하는데, 고등영어 독해비급은 앞에서부터 해석하는 직독직해 방식으로 한 번만 읽으면 이해할 수 있다.

붉은색과 초록색으로 핵심 부분을 표시해놔서, 설명이 쉽게 이해됐다. 특히 형태가 같은 to부정사, 분사, 관계대명사를 의미에 따라 붉은색과 초록색으로 나눠 표기한 것은 혁신적이었다.

책만으로 이해하기 어려울 때는 저자 직강 무료 강의가 있었다. 또한 저자에게 직접 연락(iminia@naver.com, 010-4718-1329)할 수 있기에, 모르는 것은 쉽게 해결할 수 있다.

더 놀라웠던 것은, 이 책 덕분에 이번 인생에서는 나에게 딱 맞는 일을 찾을 수 있을 것 같다!

❹ 고슴도치 컨셉

인생에서 가장 중요한 것은 '선택'이다. 좋은 선택만 하고 싶어도, 해보기 전까지는 어떤 선택이 좋은지 알 수 없다. 그래서 성공만 선택하며 살 수는 없다. 하지만, 끊임없는 실패에도 성공에 가까워지는 길이 있고, 최선을 다해도 점점 더 성공과 멀어지는 길이 있다. 먼저 성공한 사람들이 어떻게 선택했는지 알면 더 나은 선택을 할 수 있지 않을까?

<좋은 기업을 넘어 위대한 기업으로>에는 15년 동안 매년 시장 대비 3배 이상 성장한 위대한 기업 11개를 선별하여 특징을 뽑았다. 그 기업들은 세 가지에 부합하는 일만 했다. 그것은 1.잘하는 일 2.좋아하는 일 3.돈이 되는 일이다. 아무리 잘하고 좋아하는 일이어도 돈이 되지 않는 일은 하지 않았다. 그런 기업을 '고슴도치 컨셉'을 가진 기업이라고 한다. 꾀가 많은 여우가 보기에 한 가지만 하는 고슴도치는 바보 같지만, 결국 고슴도치 같은 기업이 여우 같은 기업들보다 훨씬 큰 성과를 냈다.

사람도 기업이나 마찬가지다. 잘하는 일, 좋아하는 일, 돈이 되는 일을 기준으로 선택하면, 결국 가장 크게 성공할 수 있는 일을 찾게 된다. 문제는, 본인이 좋아했던 일이 싫어하는 일로 바뀌기도 하고, 세상 역시 어떤 시기에는 돈이 되던 일도 세월에 따라 돈이 되지 않는 일로 바뀐다. 결국, 세 가지를 모두 충족하기는 어렵다. 셋 중에 무엇이 더 중요한지 이 책의 다른 부분에서 알아보자.

❺ 한국 최고 부자의 실패 p.50   ❻ 스티브 잡스에게 배우는 인생의 지혜 p.84
❼ 부족한 돈이 가져오는 공포 p.118   ❽ 포기할 때를 아는 방법 p.162   ❾ 실패가 두렵지 않은 이유 p.206

머리말

진짜 모든 문장 해석 가능할까?

성인도 '고등 영어'로 배울 수 있습니다. 왜냐하면 최근 수능 영어는 토플 수준으로 어렵기 때문입니다. 오히려 문장 구조는 토플보다 어렵습니다. 문제의 변별력을 위해 3문장을 1문장으로 합쳐놓는 식으로 어렵게 만들었습니다. 원어민들도 수능 영어를 다 맞추기 어렵습니다.

토플에 비해 어휘는 쉽지만, 독해에 사용된 문법은 수능이나 토플이나 같습니다. 수능 지문을 해석할 수 있다면, 토익/토플/편입/공무원 영어 지문은 물론, 웬만한 영어 원서도 해석할 수 있습니다.

이 책이 많이 어렵다면 <중학영어 독해비급>과 <유레카 팝송 영어회화>를 먼저 보세요. <고등영어 독해비급>을 익힐 때는 저자 직강 무료 강의(24년 12월 제공, rb.gy/nz4e21)를 꼭 보세요. 같이 보면 좋은 책으로 <신호등 영작 200>을 추천합니다. <고등영어 독해비급>이 쉽다면 <TOP10 연설문>과 <TOP10 영한대역 단편소설>을 추천합니다.

〈무료강의〉 QR코드 사용법

휴대폰의 카메라에서 사진을 촬영하듯 ← 왼쪽의 QR코드를 휴대폰 화면에 비추면 접속 가능한 배너가 뜹니다.

중학생부터 성인까지 누구나!

❶ 5~8등급의 고등학생: 학교 수업을 따라갈 수 없는 고등학생(또는 중학생)은, 학교 수업 1~2일 전에 예습합니다(모르는 단어 익히고, 두 번 읽기). 그리고 이 책의 무료 강의를 활용하여 <고등영어 독해비급>을 봅니다. 한 번에 완벽하게 보지 말고, 대충 여러 번(5회 이상)을 봐야 합니다. 처음 볼 때, 문법에서는 별(☆)표가 있는 부분만 보고, 단원당 3개의 지문 중에 더 쉬운 첫 지문만 익히고 다음으로 넘어갑니다. 모르는 단어는 <수능영어 단어사전(3300원)>을 참고합니다.

❷ 3~4등급의 고등학생: 어려운 문장만 해석이 안 돼서 책의 일부분을 본다면, 분사(5, 6단원), 준동사의 삽입(9단원), 관계대명사의 응용(12, 13단원), 복문과 절의 삽입(14, 15, 16)을 추천합니다. 하루에 1~2단원을 익히고, 각지문의 QR코드를 활용해 원어민MP3를 틀어놓고 반복해서 따라 읽는 것을 추천합니다.

❸ 영어 원서를 읽고 싶은 성인: 이 책의 소재만 '수능 기출'일 뿐, 내용은 '직독직해 해석 비법'입니다. 영어 원서를 읽기 전이나, 토익/토플/편입/공무원 등 영어 시험을 준비하며 보시면 좋습니다.

무료강의
rb.gy/nz4e21

최단기간 수능영어 1등급 비법

수능 영어 듣기는 ❶ '기출 문제' 1회 풀기 ❷ 틀린 문제만 반복해서 들으면서 전체 받아 적기 ❸ 스크립트를 보고 틀리게 적은 부분을 고치기 ❹ 스크립트를 해석하면서 모르는 단어는 단어장에 정리하기 ❺ 틀린 문제의 원어민 MP3를 틀고 스크립트를 보며 3회 이상 따라 읽기. ❻ 문제의 MP3를 틀고 스크립트를 보지 않고 3회 이상 따라 말하기. 이렇게 매일 1시간씩 2~3달 후에는 모두 맞출 수 있습니다.

어휘는 수능 기출 6~8회 분량에 나오는 모든 영어 단어를 익히면 수능 수준의 대부분의 단어(98% 이상)를 알게 됩니다. ❶ **기출 지문을 풀기** ❷ **꼼꼼하게 해석하며 단어 정리** ❸ **매일 2회 이상 반복해서 기출 지문 해석하며 읽기.** 한 기출 지문을 10회~50회 가량 반복해서 해석하며 기출 어휘를 모두 익힙니다. 단어 정리하는 법은 무료 강의(rb.gy/nz4e21)를 활용합니다. 2025년 중순에 출간되는 <영어단어 시리즈(초등, 중등, 수능)>를 보면 훨씬 편하게 암기할 수 있습니다.

해석 방법은 <고등영어 독해비급>을, 풀이 요령은 <수능영어 독해비급, 2026년 출간 예정>을 반복해서 익히세요.

주의

문제는 틀려도 좋습니다. 이 책은 '정확히 해석'하는 게 목표이기 때문입니다. 문제 푸는 방법은 다음 단계인 <수능영어 독해비급>에서 다룹니다.

직독직해를 안 하면, 긴 문장은 해석을 할 수 없거나, 여러 번 읽어야 이해할 수 있습니다. 실력 향상을 위해 한글의 자연스러운 해석은 좋지 않습니다.

해석이 잘 안되는 이유는 '직독직해'할 때 각 단어에 '알맞은 조사(가/를 등)'를 붙이지 않았기 때문입니다. 그리고 책의 해석을 보고도 이해가 안되는 이유는, 영어식 해석에 익숙하지 않기 때문입니다. 익숙해지면, 훨씬 빠르고 쉽게 이해할 수 있습니다.

왼쪽의 독해 지문에 '한글 뜻'은 쓰지 마세요. 해석에 도움이 안 되고, 단어 뜻도 암기할 수 없습니다.

선생님들께

miklish.com에 이 책의 강의를 위한 자료가 있습니다. 강의 화면을 위한 지문 PDF, 복습을 위한 지문별 영작 자료 등이 있습니다. 책과 관련해서 필요하신 자료가 있다면 마이클리시 게시판이나 iminia@naver.com으로 연락 주세요. 더 편하게 가르치실 수 있도록 돕겠습니다.

머리말

책의 구성/활용

① 문법 익히기 두가지(빨강/초록)로 나눠서 설명합니다. 전부 익히려고 하지 말고, 먼저 중요한 부분만 익히세요.

문법 항목마다 번호(❶)를 붙였습니다. 더 중요한 것을 먼저 썼고(❶이 ❷보다 중요), 꼭 알아야 할 것은 별표(☆)를 붙였습니다. 어렵다면, 처음 보실 때는 별표 항목만 보셔도 좋습니다.

우측 페이지 상단에는 자료/강의 QR코드가 있습니다. 휴대폰이나 컴퓨터로 무료 강의를 들으며 익히면 훨씬 쉽게 익힐 수 있습니다. 필요한 분만 활용하시면 됩니다.

② 어휘 살펴보기 붉은 단어가 초록 단어 보다 더 많이 출제 되었습니다. 외우지 말고 확인만 하셔도 돼요.

우측 QR코드를 통해 '원어민이 읽는 단어'를 들을 수 있습니다. 쉬는 간격마다 따라 말해보고, 모르는 단어는 표시하고 넘어갑니다.

문제 지문이 영한대역 방식이라 어휘 부분을 다시 볼 일은 드물지만, 참고 용도로 넣었습니다.

단어장 만드는 법, 암기법은 무료강의를 참고해 주세요: rb.gy/nz4e21

무료강의
rb.gy/nz4e21

③ 문장에 적용하기   단원의 핵심 문법을 '구/문장'에서 익혀봅니다. 틀려도 좋습니다. **틀려야 배웁니다.**

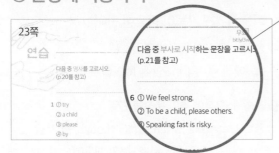

23쪽

연습

다음 중 명사를 고르시오.
(p.20를 참고)

1 ① try
② a child
③ please
④ by

다음 중 부사로 시작하는 문장을 고르시
(p.21를 참고)

6 ① We feel strong.
② To be a child, please others.
⑤ Speaking fast is risky.

앞에서 배운 문법을 실제 문장에 적용해봅니다.
문장의 일부만 해석하기에 훨씬 쉽습니다. 어렵
다면 무료강의를 참고해 주세요.

10문제 중, 1~5번문제가 6~10번보다 쉽습니
다. 정답은 2쪽 뒤 하단에 있습니다.

④ 문단에 적용하기   ❶ 문제 풀기 - (❷ 강의 듣기) - ❸ 꼼꼼하게 스스로 해석하기 - (❹ QR코드 원어민 따라 읽기)

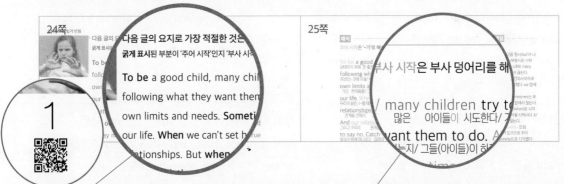

24쪽

다음 글의 요지로 가장 적절한 것은
굵게 표시된 부분이 '주어 시작'인지 '부사 시

To be a good child, many chil
following what they want them
own limits and needs. Someti
our life. When we can't set h
ationships. But when

25쪽

해석

To be a good ~
상태30이 커져 좋 동
following wh
own limits
우리의 삶은 ~방해될
our life. Wh
relationships
And our rela
그것고 우리의
to say no. Catch
엄마가 위해 메시

부사 시작은 부사 덩어리를 해

/ many children try t
많은 아이들이 시도한다/
ant them to do. A
는지/ 그들(아이들)이 하

1

❶ 앞서 배운 해석법을 적용하여, 오른쪽의 한글 해석
을 보지 않고 문제를 풉니다. 해석이 어려운 부분은 밑
줄로 표시합니다.

지문마다 3문제인데, 수능 기출을 쉽게 변형하였으
며, 특히 첫번째 문제는 많이 쉽게 변형하였습니다.

❷ 무료강의를 듣고, **❸** 해석이 어려
운 문장은 오른쪽의 같은 줄의 한글을
참고해서 꼼꼼히 해석합니다.

모든 영어 단어는 한글 단어에 1:1 대
응 되도록 직독직해 했습니다.

❹ 원어민 MP3를 반복(2~5회)해서 틀어 놓고 따라 말합니다. 이후에는 시간을 두고(1일~30일) 약
5~20회 반복 해석하면서 해석법과 어휘를 익힙니다. 각 단원의 '영작 자료'를 활용하는 것도 좋습니다.

머리말

책의 구성/활용

8품사 단어의 종류 8가지

내용어 4개 내용이 중요한 단어

① 명사: 사람이나 사물의 이름 p.20

children 아이들, people 사람들, time 시간,
way 방법, life 삶, day 날, god 신, night 밤,
mom 엄마, home 집, year 년, relationship 관계,
times 시기들, limit 한계, pain 고통

② 동사: 행동에 대한 말 p.30

want 원하다, get 생기다, follow 따르다, feel 느끼다,
tell 말하다, set 설정하다, take 가져가다, lose 잃다,
cause 야기하다, please 기쁘게 하다
상태에 대한 말: am, are, is, be, was, were, been,
being

③ 형용사: 명사의 상태를 설명 p.54

very 아주, much 양이 많은, many 수가 많은,
right 옳은, 오른쪽, okay 괜찮은, good 좋은,
little 약간, sure 확신하는, more 더 많은,
sorry 미안한, great 대단한, strong 강한

④ 부사: 명사 외에 다른 말의 정도를 설명 p.55

not ~하지 않는다, just 단지, 막, so 그래서, 아주,
well 잘, 글쎄, here 여기, out 밖에, there 거기,
up 위 쪽으로, now 지금, really 정말로, back 뒤로,
then 그러고나서, never 절대~하지 않는다, too 너무,
maybe 아마도, down 아래쪽으로

기능어 4개 기능이 중요한 단어

① 전치사: 명사를 동사에 연결 p.41

to ~에게, of ~의, in ~안에, for ~를 위해

② 접속사: 문장에 추가 문장을 연결

종속 접속사p.42: when ~할 때, though ~하지만
becasue ~하기 때문에
등위 접속사p.166: and 그리고, but 그러나, or 또는
관계 대명사p.122: what 무엇, who 누가,
which 어떤 것, whose 누구의

③ 대명사: 명사 대신 쓰는 말 p.20

we 우리는, I 나는, you 너, he 그는, she 그녀는,
it 그것, they 그들은, this 이것, these 이것들,
that 저것, those 저것들, thing ~것, me 나를,
him 그를, her 그녀를, us 우리를, them 그것들을,
others 다른 사람들, everybody 모든 사람

④ 한정사: 명사의 윤곽을 그리게 하는 말 p.20

a 한, an 한, the 그, all 모든, my 나의, our 우리의,
two 두개의, this 이것의, that 저것의, some 약간의,
any 약간도, every 모든, another 또 하나의

어떤 단어는 명사/동사 둘 다 가능하고, 어떤 단어는
형용사/부사 둘 다 가능하다(p.55).

8품사/용어

무료강의
rb.gy/nz4e21

차례

추가 품사 2개

다른 책에는 '감탄사/한정사'가 빠져있다. 이 책에는 '조동사'를 추가해서 10가지로 넣었다.

❶ 감탄사: 순간의 느낌, 단순한 대답을 일컫는 말

yes 그래, oh 오(놀람), hey 거기(부를 때), hello 안녕(만났을 때), bye 안녕(헤어질 때), um (생각 중), sir (남자) 분

❷ 조동사: 동사를 더 구체적으로 만드는 말

can ~할 수 있다, can't ~할 수 없다, will ~할 것이다,
may ~할 것 같다, would ~하려고 한다,
could ~할 수도 있다, might ~할지도 모른다,
should/must/have to ~해야 한다,
be going to (당연히) ~할 것이다

용어

앞/뒤: I like you에서 I는 like의 앞에 있고, you는 like의 뒤에 있다.

단어: 띄어쓰기와 띄어쓰기 사이에 붙어있는 알파벳들의 덩어리. a man에서 단어는 a와 man으로 2개이다.

구: 두 개 이상의 단어를 한 덩어리로 일컫는 말. a man은 2개의 단어가 합쳐져 하나의 명사 역할을 하므로 '명사구'라고 한다. 주로 전치사(p.41)나 준동사(p.64, p.74, p.88)를 써서 구를 만든다.

절: 본동사가 있는 '문장'의 최소 단위. I like you에는 본동사 like가 있으므로 하나의 절이다. 절을 추가하기 위해 접속사(p.42)를 쓴다.

주절/종속절: 주절은 주된 문장, 종속절은 접속사를 사용해서 주절에 추가한 문장이다. I saw him when I studied English에서 주절은 I saw him이고 종속절은 when I studied English이다.

p.: p는 '쪽(page, 페이지)'을 뜻한다.

동사ed: 동사의 과거나 과거분사를 뜻한다.

동사ing: 현재분사나 동명사를 뜻한다.

괄호()/대괄호[]: 괄호는 부연 설명, 대괄호는 삽입을 뜻한다.

8품사/용어

차례

전고 1등도 10권 중 8권은 버린다.
그러나 그들은 8권의 책을 가능한 대충,
심지어 도서관에서 빌려보고,
그들은 가장 좋은 2권의 책/강의만 반복해서 본다.
그렇게 그들은 전고 1등을 지킨다.

- Mike Hwang의 변형 명언 -

Even the most successful people fail 8 out of 10.
But they do the 8 failures as fast as they can,
even without money.
And they focus and invest in the 2 successful things.
So they succeed.

- 간다 마사노리, 〈신호등 영작 200〉 106번 명언 -

1

끊어 읽기

긴 문장을
짧게 줄이는 마법

1 세상의 모든 영어 문장은 명사(주어)나

주어에는 '~가'를 붙여 해석한다.

We lose our limits.
우리가 잃는다/ 우리의 한계들을.

we에 '가'를 붙여서 해석했다.

주어를 알아채는 법

❶ 주격 대명사는 주어[1]

It causes pain. 그것은 일으킨다/ 고통을.

대명사 I, he, she, they, we는 항상 주어이다. 하지만, 주어와 목적어의
형태가 같은 you, it은 뒤에 본동사(예문의 causes)[2]가 있어야 주어이다.

❷ 한정사와 함께 나온 첫 단어는 주어

Many children please others.
많은 아이들이 기쁘게 한다/ 다른 사람들을.

모든 명사 앞에는 한정사가 있어야 한다[3]. children 앞에 Many가 있어서
children은 명사이다. 이처럼 전치사나 접속사 없이 한정사[4]와 함께 나
오는 첫 단어는 주어이다. 한 개일 때는 a/an을 쓰고, 서로 아는 것은 the,
여러 개는 -s를 쓴다.

❸ 특정 접미사[5]가 붙었으면 주어

첫 단어에 한정사가 없어도 명사 접미사로 주어를 알아챌 수 있다.
Relationships improve. 관계들이 개선된다.

2등급을 위해 어렵다면 이 책을 2~5번째 볼 때 보세요.

- 문장 첫 단어의 뜻이 사람이나 사물의 명칭인 경우 주어이다.[6]
- to부정사p.88나 동명사p.64 이후에 나오는 동사가 원형이거나 -s붙은 동사
  라면, 동사 앞의 to부정사/동명사는 주어이다. 주어 뒤에는 본동사[2]가 나와
  야 하기 때문이다.
- 관계대명사(what, who, which, that)는 바로 뒤에 본동사가 나오면 관계대명
  사를 '주어'로 쓴 것이다(p.122).
- 주어 없이 동사부터 시작하면 '명령문'이다.
- 문장 시작의 And, But는 등위접속사이므로, 바로 뒤에 나오는 단어가 부사
  시작인지 명사 시작인지를 결정한다.

모르는
단어가 많아도,
주어만 찾으면
그곳부터
해석을
시작할 수 있다.

주어를
못 찾으면
어떤 문장도
해석을
시작할 수 없다.

---

1 주어 문장에서 (부사구/절
을 제외하고) 처음 나오는 명
사를 주어라고 한다.

2 본동사란 주어 바로 뒤에만
쓰는 동사로서, to-나 -ing가
붙지 않은 동사의 원형이나,
동사s, 동사ed 형태를 말한다.

3 셀 수 없는 명사는 한정사
가 없을 수도 있다. 예 music,
water, bread 등
4 한정사란 이어서 나올 단
어가 명사라고 알려주는 말
이다. 예 a, an, the, this, that,
these, those, many, much,
my, your, his, her, their, our,
one, two, three, four...

5 접미사란 단어의 끝에 붙여
품사를 바꾸는 알파벳들이
다. 명사의 접미사 예 tion170
(170:출제빈도), er140, ty76,
nce63, ment52, ness50, or28,
sion26, ist23, ture19, cy17,
ship15, ism12, ian11, ship11,
age11, ge9, gy8, sis4

6 love는 주어/목적어 위치에
쓰면 '명사(사랑)'이고, 동사
위치에 쓰면 '동사(사랑하다)'
이다. 이처럼 위치에 따라 명
사/동사로 쓰는 단어도 많다.
예 work, sleep, play, dance,
study 등

부사로 시작한다.

무료강의
rb.gy/nz4e21

부사(p.55) 덩어리 이후에 꼭 나오는 주어 앞에서 끊는다.

At times, / we lose our limits.
때때로,   우리가 잃는다/ 우리의   한계들을.

At times를 한 덩어리로 해석했고, 주어 we 앞에서 끊었다.

부사를 알아채는 법

❶ 전치사[1], 접속사[2]로 시작하면 부사[3]

전치사+명사(부사구, 주제문의 At times) 시작은 부사구 시작이다.

When we say no, / we feel strong.
(~할 때) 우리가 '아니'를 말할 때,/ 우리는 느낀다/ 강하게.

접속사+문장(부사절, When we~)이 문장 처음에 있다면 부사절 시작이다. 원칙은 부사구/절이 끝나면 콤마(,)가 나와서 주어의 시작을 알려줘야 한다(p.176). 그러나 부사구/절 이후에 종종 콤마 없이 주어가 시작하므로, 주어 앞에서 끊으며(/) 주어 찾는 연습을 해야 한다.[4]

❷ ly가 붙은 단어는 부사

형용사에 –ly가 붙으면 부사이다[5]. 그 외에도 많이 쓰는 부사는 알고 있어야 한다. 많이 쓰는 부사 모음: bit.ly/48aqweo

❸ to부정사나 분사구문으로 시작하면 부사

To be a good child, / many children please others.
상태이기 위해 한 좋은 아이인, 많은   아이들은 기쁘게 한다/ 다른 사람들을.

문장의 시작에 나온 to부정사는 대부분 '~하기 위해'로 해석하고(p.89), 분사구문(동사ing)은 '~하면서'로 해석한다(p.64).

❹ 명사 2개가 연달아 나오면 첫 명사는 부사

Today home is nice. 오늘은 집이 좋다.

문장의 시작에 명사 2개가 연달아 오면, 첫번째 명사(today)는 부사, 두번째 명사(home)가 주어이다. Today는 '명사, 부사' 둘 다 쓸 수 있다[6].

2등급을 위해

◑ there is/there are는 '~이 있다'고 처음 이야기 꺼낼 때 쓰는 도치된 문장이다.
도치:p.197

1, 2 전치사, 접속사에 대한 자세한 내용은 p.41에 수록
3 부사에 대한 자세한 내용은 p.55를 참고.

4 이 책에는 콤마가 있으면 끊는 표시를 하지 않았고, 콤마가 없으면 표시했다.

5 ⓔ actually, exactly, probably, finally, certainly, totally, obviously 등.

6 ⓔ today, yesterday, tomorrow, home, inside, outside, upstairs, overseas, indoors, north, south, east, west, abroad 등

13회 이상 출제 단어

1 agree [ə'griː] 동의하다
2 although [ɔːl'ðoʊ] 비록 ~일지라도
3 cause [kɔːz] 야기하다, 원인
4 conflict ['kɑːnflɪkt] 갈등
5 cost [kɒst] 비용, 대가
6 country ['kʌntri] 국가
7 decision [dɪ'sɪʒən] 결정
8 efficiency [ɪ'fɪʃənsi] 효율성
9 end up [end ʌp] 결국 ~하게 되다
10 follow ['fɒloʊ] 따르다
11 globally ['gloʊbəli] 세계적으로
12 improve [ɪm'pruːv] 개선하다
13 limit ['lɪmɪt] 제한, 한계
14 moment ['moʊmənt] 순간
15 need [niːd] 필요, 욕구
16 please [pliːz] 기쁘게 하다, 만족시키다
17 risky ['rɪski] 위험한
18 similar ['sɪmələr] 비슷한

11회 이하 출제 단어

1 afraid [ə'freɪd] 두려워하는
2 backyard [ˌbæk'jɑːrd] 뒷마당
3 carbon ['kɑːrbən] 탄소
4 collector [kə'lektər] 수집가, 세금 징수자
5 each other [iːtʃ 'ʌðər] 서로
6 emission [ɪ'mɪʃən] 배출
7 everlasting [ˌevər'læstɪŋ] 영원한
8 fatal ['feɪtl] 치명적인
9 filler ['fɪlər] 채우는 것, 무의미한 말
10 intersection [ˌɪntər'sekʃən] 교차점
11 mistake [mɪ'steɪk] 실수
12 pause [pɔːz] 멈추다, 일시 중지
13 persuasive [pər'sweɪsɪv] 설득력 있는
14 pollution [pə'luːʃən] 오염
15 relationship [rɪ'leɪʃənʃɪp] 관계
16 rest [rest] 나머지
17 sharp [ʃɑːrp] 날카로운, 예리한
18 tax [tæks] 세금

연습

무료강의
rb.gy/nz4e21

1~5번에서
명사를 고르시오.
(p.20를 참고)

6~10번에서
부사로 시작하는 문장을 고르시오.
(p.21를 참고)

1 ① try
  ② a child
  ③ please
  ④ by

2 ① carbon
  ② encourage
  ③ do
  ④ at times

3 ① true
  ② be
  ③ sometimes
  ④ they

4 ① own
  ② lose
  ③ condition
  ④ everlasting

5 ① vastly
  ② fatal
  ③ need
  ④ spoken

6 ① We feel strong.
  ② To be a child, please others.
  ③ Speaking fast is risky.

7 ① It's almost impossible.
  ② You're talking too fast.
  ③ Sometimes, the cost could be our life.

8 ① And our relationships with others improve.
  ② When we set limits, it causes pain.
  ③ Don't be afraid.

9 ① Catch yourself in the moment.
  ② In reality, the brain arrives at an intersection.
  ③ Making a good decision helps you speak faster.

10 ① Norway started a tax on carbon.
   ② However, unexpected things happened.
   ③ That's when you end up with a spoken mistake.

정답은 두 쪽 뒤 하단에 있습니다.

1

다음 글의 요지로 가장 적절한 것은?

굵게 표시된 부분이 '주어 시작'인지 '부사 시작'인지 유의해서 해석해 보세요.

To be a good child, many children try to please others by following what they want them to do. **At** times, we lose our own limits and needs. **Sometimes**, the cost of this could be our life. **When** we can't set healthy limits, it causes pain in our relationships. But **when** we learn to say no, we feel strong. And **our relationships** with others improve. So **don't** be afraid to say no. **Catch** yourself in the moment and use your true voice.

① 난관을 극복할 때 성취감이 생긴다.

② 항상 타인의 입장을 먼저 고려해야 한다.

③ 자신이 원하지 않는 일은 거절할 필요가 있다.

④ 자신의 의견을 고집하면 대인 관계가 악화된다.

⑤ 제안을 승낙하기 전에는 그 의도를 파악해야 한다.

주어 시작은 '~가'로 해석, 부사 시작은 부사 덩어리를 해석 후 주어를 찾습니다.

To be a good child,/ many children try to please others by
상태이기 위해 한 좋은 아이인,/ 많은 아이들이 시도한다/ 기쁘게 하는 것을 다른 사람들을

following what they want them to do. At times,/ we lose our
/따르는 것에 의해/ 무엇을 그들이 원하는지/ 그들(아이들)이 하기를. 때때로,/ 우리가 잃는다/ 우리가

own limits and needs. Sometimes,/ the cost of this could be
가진 한계들을/ 그리고 욕구들을. 때로는,/ 그 비용이 [이것의] 상태일 수 있다/

our life. When we can't set healthy limits,/ it causes pain in our
우리의 삶인. (~할 때) 우리가 설정할 수 없을 때/ 건강의 한계들을,/ 그것이 일으킨다/ 고통을/ 우리의

relationships. But when we learn to say no,/ we feel strong.
관계들 안에서. 그러나 (~할 때) 우리가 배울 때/ 말하는 것을 아니라고,/ 우리가 느낀다/ 강하게.

And our relationships with others improve. So ¹don't be afraid
그리고 우리의 관계들은 [다른이들과의] 개선된다. 그래서 상태이지 마라/ 두려운

to say no. Catch² yourself in the moment and use your true
말하기 위해 아니라고. 잡아라 너 자신을/ 그 순간에서/ 그리고 사용해라/ 너의 진짜

voice.
목소리를.

To be to 다음 '동사(be)'가 나왔으므로 to부정사로 시작했다(부사구, p.89). many children 앞에서 끊는다.
At times at이 전치사이므로 '부사구'로 시작했다. we 앞에서 끊는다.
Sometimes sometimes는 부사다. the cost 앞에서 끊는다.
When 접속사(when)로 시작했으므로 부사절 시작이다. it/ we 앞에서 끊는다.
our relationships 한정사 our가 있으므로 주어 relationships로 시작했다.
1, 2 동사부터 시작했으므로 명령문이다. 주어는 you가 생략됐다고 볼 수 있다.

연습 p.23
정답

1②	2①	3④
4③	5③	
6②	7③	8②
9②	10②	

2

다음 글에서 전체 흐름과 관계 <u>없는</u> 문장은?

'부사 시작'인 경우, 주어를 찾아 주어 앞에서 끊어 보세요.

Speaking fast is risky. **It**'s almost impossible to stay persuasive, clear, and effective when you're talking too fast. ① **Although** we'd like to think our minds are sharp enough to make good decisions with the greatest efficiency, they just aren't. ② **In** reality, the brain arrives at an intersection of four or five possible things to say and takes a couple of seconds to decide. ③ **Making** a good decision helps you speak faster because it gives you more time to think of your next words. ④ **When** the brain stops sending directions to the mouth and the mouth is moving too fast to pause, that's when you end up with a spoken mistake, also known as filler. ⑤ **Um, ah, you know, and like** are what your mouth does when it doesn't know what to say next.

주어 시작은 '~가'로 해석, 부사 시작은 부사 덩어리를 해석 후 주어를 찾습니다.

Speaking fast is risky. It's almost impossible to stay persuasive,
빠르게 말하는 것이 상태이다/ 위험한. 그것이 상태이다/ 거의 불가능한/ 유지하는 것이 설득력있고,

clear, and effective when you're talking too fast. ① Although
명확하고, 그리고 효과적인 (상태로)/ (~할 때) 네가 말하는 중일 때/ 너무 빨리.   (~하지만)

5 we'd like to think our minds are sharp enough to make
우리가 하고 싶지만/ 생각하는 것을/ 우리의 마음이 상태라고/ 기민한 충분히/   만들기에

good decisions with the greatest efficiency,/ they just aren't.
좋은 결정들을/   그 가장 대단한 효율과 함께,/ 그것들(마음)은 정말 (그런) 상태가 아니다.

② In reality,/ the brain arrives at an intersection of four or five
   현실에서,/   그 뇌가 도착한다/ 한   교차로에/   넷/ 또는 다섯의

possible things to say and takes a couple of seconds to decide.
가능성있는   것들의/ 말할 만한/ 그리고 가져간다/   2   초를/   결정하기 위해

③ Making a good decision helps you speak faster because it
  만드는 것이 한 좋은   결정을/ 돕는다/ 네가 말하도록 더 빠르게/ (하기 때문에) 그것은

10 gives you more time to think of your next words. ④ When the
주기 때문에/ 네게 더 많은 시간을/ 생각할/   너의 다음 단어들을.   (~할 때) 그

brain stops sending directions to the mouth and the mouth
뇌가   멈출 때/ 보내는 것을   지시들을/   그 입으로/ 그리고 그   입은

is moving too fast to pause[1],/ that's when you end up with a
상태이다/ 움직이는 중인 너무 빨라서/ 멈출 수 없는,/ 저것이/ (~할 때) 네가 결국 처할때이다/ 한

spoken mistake, also known as filler. ⑤ 'Um, ah, you know, and
  말해진   실수가, 다르게는 충전재(불필요한 말)라고 알려진. '음, 아, 당신이 알듯,   또

like' are what[2] your mouth does when it doesn't know what to
마치'가 상태이다/ 무엇인 당신의 입이   하는/ (~할 때) 그것이   모를 때/   무엇을

15 say[3] next.
말해야 할지를 다음으로.

Speaking 뒤에 본동사 is가 나왔으므로 주어 시작이다. p.65
It 대명사로 시작했으므로 주어 시작이다.

Although 접속사로 시작했으므로 부사절 시작이다. 주어 they 앞에서 끊는다.

In reality 전치사로 시작했으므로 부사구 시작이다. 주어 the brain 앞에서 끊는다.

Making 뒤에 본동사 help가 나왔으므로 주어 시작이다. p.65
When 접속사가 나왔으므로 부사절 시작, 주어 that 앞에서 끊는다.
1 too~ to~ 구문으로, '너무 ~해서 ~할 수 없다'를 뜻한다.
Um, ah, you know, and you know는 영어회화에서 일종의 관용구로 쓴다(뜻: 그거 알아? 들어봤어?). 그리고 like는 동사가 아니라 전치사/접속사(p.41)로 썼다.
문장의 본동사(are)를 보고, Um~like를 하나의 주어로 쓴 것을 알 수 있다.
2 what은 선행사를 포함한 관계대명사로 are의 보어이자, does의 목적어 역할을 한다. p.123
3 what to say는 의문사+to부정사로 '~해야 할지'로 해석한다. p.88

3

다음 글의 제목으로 가장 적절한 것을 고르시오.

In the early 1990s, Norway started a tax on carbon from energy use, and it seemed to help to make the environment better. However, unexpected things happened when they tried to do this globally. It was very hard to agree on global taxes on emissions, as we know the EU has had a lot of difficulties in trying to make the many different sales taxes in its countries the same. Besides, although Sweden, Finland, and Denmark barely agreed to start carbon taxes in the 1990s, they didn't make their plans match with Norway or each other. If countries that are so similar can't agree, there is little hope for doing so with the rest of the world, which is much more different.

① Reduce Carbon Pollution, Save Earth

② No Exit Out of Fatal Carbon Pollution

③ Global Carbon Tax: A Long Way to Go

④ Carbon Emissions: Not in My Backyard

⑤ Everlasting Conflict: Taxpayers vs. Collectors

In the early 1990s,/ Norway started a tax on carbon from
그 초기의 1990년대에,/ 노르웨이가 시작했다/ 한 세금을/ 탄소에 대한/

energy use, and it seemed to help to make the environment
에너지 사용으로부터의, 그리고 그것은 보였다/ 도움이 될 것으로/ 만드는 것에/ 그 환경을

better. However,/ unexpected things happened when they
더 낫게. 그러나,/ 예상하지 못한 것들이 발생했다/ (~할 때) 그들이

tried to do this globally. It was very hard to agree on global
시도했을 때/ 하는 것을 이것을 세계적으로. 그것이 상태였다/ 아주 어려운/ 동의하는 것이/ 세계의

taxes on emissions, as we know the EU has had a lot of
세금들에/ 배출(온실 가스)에 대한, (~처럼) 우리가 아는 것처럼/ 그 유럽이 가졌다고/ 많은

difficulties in trying to make the many different sales taxes in
어려움들을 시도하는 중에/ 만들기 위해 그 많은 다른 소비 세금을/

its countries the same. Besides, although Sweden, Finland, and
그것의 나라들 안에서/ 똑같이. 게다가, (~하지만) 스웨덴이, 핀란드가, 그리고

Denmark barely agreed to start carbon taxes in the 1990s,/
덴마크가 간신히 동의했지만/ 시작하기를 탄소 세금을/ 1990년대에,/

they didn't make their plans match with Norway or each other.
그들이 만들지 않았다/ 그들의 계획들이 맞도록/ 노르웨이와 함께 또는 서로서로와 함께.

If countries that are so similar can't agree,/ there is little hope
(~하면) 나라들은 (그 나라들은 상태이다/ 아주 비슷한) 동의할 수 없다면,/ (~이 있다) 적은 희망이

for doing so with the rest of the world, which is much more
있다/ 그렇게 하기 위해 / 그 나머지와 함께/ 세계의, 그것(그 세계)은 상태이다/ 더욱 더 많이

different.
다른.

① Reduce Carbon Pollution, Save Earth
줄여라/ 탄소 오염을, 구해라/ 지구를

② No Exit Out of Fatal Carbon Pollution
없다 나갈 출구는/ 치명적인 탄소 오염의

③ Global Carbon Tax: A Long Way to Go
국제의 탄소 세금: 한 긴 길/ 가야 할

④ Carbon Emissions: Not in My Backyard
탄소 배출들: 아니다/ 나의 뒷뜰 안에는

⑤ Everlasting Conflict: Taxpayers vs. Collectors
영원한 갈등: 세금 내는 자들 대 (세금) 걷는 자들

In the early 1990s in이 전치사이므로 부사구로 시작했다. 주어 Norway 앞에서 끊는다.

However 부사로 시작했다. 주어인 unexpected things 앞에서 끊는다.
It 바로 뒤에 본동사 was가 있으므로 it이 주어로 쓰였다.

Besides, although 부사 (Beside)에 이어서, 또 부사절 (although+문장)이 나왔다. 주어 they를 찾아서 앞에서 끊는다.

If 접속사로 시작했다.
there is little hope 주어는 little hope인데 there is가 도치(단어의 순서가 바뀐 것 p.197)된 관용구라 바로 little hope이 나오지 않았다. 도치되기 전의 문장은 Little hope is there.

2 본동사¹(일반동사 또는

일반동사는 '~한다'로 해석 후 뒤에서 끊는다.

We reduce/ noise.
우리가   감소시킨다/   소음을.

reduce가 일반동사여서 감소시'킨다(한다)'로 해석하고 끊었다.

동사의
뜻에 따라,
이어지는
단어의
종류와 해석이
결정된다.

일반동사를 알아채는 법

❶ 주어(명사p.14) 다음에 나오는 단어²이다.

영어 문장의 80% 이상은 '주어(누가,we)-일반동사(한다,reduce)-목적어(무엇을,noise)³'이므로, 주어 다음에 나오는 단어는 대부분 '일반동사'이고, '~한다'로 해석한다.

The Museum shows ceramic works.
그 박물관이(누가) 보여준다(한다)/ 도자기 작품들을(무엇을).

❷ be동사⁴가 아니다.

일반동사는 약 170,000개지만, be동사는 8개뿐이므로 be동사를 먼저 익힌다. 본동사가 be동사가 아니라면 일반동사이다.

❸ 앞에 조동사나 부사가 올 수 있다.

본동사 앞에 조동사, 부정이나 강조의 뜻인 '부사p.14, p.55'가 올 수 있다. 이 경우 그 단어들이 한 덩어리가 돼서 하나의 뜻을 나타낸다.

Visitors can make plates. 방문객들은 만들 수 있다/ 접시들을. can. 조동사
It also offers information. 그것은 또한 제공한다/ 정보를. also: 부사

1 본동사는 주어 바로 다음에 나오는 동사이다. 준동사와 반대되는 개념으로, 준동사 (to부정사 p.88, 동사ing p.64, 동사ed p.74)는 여러 개 있을 수 있지만, 본동사는 접속사가 없다면 문장에 하나만 존재한다.

2 명령문 외에는 동사부터 문장을 시작할 수 없다. 모든 문장은 항상 주어(명사, 주제문의 we)로 시작한다.

3 목적어란 행동(동사)의 영향을 받는 '대상'이며 해석은 단어 뒤에 '~을'을 붙인다. We reduce noise에서 목적어는 noise여서 소음'을'을 붙였다.

4 am, are, is, was, were, been, being의 대표 형태가 'be'이므로 be동사라고 부른다. 다음 페이지p.31에 더 자세하게 설명했다.

2등급을 위해 **일반동사를 알 수 있는 다른 방법들**

● 접미사⁵를 보고 동사임을 알 수 있다.
We really appreciate your understanding.
우리가 정말 감사한다/ 당신이 이해 해주는 것을.

● 일반동사 다음에 명사(목적어²)가 나온다. 대부분의 동사는 타동사여서 뒤에 목적어를 가져야 하기 때문이다. 그래서 목적어를 보고 동사임을 알 수 있다.

● 단어의 뜻이 동작을 나타낸다.

5 1,094개의 동사 중 **접미사**로 동사임을 알 수 있는 동사의 개수는 약 100개이다: ate48, en21, ize18, fy13 (붉은 숫자는 수능에 출제된 동사 개수이다).

정답

1 ③

2 ③

3 ③

be동사)는 뒤에서 끊는다.

무료강의
rb.gy/nz4e21

be동사는 '상태이다'로 해석 후 뒤에서 끊는다.

A discount is/ available.
한   할인이   상태이다/   이용 가능한.

is는 be동사여서 '상태이다'로 해석하고 끊었다.

be동사의 원리

❶ 주어 다음에 나온 be동사[1]는 본동사이다.

모든 be동사는 특수한 경우(be, been, being)를 제외하고는 '본동사'로만 쓰기에, 본동사로 판단한다. 해석은 '상태이다'로 한다.

❷ be동사 뒤에 보어[2](명사, 형용사[3], 전치사[4]+명사)가 와야만 한다.

보어의 마지막 글자에는 받침에 'ㄴ'을 붙여서 해석한다. 주제문에서는 available(형용사)을 '이용 가능한'으로 해석했다.

We are improving facilities.
우리는 상태이다/ 개선하는 중'인' 우리의 시설들을

보어는 improving으로 해석은 개선하는 중'인'이다. 마지막 글자의 받침에 'ㄴ'을 붙여 해석했다.

❸ be동사 뒤에 현재분사(동사ing)/과거분사(동사ed)가 올 수 있다.

The museum is closed.
그   박물관은 상태이다/ 닫힌

'분사'는 '형용사'란 뜻이다. ❷의 '명사, 형용사, 전치사+명사' 중 형용사에 해당한다. 해석은 동사ing는 '~하는 중인(p.64)', 동사ed는 '~되어진(p.75)'으로 한다. 예문의 closed는 과거분사로 동사 close에 d가 붙어서 닫혀'진'으로 해석했다.

2등급을 위해 be동사 구조로 쓸 수 있는 일반동사[3]

Nepal remained closed. 네팔이 남겨졌다/ 닫히게.

remain은 일반동사인데 뒤에 명사(목적어)가 오지 않고, 형용사(closed)가 왔다. closed 대신 명사(a country)를 쓸 수도 있다. 이 경우에 '한 나라를'로 잘못 해석할 수 있기에, 이 구조로 쓸 수 있는 동사는 외우는 것이 좋다.

1 be동사의 종류는 am, are, is, was, were, being, been, be가 있는데 그 중 대표 형태는 be이다.

2 be동사 바로 뒤에서 앞의 명사의 상태를 설명하는 형용사나 명사를 보어라고 한다.
3 형용사는 명사를 설명하는 말로, 국어에서 'ㄴ'받침이 들어간 단어이다. 행복한(happy), 느린(slow)은 형용사이다. p.54
4 전치사는 한국말의 조사(~에서, ~까지 등) 역할을 한다. 문장에 명사를 추가할 수 있게 한다. at, on, in 등이 있다. p.41

3 become, get, remain, stay, turn, go, come, grow, prove 그리고 지각동사 중 일부(look, sound, seem, taste, smell, feel)이다. 이런 동사 바로 뒤의 형용사는 부사처럼 '~게'로 해석한다. closed를 닫혀'진'이 아니라 닫히'게'로 해석했다. 자세한 내용은 <중학영어 독해비급> p.86 참고

QR코드로 듣고 따라 말하세요. 모르는 단어는 O표시하세요.

2012~2024 (13회) 기출 어휘 분석(p.210)

단어 MP3

10회 이상 출제 단어

1 according to [əˈkɔːrdɪŋ tuː] ~에 따라
2 additional [əˈdɪʃənl] 추가의
3 area [ˈeriə] 지역
4 around [əˈraʊnd] ~쯤, ~주변에
5 century [ˈsentʃəri] 100년, 세기
6 development [dɪˈveləpmənt] 발전
7 encourage [ɪnˈkʌrɪdʒ] 권장하다
8 fee [fiː] 요금
9 general [ˈdʒenrəl] 일반적인
10 influence [ˈɪnfluəns] 영향을 끼치다
11 leisure [ˈleʒər] 여가
12 modern [ˈmɒdərn] 현대의
13 notice [ˈnoʊtɪs] 안내문, 알아채다
14 offer [ˈɒfər] 제안하다
15 project [ˈprɒdʒekt] 계획된 일
16 Rome [roʊm] 로마 (이탈리아의 수도)
17 serve [sɜːrv] 제공하다
18 show [ʃəʊ] 보여주다

7회 이하 출제 단어

1 admission [ədˈmɪʃən] 입장, 입장료
2 ambitious [æmˈbɪʃəs] 야심적인
3 artistic [ɑːrˈtɪstɪk] 예술적인
4 available [əˈveɪləbl] 이용 가능한
5 Basilica [bəˈzɪlɪkə] 바실리카 (성당의 종류)
6 ceramic [səˈræmɪk] 도자기
7 desk [desk] 접수처, 책상
8 facility [fəˈsɪləti] 시설
9 gym [dʒɪm] 체육관
10 humankind [ˌhjuːmənˈkaɪnd] 인류
11 improving [ɪmˈpruːvɪŋ] 개선하는 중인
12 Milan [mɪˈlæn] 밀라노 (이탈리아의 도시)
13 plate [pleɪt] 접시
14 pottery [ˈpɒtəri] 도자기
15 renewal [rɪˈnjuːəl] 재개
16 renovation [ˌrenəˈveɪʃən] 보수
17 resort [rɪˈzɔːrt] 휴양지
18 schedule [ˈskedʒuːl] 일정
19 St. [seɪnt] 성스러운 (=saint, 호칭)
20 stamped [stæmpt] 도장 찍힌
21 style [staɪl] 방식
22 take place [teɪk pleɪs] 발생하다

연습

무료강의
rb.gy/nz4e21

1~5번 문장의
밑줄 친 본동사를 일반동사는 '~한다',
be동사는 '상태이다'로 해석하시오.

6~10번 문장의 밑줄 친 보어에
'~인'을 붙여 해석하고,
그 보어가 '형용사'인지, '명사'인지,
'전치사+명사'인지 고르시오

---

1 The Museum <u>shows</u> ceramic works.

그 박물관은 _____ / 도자기 작품들을.

2 It <u>offers</u> information about modern pottery.

그것은 _____ / 정보를/ 현대 도자기에 관한.

3 Visitors <u>make</u> their own plates.

방문객들은 _____ / 그들만의 접시들을.

4 A parking discount <u>is</u> available.

한 주차 할인이 _____ / 이용 가능한.

5 All outdoor activities <u>will be</u> available.

모든 외부 활동들이 _____ / 이용 가능한.

6 The museum is <u>closed</u>.

그 박물관은 상태이다/ _____ .

보어: 형용사 / 명사 / 전치사+명사

7 Architecture is <u>his main interest</u>.

건축은 상태이다/ _____ .

보어: 형용사 / 명사 / 전치사+명사

8 They will be <u>some areas</u>.

그것들은 상태일 것이다/ _____ .

보어: 형용사 / 명사 / 전치사+명사

9 We are continually <u>improving</u> our facilities.

우리는 상태일 것이다/ 지속적으로 _____ 우리의 시설들을.

보어: 형용사 / 명사 / 전치사+명사

10 Growth is <u>outside the boundaries</u>.

성장은 상태이다/

_____ .

보어: 형용사 / 명사 / 전치사+명사

정답은 두 쪽 뒤 하단에 있습니다.

Modern Pottery Museum에 관한 다음 안내문의 내용과 일치하는 것은?
굵게 표시된 부분이 '일반 동사'인지 'be동사'인지 유의해서 해석해 보세요.

Modern Pottery Museum

4

The Modern Pottery Museum **shows** artistic ceramic works. It also **offers** information about the history and development of modern pottery. Visitors can **make** their own plates or cups for an additional fee.

❦ Hours* Weekdays: 9:00 a.m. - 6:00 p.m.

Weekends: 9:00 a.m. - 5:00 p.m.

* The museum **is** closed on the first Monday of every month.

❦ Fees General Admission: $5

Children under 12: Free

Pottery Experience: $10

❦ Parking A parking discount **is** available to museum visitors. To receive the discount, visitors must **have** their parking tickets stamped at the visitor information desk.

① 방문객은 추가 비용 없이 접시나 컵을 만들 수 있다.
② 주말은 평일보다 관람 시간이 1시간 더 길다.
③ 매주 월요일에 휴관한다.
④ 12세 미만의 어린이는 입장료가 $5이다.
⑤ 방문객은 주차 요금을 할인받을 수 있다.

5

10

15

20

be동사는 '상태이다'이고, be동사가 아니라면(일반동사) '~한다'로 해석합니다.

Modern Pottery Museum
현대　　　도자기　　　박물관

The Modern Pottery Museum shows/ artistic ceramic works.
그　　　현대　　　도자기　　박물관은　보여준다/　예술적인　도자기　작품들.

shows 일반동사는 '~한다(여기는 '준다')로 해석.

It also offers/ information about the history and development
그것은 또한 제공한다/　정보들을/　　그 역사에 대해/ 그리고　발전에 (대해)/

also offers 부사(also)-일반동사(offers)이다. also가 offer를 설명하므로 한 덩어리로 해석.

of modern pottery. Visitors can make/ their own plates or
현대　도자기의.　방문객들은　만들 수 있다/　그들만의　접시들을/ 또는

can make 조동사(can)-일반동사(make)는, can이 make를 설명하므로 한 덩어리로 해석.

cups for an additional fee.
컵들을/　한　추가　요금을 내고.

Hours Weekdays: 9:00 a.m. - 6:00 p.m.
(영업)시간　평일　　　오전 9시　　　오후 6시

Weekends: 9:00 a.m. - 5:00 p.m.
주말　　　오전 9시　　　오후 5시

* The museum is closed on the first Monday of every month.
그 박물관은 상태이다/ 닫힌/　그 첫째 월요일에/　매　월의.

is be동사는 '상태이다'로 해석.

Fees General Admission: $5
요금　일반적인　　입장료

Children under 12: Free
아이들은/　12살 미만인　무료

Pottery Experience: $10
도자기　　　체험

Parking A parking discount is/ available to museum visitors. To
주차　한　주차　할인이 상태이다/ 이용가능한/　박물관　방문객들에게.

is be동사는 '상태이다'로 해석.

receive the discount, visitors must have/ their parking
받기 위해 그　할인을, 방문객들은　가져야만 한다/ 그들의　주차

must have 조동사(must)-일반동사(have)는조동사가 일반동사를 설명한다. 한 덩어리(가져야만 한다)로 해석.

tickets stamped at the visitor information desk.
증들을　도장 찍힌/　그　방문객　정보　접수처에서

연습 p.33
정답

다음 Renovation Notice의 내용과 일치하지 <u>않는</u> 것은?

굵게 표시된 부분이 '일반 동사'인지 'be동사'인지 유의해서 해석해 보세요.

Renovation Notice ─────────────

At the Natural Jade Resort, we **are** continually improving our facilities to serve our guests better. Therefore, we will **be** renovating some areas of the resort, according to the schedule below.

❝ Renovation Time: November 21 to December 18, 2022
Renovations will **take** place every day from 9:00 a.m. to 5:00 p.m.

❝ Areas to be Closed: Gym and indoor swimming pool

❝ More Information

All outdoor leisure activities will **be** available as usual.
Guests will **receive** a 15% discount for all meals in the restaurant.
Guests may **use** the tennis courts for free.

We will **reduce** noise and any other problems. We really **appreciate** your understanding.

① 보수 공사는 2022년 11월 21일에 시작된다.
② 보수 공사는 주말에만 진행될 것이다.
③ 체육관과 실내 수영장은 폐쇄될 것이다.
④ 모든 야외 레저 활동은 평소와 같이 가능할 것이다.
⑤ 손님은 무료로 테니스장을 이용할 수 있다.

be동사는 '상태이다'이고, be동사가 아니라면(일반동사) '~한다'로 해석합니다.

Renovation Notice
　　보수　　　안내문

At the Natural Jade Resort, we are/ continually improving our
　그　자연의　제이드 휴양지에서, 우리는 상태이다/ 계속해서　개선하는중인 우리의

facilities to serve our guests better[1]. Therefore, we will be/
시설들을/ 봉사하기 위해 우리의 손님들에게 더 좋게.　　그러므로, 우리는 상태일 것이다/

renovating some areas of the resort, according to[2] the schedule
보수하는 중인/ 약간의 지역들을/　그　휴양지의,　　그　일정에 따라서

below.
아래에 있는.

Renovation Time: November 21 to December 18, 2022
　　보수　　　시간　　11월　21일(부터)　12월　18일까지, 2022년의

Renovations will take/ place every day from 9:00 a.m. to 5:00 p.m.
보수들은　발생할 것이다/　매　　일/　오전 9시부터　오후 5시까지.

Areas to be Closed: Gym and indoor swimming pool
지역들은/ 상태인　닫힌　체육관 그리고 실내의　　　수영장

More Information
더 많은　　　정보

All outdoor leisure activities will be/ available as usual.
모든　실외의　여가　활동들은 상태일 것이다/ 이용가능한/　평소처럼.

Guests will receive/ a 15% discount for all meals in the restaurant.
손님들은　받을 것이다/ 한 15%　할인을/　모든 식사들을 위해/ 그　식당 안에서.

Guests may use/ the tennis courts for free.
손님들은 사용해도 된다/ 그　테니스　장들을/　무료로.

We will reduce/ noise and any other problems. We really appreciate/
우리가 줄일 것이다/ 소음을/ 그리고 어떤 다른 문제들이든. 우리가 정말　감사한다/

your understanding.
당신이　이해 해주는 것을.

are be동사이므로 '상태이다'로 해석.

1 better는 good과 well의 비교급인데, 여기에서는 부사로 쓰였으므로 well의 비교급.

will be를 한 덩어리로 '상태일 것이다'로 해석.

2 according to를 하나의 전치사구로 여기고 '~을 따라'로 해석.

will take take place가 '발생하다'라는 숙어이므로, place까지 한 덩어리로 '발생할 것이다'로 해석.

will be를 한 덩어리로 '상태일 것이다'로 해석.

will receive를 한 덩어리로 '받을 것이다'로 해석.

may use를 한 덩어리로 '사용해도 된다'로 해석. may는 '~할 것 같다'지만, 상대방에게 쓸 때는 '해도 된다'로 해석.

will reduce를 한 덩어리로 '줄일 것이다'로 해석.

appreciate는 really와 한 덩어리로 '정말 감사한다'로 해석.

6

Donato Bramante에 관한 다음 글의 내용과 일치하지 않는 것은?

Donato Bramante, born in Fermignano, Italy, **began** to paint early in his life. His father **encouraged** him to study painting. Later, he **worked** as an assistant of Piero della Francesca in Urbino. Around 1480, he **built** several churches in a new style in Milan. He **had** a close relationship with Leonardo da Vinci, and they **worked** together in that city. Architecture **became** his main interest, but he did not **give** up painting. Bramante **moved** to Rome in 1499 and **participated** in Pope Julius II's plan for the renewal of Rome. He **planned** the new Basilica of St. Peter in Rome — one of the most ambitious building projects in the history of humankind. Bramante **died** on April 11, 1514 and **was** buried in Rome. His buildings **influenced** other architects for centuries.

① Piero della Francesca의 조수로 일했다.

② Milan에서 새로운 양식의 교회들을 건축했다.

③ 건축에 주된 관심을 갖게 되면서 그림 그리기를 포기했다.

④ Pope Julius II의 Rome 재개발 계획에 참여했다.

⑤ 그의 건축물들은 다른 건축가들에게 영향을 끼쳤다.

해석

Donato Bramante, born[1] in Fermignano, Italy, began/ to paint
도나토 브라만테는, [태어나진/ 페르미냐노에서, 이태리의], 시작했다/ 그리기를

early in his life. His father encouraged/ him to study painting.
초기의/ 그의 삶에서. 그의 아버지는 권장했다/ 그가 공부하는 것을 그림을.

Later, he worked/ as an assistant of Piero della Francesca in
나중에, 그가 일했다/ 한 보조로서/ 피에로 델라 프란체스카의/

Urbino. Around 1480, he built/ several churches in a new style
우르비노 안의. 1480년쯤, 그가 지었다/ 4-5개의 교회들을/ 한 새로운 방식으로

in Milan. He had/ a close relationship with Leonardo da Vinci,
밀라노 안의. 그가 가졌다/ 한 가까운 관계를/ 레오나르도 다 빈치와,

and they worked/ together in that city. Architecture became/
그리고 그들은 일했다/ 함께/ 저 도시 안에서. 건축은 되었다/

his main interest, but he did not give up/ painting. Bramante
그의 주된 흥미가, 그러나 그는 포기하지 않았다/ 그림을. 브라만테는

moved/ to Rome in 1499 and[2] participated/ in Pope Julius II's
이사했다/ 로마로/ 1499년에/ 그리고 참여했다/ 교황 율리우스 2세의

plan for the renewal of Rome. He planned/ the new Basilica
계획 안에/ 그 재개발을 위한/ 로마의. 그가 계획했다/ 그 새로운 바실리카

of St. Peter in Rome —[3] one of the most ambitious building
성(스러운). 피터 성당을/ 로마 안의 — 하나인/ 그 가장 야심찬 건물

projects in the history of humankind. Bramante died/ on April
계획들 중의/ 그 역사에서/ 인류의. 브라만테는 죽었다/ 4월

11, 1514 and[4] was buried in Rome. His buildings influenced/
11일, 1514년에/ 그리고 상태였다/ 묻힌/ 로마 안에. 그의 건물들은 영향을 끼쳤다/

other architects for centuries.
다른 건축가들에게/ 수백 년동안.

해설

1 과거분사로 '태어나진'을 뜻한다. p.75
began born~Italy이 삽입[ ]됐다. began이 본동사이다.
encouraged 일반동사는 권장'했다'로 해석.
worked 일반동사는 일'했다'로 해석.
built 일반동사는 짓는 행동을 '했다'로 해석
had 일반동사는 가지는 행동을 '했다'로 해석
worked 일반동사는 일'했다'로 해석.
became became은 2형식 동사, Architecture = his main interest가 성립하므로, 마치 be동사처럼 쓴다.
give up 일반동사는 포기'했다'인데, did not 때문에 포기하지 '않았다'로 해석.
moved 일반동사는 이사'했다'로 해석.
2 and와 participated 사이에 Bramante가 생략됐다. p.166
planned 일반동사는 계획'했다'로 해석.
3 대시(—)는 부가적인 설명을 하기 위해 쓴다. p.177
died 죽는 것을 '했다'로 해석. 브라만테 스스로 죽은 것이고, 어떤 대상을 죽게 만든 것은 아니므로 뒤에 목적어가 나오지 않는다.
4 and와 was 사이에 Bramante가 생략됐다.
was be동사이므로 '상태였다'로 해석.
influenced 일반동사는 영향 끼치는 행동을 '했다'로 해석.

3 전치사와

전치사 앞에서 끊고, 다음에 나오는 **명사 뒤**에 연결[1]

I stood/ by the door.
나는 서있었다/   그   문 옆에

전치사 by 앞에서 끊고(/), 바로 뒤의 명사(the door) 뒤에 붙여 해석했다.

전치사/접속사를
모두 보고
모르는 것만
표시한다.

20회 이상
출제된 것은
매회
2번은 나오므로
꼭 익혀야 한다.

2012~2024 수능 출제 빈도순 전치사

❶ 300회 이상 출제된 전치사 숫자는 출제횟수

to1533~에게[2], **of**1503~의,~에 대해, **in**1055~안에, **with**432~와 함께,

as408~로서, **on**387~에 닿아서, **for**365~를 위해

❷ 100회 이상 출제된 전치사

at287~의 지점에서, **by**236~에 의해,~까지, **from**229~로 부터,

up162~의 위쪽으로[3], **into**118~안쪽으로, **about**125~에 대해,~쯤,

over100~위에

❸ 20회 이상 출제된 전치사

through90~을 통해, **before**58~전에, **after**57~후에, **like**49~처럼[4],

off46~에 떨어져서, **under**44~아래에, **without**35~없이,

between34~사이에, **within**29~이내에, **during**27~동안, **per**25~당,

since25~이래로, **across**24~를 가로질러, **among**24~중에,

instead of20~대신에

❹ 수능에서 드물게 쓰는 전치사, 전치사구[5]

according to19~에 따라, **along**18~을 쭉 따라,

throughout18~내내,~도처에, **toward**18~쪽으로,

against17~에 반대하여, **upon**17~위에 접촉해서, **near**15~가까이에,

onto15~위로에, **out of**14~밖에, **behind**12~뒤에, **beyond**12~를 너머,

inside12~안쪽에, **due to**10~때문에, **above**7~위에, **below**7~아래에,

except7~를 제외하고, **versus**4~대, **beneath**2~바로 아래에,

plus2~더하기

1 정확한 해석은 '전치사+명사'는 주로 '부사구' 역할로 본동사(stood)를 설명한다: 그 문 옆에 서있었다.
2 to 다음에 동사가 나오면 '~하는 것, ~하기 위해'를 의미하는 to부정사(p.88), to 다음에 명사가 나오면 '~로'를 의미하는 **전치사to**이다. to부정사든 전치사to든 앞에서 끊는다.

3 up은 주로 부사로 쓴다. up 외에도 out, on, off, in, around, down, inside, near, over도 부사로 쓸 수 있다. 부사는 바로 뒤에 명사를 쓰지 않아도 된다.

4 like를 동사로 쓰면 '좋아하다'지만, 전치사로 쓰면 '~같은'이다. 수능에 나온 like는 90% 이상 전치사나 접속사이다.

5 두 단어 이상이 모여서 하나의 품사 역할을 하는 것을 **구**라고 한다.

정답

4 ⑤

5 ②

6 ③

접속사는 앞에서 끊는다

접속사 앞에서 끊고, 해당 종속절의 본동사 뒤에 연결[1]

무료강의
rb.gy/nz4e21

The false choice misleads us/
그   틀린   선택은/   잘못 이끈다   우리를/

when we are not careful.
(~할 때)   우리가   상태가 아닐 때/   조심스러운

접속사 when 앞에서 끊고(/), 해당 절의 본동사(are) 뒤에 붙여 해석했다.

접속사의 종류

❶ 종속접속사

when204~할 때[2], if211~한다면, because70~하기 때문에,
while69~하는 동안에, whether42~든 아니든,
though41~하지만, although32~하지만, until28~할 때까지,
so that11~하기 위해, in that8~라는 점에서, unless6~하지 않는다면

❷ 관계대명사 p.122

that574그 사람/물건, who245그 사람, which220그 물건, what212무엇,
whom10그 사람을, whose10그 사람의/물건의

❸ 관계부사[3]

how130어떻게, where30어디에서, why5왜

❹ 등위접속사[4] p.166

and1371그리고, but192그러나, or475또는, nor5~도 아니다,
than127~보다

❺ 준등위접속사[5]

so87그래서, yet32그러나

2등급을 위해 전치사, 종속접속사 양쪽 모두 가능한 단어[6]

as408~하면서, ~로서 for365 ~를 위해, ~하기 때문에, like59~처럼,
before58~전에 ~앞에, after57~후에 ~뒤에, until27~까지 계속,
since25~하기 때문에,~이래로

1 접속사는 **종속절**(p.15)의 동사 뒤에 붙여서 해석한다. 내용상 **주절**(접속사가 없는 절)의 본동사(misleads)를 설명한다. 주제문에서는 '상태가 아니라면, 잘못 이끈다(misleads)'이다.
2 when은 관계부사지만, 주로 종속접속사로 쓰인다.

3 **관계부사**는 이어지는 절(= 종속절) 전체를, 주절의 입장에서 봤을 때 하나의 명사나 부사처럼 쓴다.
예를 들어, I know how you study English에서, 주절인 I know 입장에서 보면, 종속절인 how you study English를 하나의 목적어로 썼다. 누가(I)-한다(know)-무엇을(how you study English)

4 등위접속사는 종속접속사와 다르게 사용된 자리에서 해석한다.

5 준등위접속사는 '문장(절)'만 연결하며, 등위접속사처럼 사용된 자리에서 해석한다

6 뒤에 명사만 나오면 전치사로 쓴 것이고, 본동사가 있는 문장(절)이 나오면 **종속접속사**로 쓴 것이다.

어휘

QR코드로 듣고 따라 말하세요. 모르는 단어는 O표시하세요.

2012~2024 (13회) 기출 어휘 분석(p.210)

단어 MP3

5회 이상 출제 단어

1 as [æz] ~하면서

2 charity ['tʃærəti] 자선

3 clear [klɪr] 명백한, 투명한

4 complain [kəm'pleɪn] 불평하다

5 conclusion [kən'kluːʒn] 결론

6 consistent [kən'sɪstənt] 일관되는

7 correct [kə'rekt] 바로잡다, 정정하다

8 cover ['kʌvər] 덮다, 포함하다

9 entirely [ɪn'taɪərli] 완전히

10 establish [ɪ'stæblɪʃ] 확립하다

11 government ['gʌvərnmənt] 정부

12 hidden ['hɪdn] 숨겨진

13 limit ['lɪmɪt] 제한하다, 한계

14 mislead [mɪs'liːd] 잘못 이끌다

15 patience ['peɪʃns] 인내, 참을성

16 present ['preznt] 제시하다

17 president ['prezɪdənt] 대통령, 회장

18 reasonable ['riːzənəbl] 합리적인, 타당한

19 respond [rɪ'spɒnd] 응답하다

20 side [saɪd] 면, 쪽

21 spot [spɒt] 지점

22 stood [stʊd] 섰다 (stand의 과거형)

4회 이하 출제 단어

1 achievement [ə'tʃiːvmənt] 성취, 업적

2 altitude ['æltɪtjuːd] 고도, 높이

3 border ['bɔːrdər] 국경, 경계

4 conclude [kən'kluːd] 결론짓다

5 defense [dɪ'fens] 방어, 수비

6 equipment [ɪ'kwɪpmənt] 장비, 설비

7 Everest ['evərɪst] 에베레스트 (산)

8 false [fɔːls] 틀린

9 foreigner ['fɒrənər] 외국인

10 height [haɪt] 높이, 신장

11 insufficiently [ˌɪnsə'fɪʃəntli] 불충분하게

12 on time [ɒn taɪm] 제 시간에

13 peak [piːk] 봉우리

14 persuade [pər'sweɪd] 설득하다

15 phobia ['foʊbiə] 공포증

16 picnic ['pɪknɪk] 소풍, 야유회

17 plateau [plæ'toʊ] 고원 (높은 평지)

18 pull on [pʊl ɒn] 당겨서 (입다)

19 sentence ['sentəns] 문장

20 Tibetan [tɪ'betn] 티베트의, 티베트 사람의

21 unsatisfactory [ˌʌnsætɪs'fæktəri] 만족스럽지 못한

22 urge [ɜːrdʒ] 강요하다

연습

무료강의
rb.gy/nz4e21

1~5번 문장에서
전치사+명사를
알맞게 해석하시오.

6~10번 문장에서
종속접속사를 본동사에
뒤에 연결하여 해석하시오.

1 I stood/ by the door.

  나는 서 있었다/ _____.

2 I pointed/ at my watch.

  나는 가리켰다/ _____.

3 She pulled/ on her sweater.

  그녀는 당겼다/ _____.

4 You are/ thinking/ about other people.

  너는 상태이다/ 생각하는 중인/

  _____.

5 Everest stands/ as a three-sided pyramid.

  에베레스트는 서 있다/

  _____.

6 ~ when we are not/ careful.

  우리가 _____ / 조심스러운.

7 ~ because the government opened its borders.

  그 정부가 _____ / 그것의 국경들을.

8 ~ while Nepal remained closed.

  네팔이 _____ / 닫혀지게.

9 If we know that Paula has a phobia, ~

  우리가 _____ 파울라가 가진다고/
  한 공포증을,

10 ~ not because it showed the weak spot.

  그것이 _____ /
  그것의 약한 지점을.

정답은 두 쪽 뒤 하단에 있습니다.

7

다음 글에 드러난 필자의 심경으로 가장 적절한 것은?

굵게 표시된 '전치사'를 이어지는 명사에 뒤에 붙여 해석해 보세요.

I helped **for** the charity picnic, and I needed to go there **on** time. Ms. Green was the charity president. She was preparing this monthly event **by** herself. Lily complained, "Mom, I don't feel **like** going today. We've helped more than five times this year." She was eating more slowly than usual. I urged her, "Lily, go and get dressed." I stood **by** the door and pointed **at** my watch. She slowly pulled **on** her sweater and said, "I still don't feel **like** going." I started losing my patience. I responded, "Don't you know Ms. Green has a lot **of** work to do **for** the picnic today? It's time you started thinking **about** other people." My voice was growing louder **with** each sentence.

① bored

② irritated

③ envious

④ indifferent

⑤ delighted

and는 등위접속사이므로 그 위치에서 해석합니다.

I helped /for the charity picnic, /and I needed /to¹ go there /on
내가 도왔다/ 그 자선 소풍을 위해, / 그리고 내가 필요했다/ 가는 것을/ 거기에/

time. Ms. Green was the charity president. She was preparing
제 시간에. 그린 여사는 상태였다/ 그 자선 단체 회장인, 그녀는 상태였다/ 준비하는 중인

this² monthly event /by herself. Lily complained, "Mom,
이 매월의 행사를 / 그녀 스스로에 의해. 릴리(화자의 딸)는 불평했다/ "엄마,

I don't feel /like going today. We've helped more /than³
나는 느끼고 싶지 않다/ 가는 것처럼 오늘. 우리가 도왔다/ 더 많이/

five times this year." She was eating more slowly /than usual.
5 회보다 이번 해에." 그녀가 상태였다/ 먹는 중인 더 느리게/ 평소보다.

I urged her, "Lily, go /and⁴ get dressed." I stood /by the door and⁵
나는 강요했다/ 그녀에게, "릴리, 가라/ 그리고 생겨라/ 입혀지게." 나는 일어섰다/ 그 문 옆에/ 그리고

pointed /at my watch. She slowly pulled /on her sweater /and⁶
기리켰다/ 나의 시계의 한 지점을. 그녀는 느리게 당겨 (입었다)/ 그녀의 스웨터가 닿게/ 그리고

said, "I still don't feel /like going." I started losing my patience.
말했다, "내가 여전히 느끼고 싶지 않다/ 가는 것처럼." 나는 시작했다/ 잃는 것을 나의 참을성을.

I responded, "Don't you know⁷ Ms. Green has a lot /of work
내가 응답했다, "네가 알지 않니?/ 그린 여사가 가진다고/ 많음을/ 일의/

/to do /for the picnic today? It's time⁸ you started thinking
해야할/ 그 소풍을 위해 오늘? 그것이 시간이 됐다/ 네가 시작할/ 생각하는 것을/

/about other people." My voice was growing louder⁹ /with
다른 사람들에 대한." 나의 목소리는 상태였다/ 자라는 중인/ 더 크게/

each sentence.
각각의 문장과 함께.

① bored
지루한

② irritated
짜증난

③ envious
부러워하는

④ indifferent
무관심한

⑤ delighted
기쁜

1 to 뒤에 동사(be)가 와서, to 부정사이다. p.88

2 this 뒤에 명사가 오면 '이', 명사가 없다면 '이것'으로 해석.

3 than은 '등위접속사'처럼 쓴다. p.167

4 and 와 get 사이에 Lily,를 생략. p.166

5 and와 pointed 사이에 I를 생략. p.166

6 and와 said 사이에는 She를 생략. p.166

7/8 know/time 뒤에 that을 생략. p.152

9 grow는 2형식 동사로(<중학영어 독해비급> p.86) 뒤에 형용사(louder)를 바로 쓴다.

연습 p.43
정답

1 그 문 옆에	2 나의 손목 시계(의 한 지점)를	3 그녀의 스웨터에 (닿게)
4 다른 사람들에 대해	5 한 세-면으로 된 피라미드로서	
6 상태가 아니라면	7 열었기 때문에	8 남아있었던 동안
9 안다면	10 보여주지 않았기 때문에	

8

1920년대 Everest 등반에 관한 다음 글의 내용과 일치하는 것은?

굵게 표시된 부분이 '전치사'인지 '종속 접속사'인지 유의해서 해석해 보세요.

As Everest marks the Nepal-Tibet border, it stands **as** a three-sided pyramid **of** shining ice and dark rock. The first eight trips **to** Everest were British, all **of** which tried the mountain **from** the northern, Tibetan, side — not **because** it showed the clearest weak spot **in** the peak's strong defenses but **because in** 1921 the Tibetan government opened its borders **to** foreigners, **while** Nepal remained closed. The first climbers had to walk 400 miles **from** Darjeeling **across** the Tibetan plateau to reach the bottom of the mountain. Their knowledge **of** the deadly effects **of** very high altitude was limited and their equipment was poor. Yet **in** 1924, a member **of** the third British trip, Edward Felix Norton, reached a height **of** 28,126 feet — just 900 feet **below** the top — **before** being defeated **by** tiredness and snow blindness. It was an amazing achievement that was not beaten **for** 28 years.

5

10

15

① 처음 여덟 팀의 등반대는 Nepal 쪽에서 등반을 시작했다.
② 최초의 등반대는 Tibet 고원 지대를 우회하여 산기슭에 도달했다.
③ 최초의 등반대는 극한 고도의 치명적 영향에 관한 지식이 충분했다.
④ 1924년에 Edward Felix Norton이 정상의 900피트 아래 지점까지 올랐다.
⑤ Edward Felix Norton의 등반 기록은 이듬해에 경신되었다.

20

'전치사'는 명사 뒤에서 해석, '종속 접속사'는 본동사 뒤에 붙여 해석합니다.

As Everest marks the Nepal-Tibet border, it stands /as[1] a
(~하면서) 에베레스트가 표시하면서/ 그 네팔과-티벳의 국경을, 그것은 서있다/ 한

three-sided pyramid /of shining ice /and dark rock. The first
세-면으로 된 피라미드로서/ 빛나는 얼음의/ 그리고 어두운 바위(의). 그 첫번째

eight trips /to Everest were British, all /of which[2] tried the
여덟 여행들은/ 에베레스트로의/ 상태였다/ 영국인들인, 모두는/ 그것(여행)의 시도했다/ 그

mountain /from the northern, Tibetan, side — /[3]not because
산을/ 그 북쪽으로부터, 티베트의, 쪽인 — (~하지 않기 때문에)

it showed the clearest weak spot in the peak's strong
그것이 보여주지 않기 때문에/ 그 가장 명백한 약한 지점을/ 그 봉우리의 강한

defenses /but /because in 1921[4] the Tibetan government
방어들 중에/ 하지만/ (~하기 때문에)/ [1921년 중에] 그 티벳의 정부는

opened its borders to foreigners, /while Nepal remained
개방했기 때문에/ 그것의 국경들을/ 외국인들에게, (~하는 동안) 네팔이 남겨진 동안에/

closed[5]. The first climbers had to[6] walk 400 miles /from
닫히게. 그 첫 등반가들은 걸어야 했다/ 400 마일을(644km가량)/

Darjeeling /across the Tibetan plateau /to reach the bottom /of
다르질링(인도의 지역)부터/ 그 티벳의 고원을 건너/ 닿기 위해 그 바닥을/

the mountain. Their knowledge /of the deadly effects /of very
/ 그 산의. 그들의 지식은/ 그 치명적인 영향들의 [매우

high altitude was limited /and their equipment was poor. Yet /in
높은 고도의] 상태였다/ 제한된/ 그리고 그들의 장비는 상태였다/ 열악한. 하지만/

1924, a member /of the third British trip, Edward Felix Norton,
1924년에, 한 멤버가 [그 세 번째 영국 여행의, 에드워드 펠릭스 노턴이],

reached a height /of 28,126 feet —[7] just 900 feet /below the
도달했다/ 한 높이에/ 28,126 피트의 — 단지 900 피트 그

top — /before[8] being defeated /by tiredness /and snow blindness.
정상 아래로 — / 상태이기 전에 패배당한/ 피로에 의해/ 그리고 설맹에 의해.

It was an amazing achievement /that was not beaten /for 28
그것은 상태였다/ 한 놀라운 성취인/ 그 성취는 상태가 아니었다/ 이겨지지 않은/

years.
28년 동안.

1 as는 전치사로도, 접속사로 쓸 수 있다.

2 British(영국인)를 받으려면 who를 써야한다. which를 썼으므로 앞에서 사물(사람이 아닌 것)을 찾아야 하고, Everest와 trips중에 의미상 적절한 것은 trips이다. p.122

3 because에 붙은 not이라 not 앞에서 끊었다.

4 접속사(because) 뒤에 바로 주어(the Tibetan government)가 나오시 않고 중간에 in 1921이 삽입. p.177

5 remain은 2형식 동사로 쓸 수 있으므로, 바로 뒤에 형용사(closed)가 올 수 있다.

6 had to는 한 덩어리로 조동사(~해야 했다)이다.

7 대시(—)는 추가 설명할 때 쓴다. p.177

8 before를 접속사로 보면 뒤에 주어+be동사가 생략됐다. p.153

9

다음 글의 밑줄 친 부분 중, 문맥상 낱말의 쓰임이 적절하지 <u>않은</u> 것은?

Let's say we know that Paula suffers **from** a very bad phobia. **If** we think that Paula is afraid either **of** snakes or spiders, and then ① <u>establish</u> that she is not afraid **of** snakes, we will conclude that Paula is afraid **of** spiders. However, our conclusion is reasonable only **if** Paula's fear really does concern either snakes or spiders. **If** we know only that Paula has a phobia, then the fact that she's not afraid **of** snakes is entirely ② <u>consistent</u> **with** her being afraid **of** heights, water, dogs or the number thirteen. More generally, **when** we are presented **with** a list of other explanations **for** something that happens, and are then persuaded that all but one **of** those explanations are ③ <u>unsatisfactory</u>, we should pause **to** think. **Before** ④ <u>denying</u> that the remaining explanation is the correct one, consider **whether** other possible options are being ignored or missed. The mistake **of** false choice misleads us **when** we are insufficiently careful **about** an important hidden idea: that the choices which have been made clear cover all the ⑤ <u>reasonable</u> options.

Let's say[1] we know/ that[2] Paula suffers /from[3] a very bad phobia.
우리가 말해보자/ 우리가 안다고/ 폴라가 고통받는다는 것을/ 한 매우 심한 공포증으로부터.

If we think/ that Paula is afraid either /of snakes /or spiders, /
우리가 생각한다면/ 폴라가 상태라고/ 두려운/ (둘 중 하나를) 뱀들 /또는 거미들 중 하나에 대해,

and[4] then ① establish /that she is not afraid[5] /of snakes, we
그리고 나서 확립한다면/ 그녀가 상태가 아니라고/ 두려운/ 뱀들에 대해, 우리는

will conclude /that Paula is afraid /of spiders. However, our
결론지을 것이다/ 폴라가 두려워한다고/ 거미들에 대해. 하지만, 우리의

conclusion is reasonable /[6]only if Paula's fear really does[7] concern
결론은 상태이다/ 합리적인/ 오직 폴라의 두려움이 정말로 한다면 관련된다면/

either snakes /or spiders. If we know /[6]only that[2] Paula has a
(둘 중 하나를) 뱀들/ 또는 거미들 중 하나와. 우리가 안다면/ 오직 (~한다고) 폴라가 가진다고/ 한

phobia, then the fact /that[8] she's not afraid /of snakes is entirely
공포증을, 그러면 그 사실은 [그녀가 두려워하지않는다는 (사실은)/ 뱀들을] 완전히

② consistent /with her being afraid /of heights, water, dogs /or
일관된다/ 그녀가 두려워하는 것과/ 높이에 대해, 물에 대해, 개들에 대해/ 또는

the number thirteen. More generally, when we are presented
그 숫자 13에 대해. 더 일반적으로, (~할 때) 우리가 제시받을 때/

/with a list /of other explanations /for something /that happens,
한 목록과 함께/ 다른 설명들의/ 무언가를 위한/ 그 무엇은 발생한다,

/and[9] are then persuaded /that[2] all but one /of those explanations
그리고 상태일때/ 그런 다음 설득되는/ (~라고) 하나를 제외한 전부는/ 저 설명들의

are ③ unsatisfactory, we should pause /to think. Before
상태라고/ 불만족스럽다고, 우리는 멈춰야 한다/ 생각하기 위해. (~전에)

④ denying /that[2] the remaining explanation is the correct one,
부인하기 전에/ (~라고) 그 남은 설명이 상태라고/ 그 올바른 것인,

consider /whether other possible options are being ignored
고려하라/ (~인지 아닌지를) 다른 가능한 선택들이/ 상태인 중인지 아닌지를/ 무시되거나/

/or missed. The mistake /of false choice misleads us when
놓친 그 실수는/ 틀린 선택의/ 잘못 이끈다 우리를/ (~할 때)

we are insufficiently careful /about an important hidden idea:
우리가 상태일 때/ 불충분하게 조심스러운/ 한 중요한 숨겨진 아이디어에 대해:

/that the choices /which have been made clear cover all the
(~라고) 그 선택들이 [그 선택들은 되었다/ 만들어진 명확하게] 포함한다고/ 모든 그

⑤ reasonable options.
합리적인 선택사항들을.

1 뒤에 that이 생략됐다.
2 명사절 that은 '~라고'로 해석. p.133
3 suffer과 어울리는 전치사로 from을 썼다.

4 and 뒤에 If we가 생략됐다.
5 afraid에 어울리는 전치사로 of를 썼다.

6 only가 if를 설명하기에, if가 아니라 only 앞에서 끊었다.
7 강조하려고 does를 썼다.

8 동격명사절. p.132

9 뒤에 when we가 생략됐다. p.166

❺ 한국 최고 부자의 실패

1 late [leɪt] 돌아가신, 늦은

2 chairman ['tʃeərmən] 회장

3 Electronics [ɪˌlek'trɒnɪks] 전자 (회사 이름)

4 trillion ['trɪljən] 조 (1,000,000,000,000)

5 rank [ræŋk] 순위를 차지하다

6 embarrassing [ɪm'bærəsɪŋ] 당황스러운, 난처한

7 succeed [sək'siːd] 성공하다

8 ordinary ['ɔːrdəneri] 평범한

9 wealth [welθ] 부, 재산

10 matter ['mætər] 문제, 사안

11 similar to ['sɪmələr tuː] ~와 비슷한

12 though [ðoʊ] ~하지만

13 taste [teɪst] 취향, 맛

14 composing [kəm'poʊzɪŋ] 작곡하는 것

15 earn [ɜːrn] 벌다

16 follow ['fɒloʊ] 따르다

17 disagree [ˌdɪsə'griː] 동의하지 않다

18 recognize ['rekəgnaɪz] 인정하다

19 adjust [ə'dʒʌst] 적응하다

20 discover [dɪ'skʌvər] 발견하다

21 GOAL [goʊl] 목표 (책 제목)

22 natural ['nætʃrəl] 타고난

23 talent ['tælənt] 재능

24 area ['eriə] 분야

25 childhood ['tʃaɪldhʊd] 어린 시절

26 improve [ɪm'pruːv] 향상시키다

27 lose track of [luːz træk əv] ~을 잊어버리다

28 field [fiːld] 분야

29 admire [əd'maɪər] 존경하다

무료강의
rb.gy/nz4e21

The late chairman of S Electronics was the richest person in Korea. In 2016, he had 15.5 trillion won. He ranked 78th on the world's richest people list. He loved cars. So he owned 124 super cars (worth about 47 billion won). He started a car company, but in the end, he had to sell it to a foreign company. This was embarrassing for him.

Even Korea's richest person couldn't succeed by doing something he liked. For ordinary people like us, success is more difficult if we only dream of the things we like. Wealth and success are different matters. It's similar to this: Though a student is rich, if he is bad at studying, he couldn't enter a top university.

I liked making music. I studied it for 17 years. But my taste in music and others' tastes were totally different. It made me dislike music and eventually stop composing. After trying to make money from hobbies, people often start to dislike them. This happens because earning money requires doing the hobby more often. Sometimes, you should do it even though you don't want to. Also, you must follow the wishes of other people, even if you disagree, because they pay you.

But if you do something well, it becomes more enjoyable over time. People recognize your skills. People often adjust to your way of doing things. Moreover, every job has its own attractions, so more knowledge leads to more interest. Therefore, good skills in a job matter more than liking it. For discovering your skills, these eight ways might help (from the book, *GOAL* by Brian Tracy):

1. You're happiest when you do it. You want to do it for free.
2. You feel that you have natural talent in this area.
3. This talent brought you success and happiness since childhood.
4. You can so easily learn this that you don't remember learning it.
5. It interests you a lot. You enjoy thinking and talking about it.
6. You want to improve in this area during your whole life.
7. You lose track of time when you are doing it. You forget to eat or sleep.
8. If others are good at this field, you admire them. You want to be like them.

어떤 사람이 기초가 없고,
내용 전체를 이해할 수 없어서 포기하는 동안,
다른 사람은 이해할 수 있는 부분만 익히며
우등해진다.

- Mike Hwang의 변형 명언 -

While one person hesitates
because he feels inferior,
the other is busy making mistakes
and becoming superior.

- 헨리 링크, 〈신호등 영작 200〉 113번 명언 -

2

현재분사와
과거분사

더 중요한 부분을
아는 비법

4 형용사로 명사를,

형용사는 명사의 앞이나 뒤에서 '명사'만 설명할 수 있다.

The fields **were** vast.
그   들판들은   상태였다/ 거대한.

vast(형용사)는 The fields(명사)를 설명한다.

형용사와
부사를
알면

문장 구조가
더 잘 보인다.

앞서
학습을 위해
모든 문장을
끊어 읽었지만,

익숙해지면,
해석이
안 되는
문장만
끊어 읽는다.

형용사를 알아채는 법

❶ 뒤에 '사람/물건'을 넣어서 해석했을 때 자연스럽다.

주제문에서 '거대한(vast) 물건(들판, field)'은 자연스럽지만 '거대한 한
다'는 자연스럽지 않다.

❷ 형용사의 접미사가 있다.[1]

He expected historical monuments. 그는 기대했다/ 역사적인 기념물들을.

✦ ❸ 동사ing, 동사ed 형태이다.[2]

He is looking forward to this trip.
그는 상태였다/ 보는 중인 앞으로(기대하는)/ 이 여행을.

동사ing는 '~하는 중인'으로 해석한다. 그래서 looking은 '보는 중인'이다.

❹ 한정사와 명사 사이에 단독으로 있다.[3]

It was the first trip. 그것은 상태였다/ 그 첫 번째 여행인.

한정사(the)와 명사(trip) 사이에 단독으로 쓰는 것은 형용사(first) 뿐이다.

[1] 944개의 형용사 중 접미
사로 형용사를 알 수 있는 단
어는 약 424개이다. **예** al103,
ble63, ic52, ive42, ful34, ous29,
less13, ed19, ing11, ant7, ar7,
cal5

[2] 동사ing나 동사ed가 형용사
가 아닐 수도 있다. 동사ing는
명사(p.65)로, 동사ed는 동사
의 과거형(p.74)로 쓸 수 있다.

[3] 한정사와 명사 사이에 여
러 단어가 있으면, 부사를
쓸 수도 있다. **예** the most
beautiful person.(most는 부
사, beautiful은 형용사)

2등급을 위해   명사 뒤에서 설명하는 형용사

◐ 5형식 문장은 형용사 단독으로 명사 뒤에서 설명할 수 있다.
   The book made him famous. 그의 책이 만들었다/ 그를 유명하게

◐ 동사ing, 동사ed는 뒤에 연결된 구가 길기 때문에 주로 명사 뒤에서 설명한다.
   He saw castles awaiting him. 그는 봤다/ 성들을 그를 기다리는

정답

7 ②

8 ④

9 ④

부사로 명사 외의 것을 설명한다

부사는 명사를 제외한 다른 모든 단어[1]를 설명할 수 있다.

무료강의
rb.gy/nz4e21

Now, he saw nothing.
지금,   그는   봤다/ 아무것도 아닌 것을

부사를 알아채는 법

① 뒤에 '한다'를 넣어서 해석했을 때 자연스럽다.

주제문에서 '지금(now) 한다(saw, 봤다)'는 자연스럽지만, '지금 사람/물건'은 자연스럽지 않다.

② 단어 끝에 ly가 있다.[2]

They frequently vomit blood. 그들은 꾸준하게 토한다/ 피를.

형용사(frequent, 꾸준한)에 ly를 붙여 부사가 됐다.

③ 단어의 (앞)뒤에 콤마(,)가 붙어 있다.[3]

The doctor, however, needs to help patients.
그 의사는,   그러나,   필요하다/ 돕는 것이 환자들을

주어와 동사 사이에 however를 삽입하려고 앞뒤에 콤마를 썼다. p.176

---

1 대부분의 부사는 '동사'를 설명한다. 위치는 문장의 맨 뒤나 맨 앞이다. 그러나 강조하는 부사들은 주로 설명하는 말 바로 앞에 쓴다.

2 다만, 명사에 -ly나 -y 붙으면 형용사가 된다.
예 lovely, weekly, daily, friendly, elderly, cloudy, rainy, sunny
또한, 단어 자체에 -ly가 붙어 있는 형용사도 있다: likely ~하기 쉬운, lonely 외로운, silly 어리석은, ugly 못생긴

3 여러 개를 열거하고 마지막에 and를 쓰기도 하지만 (p.177), 그 외에는 부사(구)를 삽입한 것이다.

2등급을 위해 ▶ 다른 품사로 사용할 수 있는 부사

○ 형용사로 쓸 수 있는 부사[4]

most109, first63, high50, little46, last35, enough29, hard26, early25, left23, near15, late14, fast12, close11, pretty9[5]

○ 전치사로 쓸 수 있는 부사

on, off, in, around, up, down, inside, near, over, out

4 부사에 -ly가 붙어 다른 의미의 부사를 만들 수도 있다.
예 highly 상당히, lately 최근에, closely 면밀히, hardly 거의 ~하지 않다

5 pretty는 형용사일 때 '예쁜', 부사일 때 '꽤'를 뜻한다.

어휘

QR코드로 듣고 따라 말하세요. 모르는 단어는 O표시하세요.

2012~2024 (13회) 기출 어휘 분석(p.210)

단어 MP3

5회 이상 출제 단어

1 appealed [ə'pi:ld] 매력적인

2 at risk [æt rɪsk] 위험에 처한

3 common ['kɒmən] 보통의

4 current ['kʌrənt] 현재의

5 ever ['evər] 정말, 한 번이라도

6 excitedly [ɪk'saɪtɪdli] 신나서

7 guarantee [ˌgærən'tiː] 보증하다

8 head [hed] 향하다, 머리

9 hiker ['haɪkər] 등산객

10 landscape ['lændskeɪp] 풍경

11 less [les] 더 적은, 더 적게

12 reaction [riˈækʃən] 반응

13 sign up [saɪn ʌp] 등록하다

14 threatening ['θretnɪŋ] 협박하는

15 traditional [trəˈdɪʃənl] 전통적인

16 vast [væst] 광활한

4회 이하 출제 단어

1 allergic [əˈlɜːrdʒɪk] 알레르기의

2 amazing [əˈmeɪzɪŋ] 놀라운

3 awaiting [əˈweɪtɪŋ] 기다리는 중인

4 comfort ['kʌmfərt] 편안한

5 common sense [ˌkɒmən 'sens] 상식

6 edge [edʒ] 가장자리

7 fascinating ['fæsɪneɪtɪŋ] 매력적인

8 innovate ['ɪnəveɪt] 혁신하다

9 look forward to [lʊk 'fɔːrwərd tuː] 기대하다

10 organizational [ˌɔːrgənəˈzeɪʃənl] 조직의

11 poisonous ['pɔɪzənəs] 독이 있는

12 sigh [saɪ] 한숨 쉬며 말하다

13 step out [step aʊt] 나가다

14 venture ['ventʃər] 모험하다

15 zone [zoʊn] 영역

연습

무료강의
rb.gy/nz4e21

붉은 단어를 해석하고,
형용사인지 부사인지 구분하시오.

초록 단어를 해석하고,
초록 단어가 설명하는 단어를 적으시오.

_____

_____

1 The landscape looked fascinating.

그 풍경은 보였다/_____ .

품사: 형용사 / 부사

6 The fields were vast.

그 들판은 상태였다/_____ .

설명하는 단어:

2 People are attacked by tigers.

사람들은 상태였다/_____ /
호랑이들에 의해.

품사: 형용사 / 부사

7 Large animals are less dangerous.

큰 동물들은 상태이다/ _____ 위험한.

설명하는 단어:

3 After three hours, Jonas saw nothing.

_____ 시간 후에, 요나스는 봤다/
아무것도 아닌 것을.

품사: 형용사 / 부사

8 Jonas signed up excitedly.

요나스는 등록했다/_____ .

설명하는 단어:

4 Growth is always at the edges.

성장은 상태이다/ _____ 그 가장자리
에 있는.

품사: 형용사 / 부사

9 He expected to see historical
monuments.

그는 기대했다/ 보기를 _____
기념물들을.

설명하는 단어:

5 Smaller animals are more threatening.

더 작은 동물들이 상태이다/ _____
위협적인.

품사: 형용사 / 부사

10 Jonas could not stay calm, looking out
the bus window.

요나스는 머물 수 없었다/ 차분하게, _____
그 버스 창문 밖을.

설명하는 단어:

정답은 두 쪽 뒤 하단에 있습니다.

10

다음 글에 드러난 Jonas의 심경 변화로 가장 적절한 것은?
굵게 표시된 단어가 '형용사'인지 '부사'인지 유의해서 해석해 보세요.

Looking out the bus window, Jonas could not stay **calm**. He was **looking forward** to this field trip. Jonas had signed up **excitedly**. He was the first to board the bus in the morning. The landscape looked **amazing** as the bus headed to Alsace. **Finally,** they arrived in Alsace after **three** hours on the road. **However**, Jonas saw nothing but **endless** farm fields. The fields were **vast**, but **hardly appealed** to him. He had expected to see some **old** castles and **historical** monuments, but **now** he saw nothing like that **awaiting** him. "What can I learn from these **boring** fields?" Jonas said to himself with a sigh.

① excited → disappointed

② indifferent → thrilled

③ amazed → horrified

④ surprised → relieved

⑤ worried → confident

5

10

15

형용사는 명사의 앞이나 뒤에 있어야 하며, 부사는 다양한 곳에 있을 수 있습니다.

Looking¹ out the bus window, Jonas could not stay calm.
(조나스가) 바라보면서/ 그 버스 창문 밖으로, 조나스는 유지할 수 없었다/ 침착하게.

He was looking forward to this field trip. Jonas had signed up
그는 상태였다/ 보는 중인 앞으로(기대하던)/ 이 현장 학습을. 조나스는 등록했다/

excitedly. He was the first² to board the bus in the morning.
신나서. 그는 상태였다/ 그 첫 번째 (사람)인/ 탑승한/ 그 버스에/ 그 아침에.

The landscape looked amazing as the bus headed to Alsace.
그 풍경은 보였다/ 놀랍게/ (~하면서) 그 버스가 향하면서/ 알자스로.

Finally, they arrived in Alsace after three hours on the road.
마침내, 그들이 도착했다/ 알자스에/ 3시간 후에/ 그 도로에서.

However, Jonas saw nothing but endless farm fields. The
하지만, 조나스는 보았다/ 아무 것도 없는 것을/ 그러나 끝없는 농장 들판들만을. 그

fields were vast, but³ hardly appealed to him. He had expected
들판들은 상태였다/ 광활한, 하지만 거의 매력적이지 않은/ 그에게. 그는 기대했었다/

to see some old castles and historical monuments, but now
보는 것을/ 몇몇 오래된 성들과/ 역사적인 기념물들을, 하지만 지금

he saw nothing like that awaiting him. "What can I learn from
그는 보았다/ 아무것도 아닌 것을/ 저것과 같은 기다리고 있는 그를. "무엇을 내가 배울 수 있는가/

these boring fields?" Jonas said to himself with a sigh.
이 지루한 들판들로부터?" 조나스는 말했다/ 그 자신에게/ 한 한숨과 함께.

① excited → disappointed
   신난   실망한
② indifferent → thrilled
   무관심한   흥분한
③ amazed → horrified
   놀란   공포에 질린
④ surprised → relieved
   놀란   안도한
⑤ worried → confident
   걱정하는   자신감 있는

1 looking은 ing가 붙었으므로 형용사이다. 하지만 의미상은 부사로 썼다. 분사구문으로 주어는 Jonas. p.64

2 first를 명사로 썼다.

3 but과 hardly 사이에 The fields were가 생략됐다. p.166

연습 p.57
정답   1 매력적이게 (형용사)   2 공격 받은 (형용사)   3 세 (형용사)
        4 항상 (부사)   5 더 많이 (부사)
        6 광활한 (The fields)   7 더 적게 (dangerous)   8 신나서 (signed)
        9 역사적인 (monuments) 10 보면서 (Jonas/stay: 복수 정답)

11

다음 글에서 필자가 주장하는 바로 가장 적절한 것은?
굵게 표시된 단어가 '형용사'인지 '부사'인지 유의해서 해석해 보세요.

At the 2015 *Fortune* Most **Powerful** Women Meeting, Ginni Rometty offered this advice: "When did you **ever** learn the most in your life? What experience? I guarantee you'll tell me it was a time you felt at risk." To become a **better** leader, you have to step out of your **comfort** zone. You have to challenge the **traditional** ways of doing things and search for opportunities to create **new** ideas. Exercising leadership **not only** requires you to challenge the **organizational current normal** situation but **also** requires you to challenge your **internal current normal** situation. You have to challenge yourself. You have to venture beyond the boundaries of your **current** experience and explore **new** areas. Those are the places where there are opportunities to improve, innovate, experiment, and grow. Growth is **always** at the edges, **just** outside the boundaries where you are **right now**.

① 지도자는 실현 가능한 목표를 설정해야 한다.
② 지도자는 새로운 제도를 적극적으로 도입해야 한다.
③ 지도자는 조직의 현재 상태를 철저히 분석해야 한다.
④ 지도자는 현재의 자신을 넘어서는 도전을 해야 한다.
⑤ 지도자는 기존의 방식과 새로운 방식을 조화시켜야 한다.

형용사는 명사의 앞이나 뒤에 있어야 하며, 부사는 다양한 곳에 있을 수 있습니다.

At the 2015 *Fortune* Most Powerful Women Meeting, Ginni
2015년 포춘(잡지)의 가장 영향력 있는 여성들 모임에서, (버)지니(아)

Rometty offered this advice: "When did you ever learn the
로메티는 제공했다/ 이 조언을:/ "언제 당신이 정말 배웠습니까?/ 그

most[1] in your life? What experience? I guarantee[2] you'll tell
가장 많은 것을 당신의 인생에서? 무슨 경험을?/ 내가 보증한다/ 당신이 말할 것이라고/

me[3] it was a time you felt at risk." To become a better leader,
나에게/ 그것은 어떤 때였다고/ 당신이 느꼈던/ 위험에 처한."/ 되기 위해/ 한 더 나은 리더가,

you have to step out of your comfort zone. You have to
당신은 나가야 한다/ 당신의 편안한 영역에서. 당신은

challenge the traditional ways of doing things and[4] search
도전해야 한다/ 그 전통적인 방식들에/ 하는 것들에 대한/ 그리고 찾아야 한다

for opportunities to create new ideas. Exercising[5] leadership
기회들을 위해/ 만들기 위한/ 새로운 아이디어들을. 실행하는 것은/ 리더십을/

not only[6] requires you to challenge the organizational current
요구할 뿐만 아니라/ 당신에게/ 도전하는 것을/ 그 조직의 현재의

normal situation but[7] also requires you to challenge your
일반적인 상황에/ 하지만 또한 요구한다/ 당신에게/ 도전하는 것을/ 당신의

internal current normal situation. You have to challenge
내부의 현재의 일반적인 상황에. 당신은 도전해야 한다

yourself. You have to venture beyond the boundaries of your
당신 자신에게. 당신은 모험해야 한다/ 그 경계들을 넘어서/ 당신의

current experience and explore new areas. Those are the
현재의 경험의/ 그리고 탐험해야 한다/ 새로운 영역들을. 그것들은 상태이다/ 그

places where there are opportunities to improve, innovate,
장소들인/ 곳에서/ 기회들이 있다 / 향상시키기 위한, 혁신하기 위한,

experiment, and grow. Growth is always at the edges, just
실험하기 위한, 그리고 성장하기 위한. 성장은 상태이다/ 항상 있는/ 그 가장자리들에, 바로

outside[8] the boundaries where you are right now.
그 경계들의 밖에/ 그 경계들에 있는/ 당신이 상태이다/ 지금 당장.

1 most는 주로 형용사나 부사로 쓰지만, 여기는 앞에 the가 있고 뒤에 명사가 없으므로 명사로 썼다.

2 뒤에 that을 생략. p.152

3 tell이 '누구에게-무엇을'로 쓰는데 '무엇을'에 'that+문장'을 썼고, that은 생략. p.152

4 search 앞에 You have to를 생략. p.166

5 ing가 붙어서 '형용사'로 오해할 수 있지만, 뒤에 동사(requires)가 나왔으므로 동명사이다. p.65

6 not only A ~ but also B 구문으로 'A뿐만 아니라 B도'를 의미한다. p.196

7 뒤에 Exercising leadership을 생략. p.166

8 outside는 주로 명사나 부사로 쓰지만 여기는 바로 뒤에 명사(the boundaries)가 있으므로 전치사이다.

12

다음 글의 제목으로 가장 적절한 것은?

Large animals are actually less dangerous to hikers than smaller ones. Common sense tells us that we should avoid tigers, bears, and other large threatening animals. But smaller animals are actually more threatening than bigger animals. To overcome disadvantages of their size, small animals have developed useful weapons such as poison to protect themselves in the wild. Each year, only a few people are attacked by tigers or bears, and most of these events are caused by the people themselves. However, more people are killed by bites from small poisonous snakes than by these large animals. Even more people lose their lives from allergic reactions to common bee stings. For these reasons, hikers should be careful about small dangerous creatures.

① How to Deal with Allergies

② Watch Out for Small Animals!

③ Animals: Human's True Friends

④ Animals Attack Human Villages!

⑤ Why Are Wild Animals Endangered?

Large animals are actually less[1] dangerous to hikers than
큰 동물들은 상태이다/ 사실 더 적게 위험한/ 등산객들에게/

smaller ones. Common sense tells us that we should avoid
더 작은 것(동물)들보다. 보통의 감각(상식)이 말해준다/ 우리에게/ (~라고) 우리가 피해야 한다고/

tigers, bears, and other large threatening animals. But smaller
호랑이들을, 곰들을, 그리고 다른 큰 위협적인 동물들을. 하지만 더 작은

animals are actually more[2] threatening than bigger animals.
동물들은 상태이다/ 사실 더 많이 위협적인/ 더 큰 동물들보다.

To overcome disadvantages of their size, small animals
극복하기 위해 불리한 점들을/ 그들의 크기의, 작은 동물들은

have developed useful weapons such as poison to protect
발달시켰다/ 유용한 무기들을/ 독과 같은/ 보호하기 위해/

themselves in the wild. Each year, only a few people are
그들 자신을/ 그 야생에서. 매년, 오직 2~3명의 사람들만이 상태이다/

attacked by tigers or bears, and most of these events are
공격받은/ 호랑이들이나 곰들에 의해, 그리고 대부분의/ 이 사건들은/ 상태이다/

caused by the people themselves. However, more[3] people are
야기된/ 그 사람들 자신들에 의해. 하지만, 더 많은 사람들이 상태이다/

killed by bites from small poisonous snakes than by these
죽은/ 물림에 의해/ 작은 독있는 뱀들로부터/ 이

large animals. Even more people lose their lives from allergic
큰 동물들에 의해서보다. 심지어 더 많은 사람들이 잃는다/ 그들의 생명을/ 알레르기의

reactions to common bee stings. For these reasons, hikers
반응들로부터/ 흔한 벌 쏘임으로의. 이러한 이유들 때문에, 등산객들은

should be careful about small dangerous creatures.
상태여야 한다/ 조심스러운/ 작은 위험한 생물들에 대해.

① How to Deal with Allergies
어떻게 대처할 것인가/ 알레르기들을

② Watch Out for Small Animals!
조심하라/ 작은 동물들을!

③ Animals: Human's True Friends
동물들: 인간의 진정한 친구들

④ Animals Attack Human Villages!
동물들이 공격한다/ 인간 마을들을!

⑤ Why Are Wild Animals Endangered?
왜 상태인가/ 야생 동물들이 멸종 위기에 있는?

1 less는 little(적은)의 비교급
으로, 형용사/부사 모두 가능
하다. 여기는 dangerous(형용
사)를 설명하므로 '부사'이다.

2/3 more는 many와 much
의 비교급으로 형용사/부
사 모두 가능하다. 여기는
threthening(형용사)를 설명하
므로 '부사'이다.

5 현재분사와 모양이 같은

형용사나 부사 위치에서 (1) ~하는 (중인) / (2) ~하면서

Tom was waiting for a bus.
톰이 상태였다/ 기다리는 중인/   한 버스를 위해

대충 해석하면
점수도
대충 나온다.

현재분사로 썼는지,
동명사로 썼는지,

현재분사라면,
설명하는 대상이
무엇인지
꼼꼼하게
해석하자.

(1) '~하는 중인'으로 해석하는 경우

❶ be동사 다음에 현재분사[1]를 쓰면 주어가 ~하는 중인

주제문에서 was(be동사) 다음에 waiting이 왔으므로 Tom이 기다리는 '중인'으로 해석한다.

[1] 동사를 형용사로 바꾼 것을 '분사'라 하며, 동사에 ing가 붙은 '현재분사(~하는 중인)'와 동사에 ed가 붙은 '과거분사 (~되어진, p.75)'가 있다.

❷ 명사 앞(과 한정사 사이)에 현재분사를 쓰면 명사가 ~하는 중인

I saw (the) chattering coworkers.
내가 봤다/ (그) 수다 떠는 중인   동료들을.

(2) '~하면서'로 해석하는 경우

❸ 명사 바로 뒤에 현재분사를 쓰면 명사가 ~하면서

He saw a man sitting next to his bag. sitting의 의미상 주어는 a man
그는 봤다/ 한 남자를 (그 남자가) 앉아 있으면서/ 그의 가방 옆에.

❹ 주절의 끝에 콤마 다음 현재분사를 쓰면 '주어가 ~하면서'[2]

They walked across the street, avoiding cars.[3]
그들은 걸었다/   그 거리를 건너서, (그들이) 차들을 피하면서.

[2] 콤마가 있으면 주어는 주로 주절의 주어이고, 콤마가 없으면 바로 앞의 명사가 주어이다.

[3]/[5] avoiding의 주어는 they

❺ 문장 맨 앞의 현재분사가, 콤마가 나올 때까지 본동사[4]가 없으면, '콤마 뒤의 주어(주절의 주어)가 ~하면서'로 해석한다.

Avoiding cars, they walked across the street.[5]
(그들이) 차들을 피하면서. 그들은 걸었다/   그 거리를 건너서.

[4] 예문의 본동사(p.30)는 walked이다.

정답

10 ①

11 ④

12 ②

동명사는 해석이 다르다

무료강의
rb.gy/nz4e21

명사 위치에서 '~하는 것'

He likes crossing the street.
그는   좋아한다/   건너는 것을   그   거리를

주어와 목적어는 '명사'만 쓰므로, '~하는 것(건너는 것)'으로 해석한다.

'~하는 것'으로 해석하는 경우

①동명사를 목적어로 쓸 때

주제문에서 likes의 목적어로 crossing을 썼으므로 명사[1]이다.

> 1 세 곳에는 명사만 쓸 수 있다: 주어 자리, 목적어 자리, 전치사 다음.

②동명사를 주어로 쓸 때

Working can free you.
일하는 것은 자유롭게 할 수 있다/ 당신을,

③전치사 다음에 한정사 없이 동명사를 쓸 때.[2]

After understanding his words, she felt confident.
이해하는 것 이후에/   그의   말들을, 그녀는 느꼈다/ 자신있게/

> 2 한정사가 있으면, 그 명사 (comments)가 '~하는 중인'을 뜻하는 현재분사이다. 왼쪽(p.64) ❷ 참고.
> After his understanding comments, she felt confident. 그의 이해심 있는 말 이후에, 그녀는 느꼈다/ 자신있게.

④해석이 '~하는 (중인)'보다 '~하는 것'이 자연스러울 때

My specialty is working hard.
나의 특기는 상태이다/ 열심히 일하는 것인.

특히 주어가 '사물(My specialty)'이면, 행동(일하는 것)을 할 수 없다. 그러므로 '~하는 것'으로 해석하는 게 자연스럽다. 특기가 '일하는 중인'은 어색하다.

QR코드로 듣고 따라 말하세요. 모르는 단어는 O표시하세요.
2012~2024 (13회) 기출 어휘 분석(p.210)

단어 MP3

7회 이상 출제 단어

1 approach [əˈproʊtʃ] 접근하다
2 blind [blaɪnd] 눈이 먼
3 comment [ˈkɒment] 견해
4 confident [ˈkɒnfɪdənt] 자신있는
5 cross [krɔːs] 건너다
6 deal with [diːl wɪð] ~을 다루다
7 done [dʌn] 완료된
8 indifferent [ɪnˈdɪfrənt] 무관심한
9 likely [ˈlaɪkli] 가능성이 있는, ~할 것 같은
10 motivate [ˈmoʊtɪveɪt] 동기를 부여하다
11 performance [pərˈfɔːrməns] 성과, 수행
12 present [prɪˈzent] 제시하다
13 progress [ˈprɒgres] 진보하다
14 race [reɪs] 경주
15 recognize [ˈrekəgnaɪz] 인식하다
16 regular [ˈregjələr] 정기적인, 보통의

6회 이하 출제 단어

1 block [blɒk] 덩어리
2 chat [tʃæt] 잡담하다
3 crosswalk [ˈkrɔːswɔːk] 횡단보도
4 definitely [ˈdefɪnətli] 분명히
5 distraction [dɪˈstrækʃən] 집중을 방해하는 것
6 for sure [fər ʃʊr] 확실히
7 frustrated [frʌˈstreɪtɪd] 좌절한
8 get to [get tuː] ~에 도착하다
9 grab [græb] 잡다
10 interrupted [ˌɪntəˈrʌptɪd] 방해받은
11 teammate [ˈtiːmmeɪt] 팀 동료
12 traffic [ˈtræfɪk] 교통량

연습

무료강의
rb.gy/nz4e21

붉은 단어를 해석하고,
동명사인지 현재분사인지 고르시오.

초록 단어를 해석하고,
현재분사가 설명하는 단어를 적으시오.

1 Tom was waiting for a bus.

톰은 상태였다/ _____ /
한 버스를 위해

품사: 현재분사 / 동명시

2 Jamie kept pushing for her goal.

제이미는 유지했다/ _____ /
그녀의 목표를 위해.

품사: 현재분사 / 동명사

3 Running skills progressed so much.

_____ 기술들은 진보했다/ 아주 많이.

품사: 현재분사 / 동명사

4 They walked across the street
avoiding cars.

그들은 걸었다/ 그 길을 건너/

_____ 차들을.

품사: 현재분사 / 동명사

5 Putting all of her energy,
Jamie crossed the finish line.

_____ 그녀의 모든 힘을,
제이미는 건넜다/ 그 결승선을.

품사: 현재분사 / 동명사

6 The employer is paying
for the work time.

그 고용주는 상태이다/ _____ /
그 업무 시간을 위해.

설명하는 단어:

7 They are interrupted
by chattering coworkers.

그들은 상태이다/ 방해받은/

_____ 직원들에 의해.

설명하는 단어:

8 Recognizing her failure, Ken said
"Your performances improved".

_____ 그녀의 실패를, 켄은 말했다/
"너의 수행능력들은 나아졌다".

설명하는 단어:

9 Working can free you, giving you time
for your work.

일은 자유롭게 할 수 있다/ 당신을, _____
당신에게 시간을/ 당신의 일을 위한

설명하는 단어:

10 Arriving in Alsace, Jonas saw nothing
but endless farm fields.

_____ 알자스에, 조나스는 봤다/
아무것도 아닌 것을/ 하지만 (봤다) 끝없는 농장들을.

설명하는 단어:

정답은 두 쪽 뒤 하단에 있습니다.

글의 흐름으로 보아, 주어진 문장이 들어가기에 가장 적절한 곳은?

> When Tom helped the **blind** man to cross the street, he realized he had left his book bag on the bus stop bench.

13

As Tom was **waiting** for a bus, he saw a blind man **trying** to cross the street. (①) Many cars were there, and it was likely the blind man would get hit when he was not **crossing** at a crosswalk. (②) So Tom asked the blind man, "Do you need help **crossing** the street?" (③) The blind man said yes, then grabbed Tom's arm, and they began their walk across the street **avoiding speeding** cars. (④) When Tom looked back at the bus stop bench, he saw another man **sitting** next to his book bag. (⑤) And when Tom got to the bus stop bench, the man said, "I saw what you were **doing**, so I watched your book bag."

5

10

When Tom helped the blind man to cross the street, he
(~할 때) 톰이 도왔을 때 그 눈 먼 남자가/ 건너는 것을 그 거리를, 그는

realized[1] he had left his book bag on the bus stop bench.
깨달았다/ 그가 남겨뒀다고/ 그의 책 가방을/ 그 버스 정류장 의자에.

1 뒤에 that을 생략. p.152
waiting be동사 뒤에서 보어
(형용사)로 썼으므로 '현재분
사(~하는 중인)'으로 해석.
trying a blind man을 설명하
는 형용사(현재분사)이다.
2 뒤에 that을 생략. p.152
crossing be동사 뒤에서 보어
(형용사)로 썼으므로 '현재분
사(~하는 중인)'으로 해석.

As Tom was waiting for a bus, he saw a blind man trying to
톰이 상태이면서/ 기다리는 중인/ 한 버스를 위해, 그는 봤다/ 한 맹인을/ 시도하는 중인/

cross the street. (①) Many cars were there, and it was likely[2]
건너기 위해/ 그 거리를. 많은 차들은 상태였다/ 거기있는, 또 그것은 상태였다/ 가능성이 있는/

the blind man would get hit when he was not crossing at a
그 맹인이 될 것 같은/ 치이는, 그가 상태가 아닐 때/ 건너는 중인 한

crosswalk. (②) So Tom asked the blind man, "Do you need
횡단보도에서. 그래서 팀은 물었다/ 그 맹인에게/ 당신이 필요한가요/

help crossing the street?" (③) The blind man said yes, then
도움을/ 건너는 것을/ 그 거리를. 그 맹인은 말했다/ '네'를, 그리고나서

grabbed Tom's arm, and they began their walk across the
잡았다/ 톰의 팔을, 그리고 그들은 시작했다/ 그들의 걸음을/ 그

street avoiding speeding cars. (④) When Tom looked back
거리를 건너서/ 피하면서/ 질주하는 중인 차들을. (~할 때) 톰이 뒤돌아 보았을 때/

at the bus stop bench, he saw another man sitting next to his
그 버스 정류장 의자를, 그는 보았다/ 다른 한 남자를/ 앉아있는 중인/ 그의

book bag. (⑤) And when Tom got to the bus stop bench, the
책가방 옆에. 그리고 (~할 때) 톰이 도착했을 때/ 그 버스 정류장 의자에, 그

man said, "I saw what you were doing, so I watched your book
남자는 말했다, "내가 보았다/ 무엇을 네가 하는 중이었는지를, 그래서 나는 지켜 봤다/ 너의 책

bag."
가방을."

crossing 'help+동명사'는 관
용구로 '~하는 것을 돕다'를
의미한다.
avoiding 주요 문장 성분 뒤에
쓰여서 '~하면서'를 의미한다.
speeding cars를 꾸며주는 형
용사로 썼다. 차가 한 대라면 a
speeding car를 썼을 것이다.
sitting man을 꾸며주는 형용
사이다.
doing you의 보어로, 형용사
이다.

연습 p.67
정답

1 기다리는 중인 (현재분사)	2 미는 것을 (동명사)	3 달리기 (동명사)
4 피하면서 (현재분사)	5 넣으면서 (현재분사)	
6 지불하는 중인 (The employer)	7 잡담하는 중인 (coworkers)	8 인식하면서 (Ken)
9 주면서 (Working)	10 도착하면서 (Jonas)	

14

다음 글에 드러난 Jamie의 심경 변화로 가장 적절한 것은?

Putting all of her energy into her last steps of the **running** race, Jamie crossed the finish line. To her disappointment, she had failed to beat her personal best time, again. Jamie had pushed herself for months to finally break her record, but it was all for nothing. **Recognizing** how she felt about her failure, Ken, her teammate, approached her and said, "Jamie, even though you didn't set a personal best time today, your performances have improved dramatically. Your **running** skills have progressed so much! You'll definitely break your personal best time in the next race!" After **hearing** his comments, she felt confident about herself. Jamie, now motivated to keep pushing for her goal, answered with a smile. "You're right! Next race, I'll beat my best time for sure!"

① indifferent → regretful

② pleased → bored

③ frustrated → encouraged

④ nervous → fearful

⑤ calm → excited

Putting all of her energy into her last steps of the running race,
넣으면서 모든 그녀의 에너지를/ 그녀의 마지막 걸음들 안으로/ 그 달리기 경주의,

Jamie crossed the finish line. To her disappointment[1], she had
제이미는 통과했다/ 그 결승선을. 그녀가 실망스럽게도, 그녀는

failed to beat her personal best time, again. Jamie had pushed
실패했다/ 이기는 것을/ 그녀의 개인 최고 기록을, 다시. 제이미는 밀어붙였다/

herself for months to finally break her record, but it was all for
그녀 자신을/ 몇 달 동안/ 마침내 깨기 위해 그녀의 기록을, 하지만 그것은 상태였다/ 모두/

nothing. Recognizing how she felt about her failure, Ken, her
헛된. 인식하면서/ 어떻게 그녀가 느꼈는지를/ 그녀의 실패에 대해, 켄은, [그녀의

teammate, approached her and said, "Jamie, even though you
팀 동료인], 접근했다/ 그녀에게/ 그리고 말했다, "제이미, 비록 (~하지만) 네가

didn't set a personal best time today, your performances have
세우지 않았지만/ 한 개인 최고 기록을 오늘, 너의 성과들은

improved dramatically. Your running[2] skills have progressed
향상되었다/ 극적으로. 너의 달리기 기술들은 진보했다/

so much! You'll definitely break your personal best time in the
매우 많이! 너는 분명히 깰 것이다/ 너의 개인 최고 기록을/ 그

next race!" After hearing his comments, she felt confident
다음 경주에서!" 듣고 난 후에/ 그의 견해들을, 그녀는 느꼈다/ 자신있게/

about herself. Jamie, now motivated to keep pushing for her
그녀 자신에 대해. 제이미는, [지금 동기부여 받은/ 계속하기 위해 밀어붙이는 것을/ 그녀의

goal,[3] answered with a smile. "You're right! Next race, I'll beat
목표를 위해], 대답했다/ 한 미소와 함께. "네(말)가 맞아! 다음 경주에서, 내가 이길 거야/

my best time for sure!"
나의 최고 기록을/ 확실히!"

① indifferent → regretful
무관심한 후회하는
② pleased → bored
기쁜 지루한
③ frustrated → encouraged
좌절한 격려받은
④ nervous → fearful
긴장한 두려워하는
⑤ calm → excited
차분한 흥분한

putting race까지 본동사가 나오지 않았으므로 '~하면서'로 해석한다. 만약 본동사가 나왔다면 '넣는 것은'이다.
running race가 달리는 행위를 할 수 없으므로, '달리는 중인'이 아니라 '달리는 것=달리기'를 의미한다.
1 'to one's 명사' 형태의 관용구이다.
Recognizing how절 안에 felt(본동사)가 있지만 Recognizing에 대한 본동사는 없기에, 부사(~하면서)로 해석한다. 주어는 Ken이다.
2 한정사(your)와 명사(skills) 사이에 running이 있지만, skill이 달리는 행위를 할 수 없기에 '~하는 중인'이 아니라 '~하는 것'이다.
hearing 전치사(after) 다음에 나왔으므로 '명사(~하는 것)'이다.
pushing 동사(keep)의 목적어로 썼으므로 '명사(~하는 것)'이다.
3 콤마가 2개면 삽입을 뜻한다. p.177

15

(A), (B), (C)의 각 네모 안에서 문맥에 맞는 낱말로 가장 적절한 것은?

As we all know, it is not always easy to get work done at the office. There is (A) frequently / rarely quiet time during regular business hours to sit and focus. Office workers are regularly interrupted by ringing phones, unplanned meetings, and chattering coworkers. This can be as frustrating for an employee as it is for the employer who is paying for this nonproductive work time. Working at home can free you from these (B) attractions / distractions, giving you long blocks of time to focus on your work. Although your home may present its own problems, too, there are ways to deal with them. Your productivity will certainly (C) decrease / increase, as will the quality of your work product. At the same time, you will get to enjoy the personal satisfaction of focusing on your work and getting it done.

	(A)	(B)	(C)
①	frequently	distractions	increase
②	frequently	attractions	decrease
③	rarely	distractions	increase
④	rarely	attractions	decrease
⑤	rarely	distractions	decrease

As we all know, it[1] is not always easy to get work done at
우리 모두가 아는 것처럼, 그것은 상태가 아니다/ 항상 쉬운/ 생기는 것이 일이 완료되게/

the office. There is (A) 　frequently / rarely　 quiet time during[2]
그 사무실에서. 거기는 상태이다/ 자주 드물게 조용한 시간인/

regular business hours to sit and focus. Office workers are
정규 업무 시간 동안/ 앉아서 집중할. 사무실 직원들은 상태이다/

5 regularly interrupted by ringing phones, unplanned meetings[3],
정기적으로 방해받는/ 전화들이 울리는 것에 의해, 계획되지 않은 회의들에 의해,

and chattering coworkers. This can be as frustrating for an
그리고 수다 떠는 중인 동료들에 의해. 이것은 상태일 수 있다/ ~만큼 좌절스러운/ 한

employee as it is for the employer who is paying for this
직원에게/ 그것이 상태인 것만큼/ 그 고용주에게/ 그 고용주는 상태이다/ 지불하는 중인/ 이

nonproductive work time. Working at home can free you from
비생산적인 업무 시간을 위해. 일하는 것은/ 집에서/ 당신을 자유롭게 할 수 있다/

these (B) 　attractions / distractions　, giving you long blocks of
이러한 매력들 방해물들로부터, 주면서/ 당신에게/ 긴 (시간) 덩어리들을/

10 time to focus on your work. Although your home may present
시간의/ 집중하기 위한/ 당신의 일에. (~하지만) 당신의 집이 제시할 수 있지만/

its own problems, too, there are ways to deal with them. Your
그것이 가진 문제들을, 또한, 거기에는 방법들이 있다/ 대처하기 위한/ 그것들을. 당신의

productivity will certainly (C) 　decrease / increase　, as will[4] the
생산성은 확실히 감소할 것이다 / 증가할 것이다, (~처럼) 그

quality of your work product. At the same time, you will get to
질도 (증가할) 것처럼/ 당신의 업무 산출물의. 동시에, 당신은 얻을 것이다/

enjoy the personal satisfaction of focusing on your work and[5]
즐기는 것을/ 그 개인적인 만족을/ 집중하는 것의/ 당신의 일에/ 그리고

15 getting it done.
생기는 것의 그것이 완료되는.

	(A)	(B)	(C)
①	frequently 자주	distractions 방해물들	increase 증가하다
②	frequently 자주	attractions 매력들	decrease 감소하다
③	rarely 드물게	distractions 방해물들	increase 증가하다
④	rarely 드물게	attractions 매력들	decrease 감소하다
⑤	rarely 드물게	distractions 방해물들	decrease 감소하다

1 it~to 구문. p.98
2 during은 ing가 붙었지만, '~하는 동안'을 뜻하는 전치사(p.41)이다.
ringing 전치사(by)의 대상이므로 명사(~하는 것)이다.
3 meeting은 meet(동사)에서 왔지만, 명사화 되어서 복수 형태(-s)로 쓸 수 있다.
chattering coworkers를 설명하는 형용사로 썼다. 한 명이라면 a chattering coworker 이다.
frustrating as는 비교하려고 넣었다. be의 보어로 쓰였으므로 형용사이다.
paying who(=employer)를 설명하는 보어이므로 형용사(~하는 중인)이다.
Working 본동사는 can free 가 있으므로 주어(명사, ~하는 것)이다.
giving 문장의 필수 성분이 이후에 콤마(,)+동사ing를 썼으므로 '~하면서(부사)'이다.
4 도치된 문장이다(p.196). 도치되기 전의 문장은 The quality of your work product will (certainly increase).
focusing 전치사(of)의 대상이므로 명사(~하는 것)이다.
5 뒤에 you~satisfaction of이 생략됐다. p.166
getting 전치사(of)의 대상이므로 명사(~하는 것)이다.

6 과거동사와 모양이 같은

본동사² 자리에서 주어의 **과거 행동(~했다)로 해석**

He combined stories
그는 　　　 결합했다/ 　　　 이야기들을.

형태가 같은
동사ed는

바로 뒤에
목적어가 있으면
과거에 '했다'.

목적어가 없으면
'~되어진'.

'~했다'로 해석하는 경우

★❶ 동사ed 다음 명사(목적어)가 나온다.[1]

주제문에서 combined 다음 목적어(stories)가 나왔으므로 combined는
과거동사(~했다)로 해석한다.
He formed relationships. 그는 형성했다/ 관계들을
formed 뒤에 명사(relationships)가 나왔으므로 과거동사(~했다)
로 해석한다.

❷ 주격 대명사 다음에 나온 동사ed는 '했다'로 해석한다.

주제문의 He는 주어로만 쓴다. 그러므로 이어서 나온 combined는 he
가 결합'했다'로 해석한다.

❸ (접속사가 없다면) 본동사²가 또 나올 수 없다.

He was the man allowed backstage access
그는 상태였다/ 그 남자인 허용된 　　 무대 뒤 　 접근권을

이미 본동사(was)가 나왔기 때문에 allowed는 본동사가 아니다. 허용'했
다'가 아니라 허용'된'으로 해석한다.

[1] 대부분(95% 이상)의 동사
는 타동사이기에 '목적어'를
가져야 한다. 하지만 자동사
들은 목적어를 가질 수 없다.
'자동사'란 동사 앞에 '무엇을'
을 넣었을 때 어울리지 않는
동사이다. 예를 들어, run은
'달리다'여서 '무엇을 달린다'
는 자연스럽지 않다. 그래서
'자동사'이다.

[2] 본동사란, '누가-한다-무엇
을' 구조와 '누가-상태이다-어
떤' 구조에서 '한다(일반동사)'
와 '상태이다(be동사)'를 일컫
는다. p.30

정답

13 ④

14 ③

15 ③

과거분사는 해석이 다르다

과거분사는 과거가 아니라 **당하는 것(~된, ~되면서)으로 해석**

무료강의
rb.gy/nz4e21

The books were printed.
그　　　책들은　　상태였다　　인쇄된

'~된', '~되면서'로 해석하는 경우

❶ 동사ed 다음에 목적어가 없을 때

주제문에서 printed 다음에 목적어가 없다. 어떤 위치에 '동사ed'가 나오
든 목적어가 없다면 대부분은 과거분사(~된)으로 해석한다.

❷ be동사 다음에 동사ed가 있을 때

주제문에서 were(be동사) 다음에 printed가 있으므로, 주어(the books)
가 과거분사(~된)으로 해석한다.

❸ 한정사와 명사 사이에 동사ed가 있을 때

The book had a revised edition.　그 책은 가졌다/ 한 개정된 판을.

한정사(a, the, this, my 등)와 명사 사이는 형용사를 쓰는 자리이므로, 이
자리에 쓴 '동사ed(revised)'는 과거분사(~된)로 해석한다.

❹ 주절의 끝에 콤마 다음 과거분사가 있으면 '주어가 ~되면서'[1]

He became a respected man, knighted by Pope Pius V.
그는 되었다/ 한 존경받는 사람이, 기사 작위를 받으면서/ 교황 비오 5세에 의해.

**❺ 문장 맨 앞의 과거분사가, 콤마가 나올 때까지 본동사가 없으면,
'콤마 뒤의 주어(주절의 주어)가 ~되면서'로 해석한다.**

Knighted by Pope Pius V, he became a respected man.
(그가) 기사 작위를 받으면서/ 교황 비오 5세에 의해. 그는 되었다/ 한 존경받는 사람이,

[1] 콤마가 없다면 바로 앞의 명
사(a respected man)가 '기사
작위를 받으면서'이다.
그러나 가끔 콤마가 있어도,
주어가 아니라 과거분사 바로
앞의 명사가 '~되면서'를 뜻할
수도 있다.

2등급을 위해　**4형식/5형식 동사의 수동**

◐ 4형식/5형식 동사는 과거분사로 쓰였음에도 뒤에 '명사'가 남을 수도 있다.

He was the man allowed backstage access.[2]
그는 상태였다/ 그 남자인 허용된　무대 뒤　접근권을

[2] allowed를 수동으로 만들
기 전의 문장은 Someone
allowed the man backstage
access이다.

어휘

QR코드로 듣고 따라 말하세요. 모르는 단어는 O표시하세요.

2012~2024 (13회) 기출 어휘 분석(p.210)

단어 MP3

6회 이상 출제 단어

1 access ['ækses] 접근, 접속하다
2 architect ['ɑːrkɪtekt] 건축가
3 boundary ['baʊndri] 경계
4 century ['sentʃəri] 세기
5 considered [kən'sɪdərd] 여겨진
6 critical ['krɪtɪkl] 비판적인
7 engineer [ˌendʒɪ'nɪr] 기술자
8 famous ['feɪməs] 유명한
9 former ['fɔːrmər] 앞에 언급된
10 imagery ['ɪmɪdʒəri] 사진
11 late [leɪt] 사망한, 늦은
12 latter ['lætər] 뒤에 언급된
13 might [maɪt] ~할지도 모른다
14 mobile ['moʊbil] 이동식의
15 seeming ['siːmɪŋ] 겉보기의
16 shelf [ʃelf] 선반
17 unit ['juːnɪt] 단위

5회 이하 출제 단어

1 Arezzo [ə'retsəʊ] 아레초 (이탈리아 중부의 도시)
2 backstage [ˌbæk'steɪdʒ] 무대 뒤
3 biographical [ˌbaɪə'græfɪkl] 전기문적인
4 capture ['kæptʃər] 잡다, 포착하다
5 earn [ɜːrn] 얻게하다, 얻다
6 edition [ɪ'dɪʃən] 판
7 honor ['ɒnər] 명예, 영예
8 knighted [naɪtɪd] 기사 작위를 받은
9 open-ended conversation
   [ˌoʊpən 'endɪd ˌkɒnvər'seɪʃən] 개방형 대화
10 overshadow [ˌoʊvər'ʃædoʊ] 그늘을 드리우다
11 portrait ['pɔːrtrət] 초상화
12 praise [preɪz] 칭찬
13 revised [rɪ'vaɪzd] 변경된
14 salespeople ['seɪlzˌpiːpl] 영업 사원
15 sculptor ['skʌlptər] 조각가
16 shot [ʃɒt] 촬영했다, 쐈다
17 trustee ['trʌstiː] 이사 (회사의 고위직)
18 unrivaled [ʌn'raɪvəld] 무적의
19 up until the end [ʌp ən'tɪl ði end] 끝까지

붉은 단어를 해석하고,
과거동사(~했다)인지
과거분사(~되어진, 수동)인지 고르시오.

_____

1 It earned Vasari praise.

그것은 _____ / 바사리에게 칭찬을.

품사: 과거동사 / 과거분사

2 His book made him famous.

그의 책은 _____ / 그를 유명하게.

품사: 과거동사 / 과거분사

3 He was considered to be successful.

그는 상태였다/ _____ / 성공적이라고.

품사: 과거동사 / 과거분사

4 It made him the most respected man.

그것은 만들었다/ 그를 그 가장
_____ 남자로.

품사: 과거동사 / 과거분사

5 The photographs he took appeared on 500 album covers.

그 사진들은 [그가 찍은] _____ /
500 앨범의 표지들에.

품사: 과거동사 / 과거분사

초록 단어를 해석하고,
과거분사가 설명하는 단어를 적으시오.

_____

6 The book has a revised edition.

그 책은 가진다/ 한 _____ 판을.

설명하는 단어:

7 In the conversation, designers were often included.

그 대화 안에서, 디자이너들은 상태였다/
자주 _____.

설명하는 단어:

8 Shortened as 'Lives', the book was published in 1550.

_____ '삶들'이라고,
그 책은 상태였다/ 출간된/ 1550년에.

설명하는 단어:

9 They developed a technology created by engineers.

그들은 개발했다/ 한 기술을
_____ / 공학자들에 의해.

설명하는 단어:

10 He was the photographer allowed backstage access.

그는 상태였다/ 그 사진 작가인
_____ 무대 뒤 접근을.

설명하는 단어:

정답은 두 쪽 뒤 하단에 있습니다.

16

Giorgio Vasari에 관한 다음 글의 내용과 일치하지 <u>않는</u> 것은?

굵게 표시된 단어가 '과거동사'인지, '과거분사'인지 구분하며 해석해 보세요.

Giorgio Vasari, the Italian painter, architect, and writer, was born in Arezzo in 1511. He was **considered** to be more successful as an architect than a painter. But what **made** him truly famous was his book *Lives of the Most Famous Painters, Sculptors and Architects* (**shortened** as *Lives*). It was **published** in 1550. It **earned** Vasari the praise of his friends. Then in a **revised** edition of *Lives* in 1568, complete with portraits of the artists, he **combined** biographical stories with critical comment. Although the **revised** edition **overshadowed** Vasari's own achievements as a painter and architect, it **made** him the most **respected** man of the Italian art world. He was even **knighted** by Pope Pius V in 1571.

① Arezzo에서 태어난 이탈리아 화가, 건축가 겸 작가였다.

② Lives의 초판본으로 동료들로부터 칭송을 받았다.

③ Lives의 개정판에 예술가들의 전기적 일화와 비평을 함께 실었다.

④ Lives의 개정판으로 이탈리아 예술계에서 존경을 받지 못하게 되었다.

⑤ 1571년에 교황으로부터 기사 작위를 받았다.

동사ed 뒤에 목적어가 있으면 '과거동사', 없으면 '과거분사'입니다.

Giorgio Vasari, the Italian painter, architect, and writer, was
조르지오 바사리는, 그 이탈리아의 화가이자, 건축가이자, 그리고 작가인데, 상태였다/

born in Arezzo in 1511. He was considered to be more
태어난/ 아레초에서/ 1511년에. 그는 상태였다/ 여겨진/ 상태인 것으로/ 더 많이

successful as an architect than a painter. But what made
성공적인/ 한 건축가로서/ 한 화가(로서)보다. 하지만 무엇은 [그 무엇은 만들었다/

him truly famous was his book *Lives of the Most Famous*
그를 진정으로 유명하게] 상태였다/ 그의 책 삶들인/ 그 가장 유명한

Painters, Sculptors and Architects (shortened as *Lives*). It was
화가들, 조각가들 그리고 건축가들에 대한 줄여서 '삶들'이라고. 그것은

published in 1550. It earned Vasari the praise of his friends.
출간되었다/ 1550년에. 그것은 얻게 했다/ 바사리에게/ 그 칭찬을/ 그의 친구들의.

Then in a revised edition of *Lives* in 1568, complete with
그리고 나서/ 한 개정된 판에서/ '삶들'의/ 1568년에, 완성된/

portraits of the artists, he combined biographical stories with
초상화들과 함께/ 그 예술가들의, 그는 결합했다/ 전기문적인 이야기들을/

critical comment. Although the revised edition overshadowed
비평적 논평과. (~하지만) 그 개정판이 가렸지만/

Vasari's own achievements as a painter and architect, it made
바사리의 고유한 업적들을/ 한 화가로서와 건축가로서, 그것은 만들었다/

him the most respected man of the Italian art world. He was
그를/ 그 가장 존경받는 사람으로/ 그 이탈리아의 미술계의. 그는 상태였다/

even knighted by Pope Pius V in 1571.
심지어 기사 작위를 받은/ 교황 비오 5세에 의해/ 1571년에.

considered was 뒤에서 형용사로 써서 '당하는 것(~되어진)'이다.
made 뒤에 목적어 him이 있어서 '과거(~했다)'로 해석.

shortened 뒤에 목적어가 없어서 당하는 것(~되어진)이다.
published 뒤에 목적어가 없어서 당하는 것(~되어진)이다.
earned 뒤에 목적어(Vasari)가 있어서 과거(~했다)이다.
combined 뒤에 목적어(biographical stories)가 있어서 과거(~했다)이다.
revised the edition의 형용사 자리에 써서 당하는 것(~되어진)이다.
overshadowed 뒤에 목적어(Vasari's own achivements)가 있어서 과거(~했다)이다.
made 뒤에 목적어(him)이 있어서 과거동사(~했다)이다.
respected the man의 형용사 자리에 써서 당하는 것(~되어진)이다.
knighted 뒤에 목적어가 없어서 당하는 것(~되어진)이다.

연습 p.77
정답

1 얻게 했다 (과거동사) **2** 만들었다 (과거동사) **3** 여겨지는 (과거분사)

4 존경 받는 (과거분사) **5** 나타났다 (과거동사) **6** 개정된 (a edition)

7 포함되어진 (designers) **8** 줄여지면서 (the book)

9 창조되면서 (a technology) **10** 허락되면서 (the photographer)

17

Jim Marshall에 관한 다음 글의 내용과 일치하지 <u>않는</u> 것은?

굵게 표시된 단어가 '과거동사'인지, '과거분사'인지 구분하며 해석해 보세요.

The late photographer Jim Marshall is **regarded** as one of the most famous photographers of the 20th century. He holds the honor of being the first and only photographer to be given with the Grammy Trustees Award. He **started** as a professional photographer in 1959. He was given unrivaled access to rock's biggest artists, including the Rolling Stones, Bob Dylan, and Ray Charles. He was the only photographer **allowed** backstage access for the Beatles' final full concert and also shot the Rolling Stones on their historic 1972 tour. He **formed** special relationships with the artists he **worked** with and those relationships **helped** him capture some of his most vivid and famous imagery. Over a 50-year career, the photographs he took **appeared** on more than 500 album covers. He was passionate about his work up until the end. "I have no kids," he **used** to say. "My photographs are my children."

① Grammy Trustees Award가 수여된 최초이자 유일한 사진작가이다.

② 1959년에 직업 사진작가로 일하기 시작했다.

③ Rolling Stones의 역사적인 1972년 투어에서 그들을 촬영했다.

④ 함께 작업한 예술가들과 특별한 유대 관계를 맺지 않았다.

⑤ 500개가 넘는 앨범 커버에 그가 촬영한 사진들이 실렸다.

동사ed 뒤에 목적어가 있으면 '과거동사', 없으면 '과거분사'입니다.

The late photographer Jim Marshall is regarded as one of the
그 사망한 사진작가 짐 마샬은 상태이다/ 여겨지는/ 한 명으로서/ 그

most famous photographers of the 20th century. He holds
가장 유명한 사진작가들 중의/ 그 20번째 세기의. 그는 가지고 있다/

the honor of being the first and only photographer to be given
그 영예를/ 상태인 것의/ 그 첫 번째이자 유일한 사진작가인/ 상태인 주어진

with the Grammy Trustees Award. He started as a professional
그 그래미 이사들 상을. 그는 시작했다/ 한 전문

photographer in 1959. He was given unrivaled access to
사진작가로서/ 1959년에. 그는 상태였다/ 주어진 무적의 접근권을/

rock's biggest artists, including the Rolling Stones, Bob Dylan,
록 가장 큰 예술가들에게로의, 포함하면서/ 롤링 스톤스, 밥 딜런,

and Ray Charles. He was the only photographer allowed
그리고 레이 찰스를. 그는 상태였다/ 그 유일한 사진 작가인 허용된/

backstage access for the Beatles' final full concert and also
무대 뒤 접근권을/ 비틀즈의 마지막 전체 콘서트를 위한/ 그리고 또한

shot the Rolling Stones on their historic 1972 tour. He formed
촬영했다/ 롤링 스톤스를/ 그들의 역사적인 1972년 공연 여행에서. 그는 형성했다/

special relationships with the artists he worked with and
특별한 관계들을/ 그 예술가들과 [그가 함께 일했던] 그리고

those relationships helped him capture some of his most vivid
저 관계들은 도왔다/ 그가 포착하는 것을/ 일부를/ 그의 가장 생생하고

and famous imagery. Over a 50-year career, the photographs
유명한 사진에 대한. 한 50년 경력에 걸쳐, 그 사진들은

he took appeared on more than 500 album covers. He was
[그가 찍은] 나타났다/ 500개 이상의 앨범 표지들에. 그는 상태였다/

passionate about his work up until the end. "I have no kids,"
열정적인/ 그의 일에 대해/ 그 끝까지. "나는 가지고 있지 않다/ 아이들을,"

he used to say. "My photographs are my children."
그는 말하곤 했다. "나의 사진들은 상태이다/ 나의 자녀들인."

regarded 뒤에 목적어가 없어서 수동(~되어진)이다.

started 뒤에 목적어가 없긴 하지만 start가 자동사(목적어가 필요 없는 동사)여서, 과거(~했다)이다.

allowed 뒤에 목적어 (backstage access)가 나왔지만 수동(~되어진)인 이유는, allow를 4형식 동사로 썼기 때문이다. 수동으로 만들기 전의 문장은 Someone allwed the photographer backstage access이다.

formed 뒤에 목적어(special relationships)가 있어서 과거 (~했다)이다.

worked 뒤에 목적어가 없지만 work가 자동사(목적어가 필요 없는 동사)이므로, 수동으로 쓸 수 없다. 과거(~했다)이다.

helped 뒤에 목적어(him)가 있어서 과거(~했다)이다.

appeared appear는 '자동사'여서 수동으로 쓸 수 없다. 과거(~했다)이다.

used used to를 하나의 조동사(~하곤 했다)로 여겨야 한다. 과거(~했다)와 과거분사(~되어진) 중에는 '과거'이다.

18

다음 글의 밑줄 친 부분 중, 어법상 틀린 것은?

Researchers studied two mobile phone companies trying to solve a technological problem. One company developed what it called a 'technology shelf,' created by a small group of engineers, on which ① <u>was placed</u> possible technical solutions that other teams might use in the future. It also created an open-ended conversation among ② <u>its</u> engineers in which salespeople and designers were often included. The boundaries among business units were purposely unclear because more than technical information was needed ③ <u>to get</u> a feeling for the problem. However, the other company proceeded with more seeming simplicity and control, ④ <u>dividing</u> the problem into its parts. Different departments protected their area. Individuals and teams, competing with each other, stopped sharing information. The two companies did eventually ⑤ <u>solve</u> the technological problem, but the latter company had more difficulty than the former.

Researchers studied two mobile phone companies trying
연구자들은 연구했다/ 두 휴대폰 회사들을/ 시도하는 중인/

to solve a technological problem. One company developed
해결하기 위해/ 한 기술적인 문제를. 한 회사는 개발했다/

what it called a 'technology shelf,' created by a small group
무엇을 [그 무엇은 불려진다/ 한 '기술 선반'이라고], 만들어지면서/ 한 작은 집단의

of engineers, on which ① was placed possible technical
기술자들에 의해, 그것(기술 선반) 위에 놓여진 상태였다/ 가능한 기술적인

solutions that other teams might use in the future. It also
해결책들이/ 그 해결책을 다른 팀들이 사용할 수도 있는/ 그 미래에. 그것은 또한

created an open-ended conversation among ② its engineers
만들었다/ 한 열린-끝(의도된 결론이 없는)의 대화를/ 그것의 기술자들 사이에서/

in which salespeople and designers were often included. The
그 대화 안에 영업 사원들과 디자이너들이 상태였다/ 자주 포함된. 그

boundaries among business units were purposely unclear
경계들은 [사업 단위들 사이의] 상태였다/ 의도적으로 불분명한/

because more than technical information was needed
더 많은 것이/ 기술적인 정보보다/ 상태였기 때문에/ 필요되는/

③ to get a feeling for the problem. However, the other
얻기 위해/ 한 감각을/ 그 문제를 위한. 하지만, 그 다른

company proceeded with more seeming simplicity and
회사는 진행했다/ 더 많은 겉보기의 단순함과

control, ④ dividing the problem into its parts. Different
통제로, 나누면서 그 문제를/ 그것의 부분들로. 다른

departments protected their area. Individuals and teams,
부서들은 보호했다/ 그들의 영역을. 개인들과 팀들은,

competing with each other, stopped sharing information.
[경쟁하면서/ 서로와], 중단했다/ 공유하는 것을/ 정보를.

The two companies did eventually ⑤ solve the technological
그 두 회사들은 (했다) 결국/ 해결했다/ 그 기술적인

problem, but the latter company had more difficulty than the
문제를, 하지만 그 뒤에 언급된 회사는 가졌다/ 더 많은 어려움을/ 그

former.
앞에 언급된 것보다.

studied 뒤에 목적어(two mobile phone companies)가 있어서 과거(~했다)이다.
developed 뒤에 목적어(what)이 있어서 과거(~했다)이다.
called call은 5형식 동사로 쓸 수 있기에 '수동(과거분사)' 뒤에 목적어(a technology shelf)가 올 수 있다.
created 뒤에 목적어가 없어서 수동(~되어진)이다.
placed 도치된 구문으로 도치되기 전의 문장은 Possible technical solutions were placed이다. p.197
created 뒤에 목적어(an open-ended conversation)가 있어서 과거(~했다)이다.
included 뒤에 목적어가 없어서 수동(~되어진)이다.
needed 뒤에 to get은 목적어가 아니다. needed는 be동사(was)의 보어 자리에 써서 수동(~되어진)이다.
proceeded 뒤에 목적어가 없지만 proceed는 여기서 자동사(목적어가 필요 없는 동사)여서 과거(~했다)이다. 만약 수동으로 썼다면, 뒤에 본동사가 나와야 한다.
protected 뒤에 목적어가 있어서 과거(~했다)이다.
stopped 뒤에 목적어(sharing information)가 있어서 과거(~했다)이다.
had 뒤에 목적어(more difficulty)가 있어서 과거(~했다)이다.

❻ 스티브 잡스에게 배우는 인생의 지혜

Many people don't know their likes or skills. Even Steve Jobs, Apple founder and the creator of iPhone, felt lost in college. He didn't know what job he wanted.

무료강의
rb.gy/nz4e21

When Steve Jobs was in college, he felt sorry about his parents paying high college expenses. So he gave up his major. But he stayed and joined fun classes. One class was about font design. Ten years later, Jobs made the Apple computer, Macintosh. The font knowledge became very useful for the computer. If he hadn't given up his major, he wouldn't have joined that class. Jobs learned this: "We can't connect the dots looking forward; we can only connect them looking backwards. So we have to trust that the dots will somehow connect in our future."

I, Mike Hwang, have been managing an English book company. I'm probably the only person in Korea doing all writing, design, and marketing alone. 20 years ago, I learned English and design not for starting a book company. If I had tried to learn them just for starting a company, I would have stopped before getting good. But I was desperate after I failed in music despite studying for 17 years. So I tried my best to learn English, and teach English. And I designed books for taking care of my family.

I was lucky. In a religious view about 'luck', God helped me to manage the company until now. At least, I think that God gave me situations for learning, passion, and ideas. I believe God made all the people. So like parents caring for children, God helps people get what they want whether they believe in him or not. So all people's current work must have a purpose by God's guidance. I think he is 10 thousand times smarter than me. So his plan is also 10 thousand times better than I can make.

So if you're unsure about your interests or career goals, and even if you dislike your current dots, try to give it your best effort. Your actions today will certainly connect to the future dots. Someday, you will have your own picture.

절대 영어를 포기하지 마라.
그것은 미래에 더 나은 직업과 배우자를 준다.
그리고 직업과 배우자 없이는 삶이 우울하다.

- Mike Hwang의 변형 명언 -

Never give up work.
Work gives you meaning and purpose
and life is empty without it.

- 스티븐 호킹, 〈신호등 영작 200〉 11면 명언 -

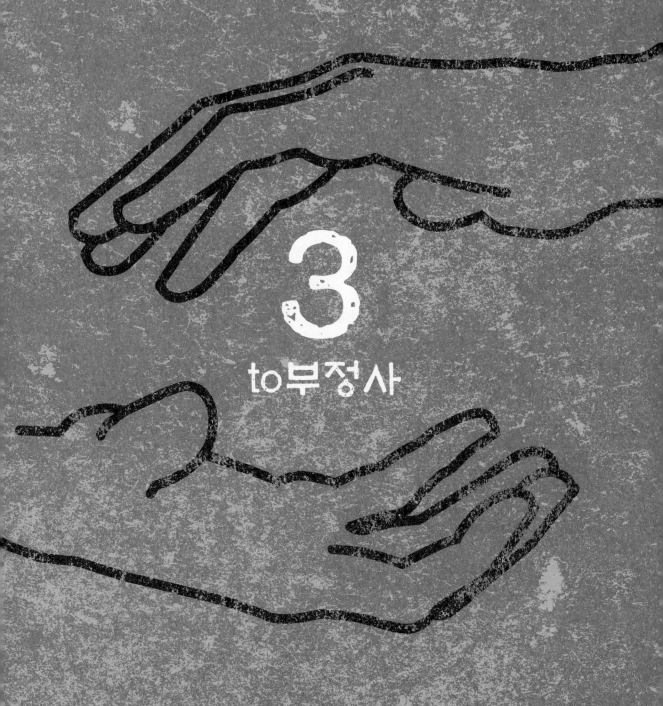

3
to부정사

같은 모양 다른 뜻

7 to부정사는 명사일 때 '~하는 것',

주로 목적어 위치에서 '~하는 것'으로 해석

You need to achieve the things.
당신은   필요하다/ 그것들을 성취하는 것이.

처음부터
to부정사의
모든 것을
알려고
하지 말고

2가지
해석만
구분하면
된다.

to부정사[1] 가 '명사'일 때

❶ 목적어 자리에 있는 to부정사는 '~하는 것'

주제문은 주어(You)-동사(need)-목적어(to achieve) 구조인데, 이처럼
to부정사의 70%가량은 '목적어' 위치에서 명사(~하는 것)로 해석된다.

❷ 시키거나 허락하는 의미의 동사의 목적어 다음에 나온 to부정사
(5형식 문장[2])는 목적어가 '~하는 것'

Trusting people allows them to take action.
사람들을 신뢰하는 것은 허락한다/ 그들이 행동을 취하는 것을.

allow가 허락하는 뜻이므로, 바로 다음에 나온 목적어(them)가 to부정
사(take)'하는 것을'로 해석한다.

❸ 주어가 it이면, 뒤에 나온 to부정사는 it이다. p.98

It is important to do a great job.[3]
그것은 중요하다/ 한 대단한 일을 하는 것은.

❹ be동사 바로 뒤[4]의 to부정사는 '~하는 것'

Your hope is to do a great job.
당신의 소망은 상태이다/ 한 대단한 일을 하는 것인.

1 to부정사는 to 다음에 동사
원형(주제문의 achieve)이 나
오는 것이다.
참고로, to 뒤에 명사가 나오
면, to는 부정사가 아니라 전
치사 to이며 해석은 '~에게, ~
로'이다. p.41

2 자세한 내용은 <중학영어
독해비급> p.110를 참고.

3 원래 문장은 To do a great
job is important지만, to부정
사는 주어로 드물게 쓴다. 자
세한 내용은 p.98

4 be동사 다음의 to부정사는
주로 '~하는 것'이지만 드물게
have to를 의미한다.
We are to meet at 5.
우리는 5시에 만나야 해.
(are to가 have to 처럼 쓰였다.)

2등급을 위해   의문사+to부정사: ~ 해야 할지

☞ 의문사 뒤에 to부정사가 나오면 '~해야 할지'로 해석한다. **how to do** 어떻게
해야 할지, **where to go** 어디를 가야 할지, **when to do** 언제 해야 할지.
She knows how to hire people.
그녀는 안다/ 어떻게 고용해야 할지를/ 사람들을.

정답

16 ④

17 ④

18 ①

부사일 때 '~하기 위해'

명사가 아닌 곳에서는 대부분 '~하기 위해'로 해석

We use the word to express the ability.
우리는 사용한다/ 그   단어를/   표현하기 위해   그   능력을

문장의 필수 요소(주어we-동사use-목적어the word) 뒤에 나온 to부정사,
또는 문장의 맨 앞에 있는 to부정사는 대부분 '~하기 위해'를 의미한다.

to부정사가 '부사, 형용사'일 때

❶ 문장 뒷부분에 나온 to부정사

주제문에서 to express는 문장의 필수 요소가 끝나고 나왔기에 '~하기
위해(표현하기 위해)'로 해석한다.

❷ 문장의 시작에 나온 to부정사[1]

To express the ability, we use the word.
그능력을 표현하기 위해,   우리는 사용한다/ 그 단어를

주어 자리에는 to부정사를 드물게 쓴다. 그래서 문장의 시작에 to부정
사가 나오면, 대부분은 뒤에 있어야 할 to부정사가 앞에 온 것을 의미한
다(p.176). 이 경우 '~하기 위해'로 해석한다.

> 1 보통 to부정사구가 끝나고
> 콤마(,)가 나온 뒤 주절(주어)
> 이 시작된다.

❸ to부정사 뒤에 목적어가 없으면[2] '~하기 위한, ~할 수 있는, ~해야 할'로 해석한다. (❶❷처럼 '~하기 위해'로 해석해도 된다.)

We have the ability to express.
우리는 가진다/ 표현할 수 있는 그 능력을.

> 2 목적어가 있는데도 '~할 수
> 있는, ~해야 할'이 자연스러울
> 수 있다. 형용사와 부사 중에
> 무엇으로 쓰였는지 판단하기
> 어렵고, 어떤 품사로 쓰였는
> 지는 중요하지 않다.

2등급을 위해   be동사 문장 뒤에서 to부정사의 다른 해석

🔘 be동사를 쓰는 문장의 뒷부분에 나오는 to부정사는 드물게 '~해서'를 뜻할
수 있다.

I'm happy to do a great job.
나는 행복하다/ 한 대단한 일을 해서.

어휘

QR코드로 듣고 따라 말하세요. 모르는 단어는 O표시하세요.

2012~2024 (13회) 기출 어휘 분석(p.210)

단어 MP3

9회 이상 출제 단어

1 apply [əˈplaɪ] 적용하다

2 competent [ˈkɒmpɪtənt] 유능한

3 describe [dɪˈskraɪb] 설명하다

4 enhance [ɪnˈhæns] 향상시키다

5 essential [ɪˈsenʃəl] 필수적인

6 factor [ˈfæktər] 요소

7 individual [ˌɪndəˈvɪdʒuəl] 개개의

8 internal [ɪnˈtɜːrnl] 내부의

9 measure [ˈmeʒər] 측정하다, 조치

10 organism [ˈɔːrɡənɪzəm] 유기체

11 physical [ˈfɪzɪkl] 신체적인

12 potential [pəˈtenʃəl] 잠재적인

13 represent [ˌreprɪˈzent] 대표하다, 묘사하다

14 return [rɪˈtɜːrn] 돌아오다, 돌려주다

15 state [steɪt] 상태

16 would [wʊd] ~하곤 했다

8회 이하 출제 단어

1 accelerate [əkˈseləreɪt] 가속화한다

2 adjust [əˈdʒʌst] 조정하다

3 cast [kæst] 던지다

4 disaster [dɪˈzæstər] 재난

5 disturbed [dɪˈstɜːrbd] 방해받은

6 empower [ɪmˈpaʊər] 권한을 주다

7 frustrate [frʌˈstreɪt] 좌절시키다

8 homeostasis [ˌhoʊmioʊˈsteɪsɪs]
환경변화에 따라 일정한 상태를 유지하는 성질

9 inspire [ɪnˈspaɪər] 영감을 주다

10 know-how [ˈnoʊhaʊ]
노하우, 실제 지식과 경험

11 model [ˈmɒdl] 방법, 견본

12 off balance [ɔːf ˈbæləns] 균형을 잃는 것

13 physiological [ˌfɪziəˈlɒdʒɪkl] 생리적인

14 rational [ˈræʃənəl] 합리적인

15 sort [sɔːrt] 분류하다

무료강의
rb.gy/nz4e21

붉은 단어를 해석하고,
전치사to와 to부정사의 to 중에
알맞은 것을 고르시오.

_____

1 I say to people.

나는 말한다/ _____.

품사: 전치사to / to부정사

2 You need to achieve them.

너는 필요로 한다/

_____ 그것들을.

품사: 전치사to / to부정사

3 That you want is to do a great job.

저것은 [네가 원하는] 상태이다/

_____ 한 대단한 일을.

품사: 전치사to / to부정사

4 Living things returns to a condition of balance.

살아있는 것들은 돌아온다/

_____ 균형의.

품사: 전치사to / to부정사

5 We use the word to describe the ability.

우리는 사용한다/ 그 단어를/

_____그 능력을.

품사: 전치사to / to부정사

to부정사를 해석하고,
명사(~하는 것)와 부사(~하기 위해) 중에
알맞은 것을 고르시오.

_____

6 We often fail to prevent tragedies.

우리는 종종 실패한다/

_____ 비극들을.

품사: 명사 / 부사

7 People find ways to keep balance.

사람들은 찾는다/ 방법들을/

_____균형을.

품사: 명사 / 부사

8 You give me an opportunity to say 'Great job!'

너는 준다/ 나에게 한 기회를/

_____ '잘했어!'라고.

품사: 명사 / 부사

9 To reduce damage, much effort is used.

_____피해를,
많은 노력이 상태이다/ 사용된.

품사: 명사 / 부사

10 To measure the size and range of losses is important.

_____[그 크기와 범위를/ 손해들의] 상태이다/ 중요한.

품사: 명사 / 부사

정답은 두 쪽 뒤 하단에 있습니다.

19

다음 글의 제목으로 가장 적절한 것을 고르시오.
굵게 표시된 단어의 뜻이 '명사'인지, '형용사'인지 구분하며 해석해 보세요.

Giving people the freedom **to use** their judgment accelerates progress. Inspire people **to** use their individual talents toward the goals of the company. Empower people by allowing them **to take** action. Trusting people also allows you **to focus** on the things you need **to achieve**. Ellyn McColgan says, "I used to say to people all the time, 'I can help you **to solve** about any problem you throw at me, but I think that you want **to do** it by yourself.'"

① What Frustrates Employers Most?

② How **to Hire** a Competent Employee

③ Empowering Employees Through Trust

④ Talents: An Essential Factor in Life

⑤ Mixed Roles Between Employers and Employees

to부정사는 '명사'일 때 '~하는 것', '형용사'일 때 '~하기 위한'으로 해석합니다.

Giving people the freedom to use their judgment accelerates
주는 것은 [사람들에게 그 자유를 / 사용하기 위한 그들의 판단을] 가속화한다 /

progress. Inspire people to use their individual talents toward
진보를. 영감을 주어라 / 사람들이 / 사용하는 것을(하도록) 그들의 개개의 재능들을 /

the goals of the company. Empower people by allowing them
그 목표들을 향해 / 그 회사의. 권한을 부여하라 / 사람들에게 / 허락하는 것에 의해 그들이 /

to take action. Trusting people also allows you to focus on the
취하는 것을 행동을. 신뢰하는 것은 사람들을 / 또한 허용한다 / 당신이 / 집중하는 것을 / 그

things[1] you need to achieve. Ellyn McColgan says, "I used to[2]
일들에 / 당신이 필요로 하는 성취하는 것을 (일들을). 엘린 맥콜건은 말한다 "나는

say to people all the time, 'I can help you to solve about any
말하곤 했다 / 사람들에게 / 항상, '내가 도울 수 있다고 / 당신이 / 해결하는 것을 / 어떤

problem[3] you throw at me, but I think that you want to do it
문제에 대해서 / 당신이 던지는 (문제를) / 내게, 하지만 내가 생각한다 / 당신이 원한다고 / 하기를 그것을

by yourself.'"
당신 스스로.'"

① What Frustrates Employers Most?
　　무엇이 좌절시키는가 / 고용주들을 가장?
② How to Hire a Competent Employee
　　어떻게 고용해야 할 지 한 유능한 직원을
③ Empowering Employees Through Trust
　　권한을 부여하기 직원들에게 / 신뢰를 통해
④ Talents: An Essential Factor in Life
　　재능들: 한 필수적인 요소 / 삶에서
⑤ Mixed Roles Between Employers and Employees
　　혼합된 역할들 고용주들과 직원들 사이의

to use '무엇을' 위치가 아니므로 '~하기 위해'로 해석.
to use 앞에 people이 있지만 5형식 구조로 '명사'로 해석.
to take allow를 5형식 구조로 쓰므로, '명사'로 해석.
to focus allow를 쓴 5형식 구조로 to focus 는 명사(~하는 것)이다.
1/3 that을 생략. p.152
to achieve need의 목적어로 썼으므로 명사(~하는 것)이다.
2 used to는 조동사로 '~하곤 했다'이다
to do is의 보어 위치에 썼으므로 명사(~하는 것)이다.

to Hire 의문사+to부정사는 '~해야 할지'를 뜻한다. p.88

1 사람들에게 (전치사to)　　2 달성하는 것을 (to부정사)　　3 하는 것인 (to부정사)

4 한 상태로 (전치사to)　　5 설명하기 위해 (to부정사)

6 예방하는 것을 (명사)　　7 유지하기 위해 (부사)　　8 말하기 위해 (부사/형용사)

9 줄이기 위해 (부사)　　10 측정하는 것은 (명사)

20

다음 글의 주제로 가장 적절한 것을 고르시오.

굵게 표시된 단어의 뜻이 '명사'인지, '부사'인지 구분하며 해석해 보세요.

Living things naturally return to a condition of balance. When we are disturbed by forces acting on us, our inner process begins and returns us to a state of balance. *Homeostasis* is the word we use **to describe** the ability of an organism **to maintain** internal balance by adjusting its physiological processes. Most of the systems in animal and human physiology are controlled by homeostasis. We don't like **to be** off balance. We tend **to keep** things in a stable condition. This system works at all levels. Our blood stays the same temperature. Except for extraordinary exceptions, when people find ways **to get** involved using methods more powerful than our pattern **to balance**, our habits, behaviors, thoughts, and our quality of life stay pretty much the same too.

① physical balance needed for mental balance

② inner systems **to enhance** the quality of life

③ general pattern of organisms **to keep** balance

④ major differences in animal and human physiology

⑤ biological processes resulting from habitual behaviors

to부정사는 '명사'일 때 '~하는 것', '부사'일 때 '~하기 위해'으로 해석합니다.

Living things naturally return to a condition of balance. When
살아있는 것들은 자연스럽게 돌아온다/ 한 상태로/ 균형의. (~할 때)

we are disturbed by forces acting on us, our inner process
우리가 방해받을 때/ 힘들에 의해/ 작용하는 중인/ 우리에게, 우리의 내부 과정이

5 begins and¹ returns us to a state of balance. *Homeostasis*
시작된다/ 그리고 되돌린다/ 우리를/ 한 상태로/ 균형의. 항상성은

is the word² we use to describe the ability of an organism
그 단어이다 [우리가 사용하는] 묘사하기 위해/ 그 능력을/ 한 유기체의

to maintain internal balance by adjusting its physiological
유지하기 위한/ 내부의 균형을/ 조정하는 것에 의해/ 그것의 생리적인

processes. Most of the systems in animal and human
과정들을. 대부분은/ 그 체계들의 [동물과 인간

physiology are controlled by homeostasis. We don't like to
생리학 안에서의] 통제된다/ 항상성에 의해 우리는 좋아하지 않는다/

10 be off balance. We tend to keep things in a stable condition.
상태가 되는 것을/ 균형이 깨진. 우리는 경향이 있다/ 유지하는/ 어떤 것들을/ 한 안정적인 상태 안에서.

This system works at all levels. Our blood stays the same
이 체계는 작동한다/ 모든 수준들에서. 우리의 혈액은 유지한다/ 그 같은

temperature. Except for extraordinary exceptions, when
온도를. 특별한 예외들을 제외하고, (~할 때)

people find ways to get involved using methods more
사람들이 찾을 때/ 방법들을/ 관여되기 위한 사용하면서 방법들을 더 많이

powerful than our pattern to balance, our habits, behaviors,
강력한/ 우리의 패턴보다/ 균형을 잡기 위한, 우리의 습관들은, 행동들은,

15 thoughts, and our quality of life stay pretty much the same
생각들은, 그리고 우리의 삶의 질은 유지한다/ 상당히 많이/ 그 같은 (상태를)/

too.
또한.

① physical balance needed for mental balance
신체적 균형이/ 필요된다/ 정신적 균형을 위해

② inner systems to enhance the quality of life
내부의 체계들/ 향상시키기 위한/ 그 삶의 질을

③ general pattern of organisms to keep balance
일반적인 패턴/ 유기체들이/ 유지하기 위한/ 균형을

20 ④ major differences in animal and human physiology
주요 차이점들/ 동물과 인간 생리학 안에서

⑤ biological processes resulting from habitual behaviors
생물학적 과정들 결과로 나오는/ 습관적인 행동들로부터

---

1 and 뒤에 When~ process 를 생략. p.166

2 뒤에 that을 생략.
to describe use의 목적어는 the word이다. 문장의 주요 성분 이후의 to describe는 부사(~하기 위해)이다.
to maintain an organism을 설명하므로 정확한 해석은 '유지하기 위한'이지만 '유지하기 위해'도 괜찮다.
to be like의 목적어로 명사(~하는 것)이다.
to keep tend의 목적어로 명사(~하는 것)이다.

to get ways를 설명해서 정확한 해석은 '관여되기 위한'이지만, '관여되기 위해'도 괜찮다.
to balance our pattern을 설명하는 to부정사이다.

to enhance inner system을 설명하는 to부정사이다.
to keep organisms를 설명하는 to부정사이다.

21

다음 글의 제목으로 가장 적절한 것은?

A key part of disasters is the size of their harmful effects. To help societies prevent or reduce damage from disasters, a huge amount of effort and technological know-how are often used to assess and communicate the size and range of potential or actual losses. However, recent behavioral research casts doubt on this basic idea. Many people do not understand large numbers. Indeed, large numbers have been found to lack meaning and to be considered less important for decisions unless they show feeling. This creates a puzzle that rational models of decision making fail to represent. On the one hand, we respond strongly to aid a single individual in need. On the other hand, we often fail to prevent huge tragedies or take right measures to reduce potential losses from natural disasters.

① Lack of feeling to Mass Tragedy: We Are Lost in Large Numbers

② Power of Numbers: A Way of Sorting Natural Disasters

③ How to Reach Out a Hand to People in Great Need

④ Preventing Potential Losses Through Technology

⑤ Be Careful, Numbers Make bigger Feelings!

A key part of disasters is the size of their harmful effects.
한 핵심 부분은 [재난들의] 그 크기이다/ 그들의 해로운 영향들의.

To help societies prevent or reduce damage from disasters,
돕기 위해/ 사회들이 예방하거나 줄이는 것을/ 손상을/ 재난들로부터,

a huge amount of effort and technological know-how are
한 거대한 양의 노력과 기술적인 노하우가/

5　often used to measure and[1] communicate the size and range
종종 사용된다/ 측정하기 위해 그리고 전달하기 위해/ 그 크기와 범위를/

of potential or actual losses. However, recent behavioral
잠재적인 또는 실제 손실들의. 하지만, 최근의 행동의

research casts doubt on this basic idea. Many people do not
연구는 제기한다/ 의문을/ 이 기본적인 생각에. 많은 사람들이

understand large numbers. Indeed, large numbers have been
이해하지 않는다/ 큰 숫자들을. 실제로, 큰 숫자들은 상태였다/

found to lack meaning and to be considered less important
발견된/ 부족하다고 의미가/ 그리고 상태였다고 여겨지는 덜 중요하게/

10　for decisions unless they show feeling. This creates a puzzle
결정들을 위해/ 그것들이 보여주지 않는 한/ 감정들을. 이것은 창조한다/ 한 퍼즐을

that rational models of decision making fail to represent. On
그 퍼즐을 합리적인 방법들이 [(의사) 결정 만드는 것의] 실패한다/ 묘사하는 것을 (그 퍼즐들을).

the one hand, we respond strongly to aid a single individual
한편, 우리는 반응한다 강하게/ 돕기 위해/ 어떤 단 한 명의 개인을

in need. On the other hand, we often fail to prevent huge
필요한 상태에 있는. 다른 한편, 우리는 종종 실패한다/ 예방하는 것을/ 거대한

tragedies or take right measures to reduce potential losses
비극들을/ 또는 취하는 것을/ 올바른 조치들을/ 줄이기 위한/ 잠재적인 손실들을/

15　from natural disasters.
자연의 재해들로부터.

① Lack of feeling to[1] Mass Tragedy: We Are Lost in Large Numbers
감정의 부족/ 대량 비극에 대한 : 우리는 (길을) 잃는다/ 큰 숫자들 속에서

② Power of Numbers: A Way of Sorting Natural Disasters
숫자들의 힘: 한 방법/ 분류하는 것의 자연 재해들을

③ How to Reach Out a Hand to[2] People in Great Need
(도움의) 손길을 내미는 방법/ 사람들에게/ 큰 필요에 처한

④ Preventing Potential Losses Through Technology
잠재적 손실들을 예방하기/ 기술을 통해

20　⑤ Be Careful, Numbers Make bigger Feelings!
조심하라, 숫자들이 만든다/ 더 큰 감정들을 !

To help disasters까지 본동사가 없으므로 부사(~하기 위해)이다. 주어는 a huge ~ know-how이다.

to measure used가 are의 보어(수동태, p.75)로 쓰여서 to measure는 used의 목적어가 아니다. 그러므로 부사(~하기 위해)이다.

to lack find는 5형식 구조로 쓸 수 있는 동사여서 수동(be found) 뒤에서도 명사(to lack 부족한 것)가 남아있다.
to be and 뒤에 large numbers have been found가 생략됐다. p.166
to represent fail의 목적어로 썼으므로, 명사(~하는 것)이다.
to aid respond를 자동사로 썼다. 타동사로 해석하면 '돕는 것을(to aid) 반응한다'로 어색하다.
to prevent fail의 목적어로 써서 명사(~하는 것)이다.
to reduce measures를 설명하는 형용사(~하기 위한)이다.

1 to 뒤에 명사(Tragedy)가 와서 to는 전치사이다.

2 to 뒤에 명사(People)가 와서 to는 전치사이다.

8 to부정사 대신 쓰는 주어 it과

to부정사를 '~하는 것은'으로 해석한다.

It's good to start now.
그것은   좋다/   지금 시작하는 것은

문장 앞의
it으로

문장의
뒷부분을
쓸 수 있다.

it~ to~ 구문의 특징

❶ It is 또는 it was로 시작하는 문장 뒤의 to부정사[1]

주제문에서 to start now를 it으로 여기고 해석한다. 이처럼 to부정사 이
후의 구까지 it으로 여기고 해석한다. 주제문을 it~ to~ 구문으로 만들기
전의 문장은 To start now is good이다.

[1] 영어는 어순이 중요해서, 주
어가 길어지면 의미 전달이
느려진다. 그래서 주어 대신 it
을 쓰고, it이 가리키는 주어를
뒤에서 to부정사나 that절로
알려준다.

정답

19 ③

20 ③

21 ①

2등급을 위해 to부정사 대신 쓰는 목적어 it

◐ 5형식 문장에서 목적어로 it을 놓고, it이 무엇인지 to부정사로 쓸 수 있다.
We found it good to start now.
우리는 찾았다/ 그것이 좋다고/ 지금 시작하는 것이.

that절 대신 쓰는 주어 it

that절의 본동사를 '~하는 것은'으로 해석한다.

It was good that we met.
그것은 좋았다/ (그것이란) 우리가 만난 것이.

it~ that~ 구문의 특징

❶ It is 또는 it was로 시작하는 문장 뒤의 that절

주제문에서 that we met를 it으로 여기고 해석한다. 이처럼 that 이후에
나오는 문장 전체를 it으로 여긴다. 주제문을 it~ that~구문으로 만들기
전의 문장은 That we met was good이다.

❷ that 외의 '의문사+절' 대신 쓰는 주어 it

It is not clear whether people used the system.
그것은 확실하지 않다/   사람들이 사용했는지는/ 그 체계를.

it~ that~ 구문에서 that절 대신 다른 명사절[1]도 쓸 수 있다. it을 쓰기 전
의 예문은 Whether people used the system is not clear이다.

> 1 명사절이란, 문장 전체
> (whether~system)가 하나
> 의 명사 역할을 하는 것을 뜻
> 한다. 주어(Whether people
> used the system)-동사(is
> not)-보어(clear). p.186

어휘

QR코드로 듣고 따라 말하세요. 모르는 단어는 O표시하세요.

2012~2024 (13회) 기출 어휘 분석(p.210)

단어 MP3

4회 이상 출제 단어

1 agreement [ə'griːmənt] 합의
2 build up [bɪld ʌp] 구축하다
3 classic ['klæsɪk] 고전, 고전적인
4 consequently ['kɒnsɪkwəntli] 결과적으로
5 consistent [kən'sɪstənt] 일치한다
6 discovery [dɪ'skʌvəri] 발견
7 emission [ɪ'mɪʃən] 배출
8 issue ['ɪʃuː] 발표하다, 발행하다
9 mass [mæs] 덩어리
10 mercury ['mɜːrkjəri] 수은
11 model ['mɒdl] 사례, 본보기
12 plant [plænt] 공장, 식물
13 pollution [pə'luːʃən] 오염
14 potential [pə'tenʃəl] 잠재적인
15 regardless of [rɪ'gaːrdləs əv] ~에 상관없이
16 religious [rɪ'lɪdʒəs] 종교의
17 strictly ['strɪktli] 엄격히
18 suggest [sə'dʒest] 암시하다, 제안하다
19 up to [ʌp tuː] ~까지

3회 이하 출제 단어

1 alert [ə'lɜːrt] 경고하다
2 authority [ə'θɔːrəti] 권한
3 bay [beɪ] 만 (바다가 육지로 들어온 곳)
4 burner ['bɜːrnər] 태우는 것
5 centralized ['sentrəlaɪzd] 중앙 집중화된
6 diabetes [ˌdaɪə'biːtiːz] 당뇨병
7 disabling [dɪs'eɪblɪŋ] 장애가 있는
8 discharge [dɪs'tʃaːrdʒ] 배출하다
9 govern ['gʌvərn] 통치하다, 관리하다
10 governance ['gʌvərnəns] 관리 방식, 통치 방식
11 improvement [ɪm'pruːvmənt] 개선
12 joint [dʒɔɪnt] 관절
13 minimize ['mɪnɪmaɪz] 최소화하다
14 mutually ['mjuːtʃuəli] 상호간에
15 nerve [nɜːrv] 신경
16 operation [ˌɒpə'reɪʃən] 기업, 수술, 작전
17 prevention [prɪ'venʃən] 예방
18 recognizable ['rekəgnaɪzəbl] 인식 가능한
19 redistribution [ˌriːdɪstrɪ'bjuːʃən] 재분배
20 symptom ['sɪmptəm] 증상
21 tablet ['tæblət] 판
22 tissue ['tɪʃuː] 조직

연습

문장의 붉은 단어를 it으로 바꿔
it~ to~ 구문이나
it~ that~ 구문으로 만드시오.

to부정사, that절의 본동사를
'~하는 것은'으로 해석하시오.

무료강의
rb.gy/nz4e21

---

1 To start building up muscle strength is not late.

_____

_____

2 To start it in your mid-forties is best.

_____

_____

3 That pollution may result from remote power plants is thought.

_____

_____

4 That some mercury can appear in lakes is now recognized.

_____

_____

5 How widespread reading was is not clear.

_____

_____

6 It is difficult to understand ancient writings.

그것은 어렵다/ _____/
고대의 글을

7 It is clear that strength training has many benefits.

그것은 명백하다/ 근력 운동이 _____/
많은 유익한 점들을.

8 It is now recognized that mercury can appear in distant lakes.

그것은 이제 인식 가능하다/ 수은이

_____/ 먼 호수 안에서.

9 It was possible to improve muscle abilities within six weeks.

그것은 가능했다/ _____ 근육의
능력들을/ 6주 이내에.

10 It was found that strength training can improve older people's strength.

그것은 찾아졌다/ 근력 운동이

_____ 더 나이든 사람들의 힘을.

정답은 두 쪽 뒤 하단에 있습니다.

22

다음 글의 요지로 가장 적절한 것을 고르시오.

The good news is that **it**'s never too late **to start** building up muscle strength, regardless of your age. Ideally, though, **it**'s best **to start** in your mid-forties when muscle mass starts to decrease significantly. "It can take just six weeks to see an improvement of up to 20 percent in your muscle abilities," says Dr. Ward. Strength training can help weak older people to walk faster and climb stairs more easily. And muscle isn't all you gain — strength training can help to fight joint pain, sadness, heart disease and diabetes.

① 근력 운동의 효과는 단기간에 얻기 힘들다.

② 근력 운동에 필요한 기초 체력을 길러야 한다.

③ 40대 이후에는 성인병 예방에 주의를 기울여야 한다.

④ 운동량은 연령에 따라 적절히 조절해야 한다.

⑤ 근력 운동은 나이가 들어서도 건강에 유익하다

The good news¹ is that it's never too late to start² building
그 좋은 소식은 상태이다/ (~라고) 그것이 절대 너무 늦지 않다고/ 시작하는 것이/ 구축하는 것을/

up muscle strength, regardless of your age. Ideally, though,
근육의   힘을,   당신의 나이와 상관없이. 이상적으로는, 하지만,

it's best to start³ in your mid-forties when muscle mass starts
그것이 최선이다/ 시작하는 것이/ 당신의 40대 중반에/ (~할 때) 근육 덩어리가 시작할 때/

to decrease significantly. "It can take just six weeks to see an
감소하는 것을   상당히.   "그것이 걸릴 수 있다/ 단지 6주가/ 보기 위해/ 한

improvement of up to 20 percent in your muscle abilities,"
개선을/   최대 20 퍼센트까지의/   당신의 근육   능력들에서,"

says⁴ Dr. Ward. Strength training can help weak older people
말한다 워드 박사가.   근력   훈련은 도울 수 있다고/ 약한 더 나이든 사람들이

to walk faster and climb stairs more easily. And muscle isn't
걷는 것을   더 빠르게/ 그리고 오르는 것을 계단을 더   쉽게. 그리고 근육은 아니다/

all you gain —⁵ strength training can help to fight joint pain,
모든 것인/ 당신이 얻는 — 근력   훈련은 도울 수 있다/ 싸우도록/ 관절 통증을,

sadness, heart disease and diabetes.
슬픔을,   심장병과   당뇨병을.

1 news는 s가 있지만, 셀 수 없는 명사이다. 단수 취급한다.
2 it~to~를 쓰지 않으면, To start building up muscle strength is never too late이다.
3 it~to~를 쓰지 않으면, To start in your mid-forties when muscle mass starts to decrease significantly is best 이다.
4 도치된 구문이다. 원래 문장은 Dr. Ward says "Once ~ abilities" p.197

5 덧붙여 설명하려고 대시(—)를 썼다. p.177

연습 p.101

정답

1 It not late to start building up muscle strength.

2 It is best to start it in your mid-forties.

3 It is thought that pollution may result from remote power plants.

4 It is now recognized that some mercury can appear in lakes.

5 It is not clear how widespread reading was.

6 이해하는 것은   7 가지는 것은   8 나타날 수 있는 것은

9 개선시키는 것은   10 개선시킬 수 있는 것은

주어진 **문장**이 들어가기에 가장 적절한 곳을 고르시오.

> **It** is thought **that** such pollution may result from flying transport from remote power plants or city trash burners.

23

An event in Japan in the 1950s alerted the world to the potential problems of mercury in fish. Factories were discharging mercury into the waters of Minamata Bay, which also had a commercial fishing industry. Mercury was being built up in the fish tissue and severe mercury poisoning occurred in many people who consumed the fish. (①) The disabling brain and nerve symptoms were later called Minamata disease. (②) Control over direct discharge of mercury from industrial operations is clearly needed for prevention. (③) However, **it** is now recognized **that** small amounts of mercury can appear in lakes far from any such industrial discharge. (④) Strictly controlled emission standards for such sources are needed to minimize this problem. (⑤) Fish warnings have been issued for many lakes in the United States; these recommend limits on the number of times per month, particular species of fish should be eaten.

5

10

15

It is thought that¹ such pollution may result from flying
그것은 생각된다/ (그것이란) 그러한 오염이 결과가 될 수 있다고/ (공기 중에) 날아가는

transport from remote power plants or city trash burners.
운송으로부터/ 멀리 있는 발전소들이나 도시 쓰레기 소각장으로부터.

An event in Japan in the 1950s alerted the world to the
한 사건이/ 일본에서/ 1950년대에/ 경고했다/ 세계에/ 그

potential problems of mercury in fish. Factories were
잠재적인 문제들에 대해/ 수은의/ 물고기 안의. 공장들이

discharging mercury into the waters of Minamata Bay,
배출하고 있었다/ 수은을/ 그 물들 안으로/ 미나마타 만의,

which also had a commercial fishing industry. Mercury
그것(미나마타 만)은 또한 가졌다/ 한 상업적인 어업을. 수은이

was being built up in the fish tissue and severe mercury
축적되고 있었다/ 물고기 조직 안에/ 그리고 심각한 수은

poisoning occurred in many people who consumed the fish.
중독이 발생했다/ 많은 사람들에게서/ 그 사람들은 소비했다/ 그 물고기를.

(①) The disabling brain and nerve symptoms were later
그 장애가 있는 뇌와 신경 증상들은 나중에

called Minamata disease. (②) Control over direct discharge
불렸다/ 미나마타 병이라고. 통제가 [직접적인 배출에 대한/

of mercury from industrial operations is clearly needed for
수은의/ 산업 기업들로부터] 분명히 필요된다/

prevention. (③) However, it is now recognized that² small
예방을 위해. 하지만, 그것은 이제 인식된다/ (그것이란) 적은

amounts of mercury can appear in lakes far from any such
양은/ 수은의/ 나타날 수 있다고/ 호수들에서/ 멀리 떨어진/ 어떤 그러한

industrial discharge. (④) Strictly controlled emission
산업의 배출로부터. 엄격히 통제된 배출

standards for such sources are needed to minimize this
기준들이/ 그러한 원천들을 위한/ 필요된다/ 최소화하기 위해 이

problem. (⑤) Fish warnings have been issued for many lakes
문제를. 물고기 경고들이 발표되어 왔다/ 많은 호수들에 대해/

in the United States; these recommend limits on the number
미국 안에서; 이것들은 추천한다/ 제한들을/ 그 숫자에 대해

of times per month, particular species of fish should be eaten.
빈도의/ 한 달당, 특정한 종류의 물고기가 먹혀져야 하는.

1 it~that~을 쓰지 않았다면, That such pollution may result from flying transport from remote power plants or city trash burners is thought이다.

2 it~that을 쓰지 않았다면, That small amounts of mercury can appear in lakes far from any such industrial discharge is now recognized이다.

24

다음 빈칸에 들어갈 말로 가장 적절한 것을 고르시오.

In the classic model of the Sumerian economy, the temple functioned as a managing authority governing goods production, collection, and redistribution. The discovery of record-keeping tablets from the temple buildings at Uruk suggests that symbol use and consequently writing developed as a tool of centralized economic governance. Given the lack of digging-based evidence from Uruk-period home sites, **it** is not clear **whether** individuals also used the system for _____. For that matter, **it** is not clear **how** widespread reading was at its beginnings. The use of recognizable symbols and pictograms on the early tablets is consistent with managers needing a word list that was mutually understandable whether people could read or not. As wedge-shaped writing became more abstract, reading must have become increasingly important to make sure one understood what he or she had agreed to.

① religious events
② personal agreements
③ community responsibilities
④ historical records
⑤ power changes

In the classic model of the Sumerian economy, the temple
그 고전적인 사례에서/ 그 수메르의 경제의, 그 신전은

functioned as a managing authority governing goods
기능했다/ 한 관리하는 권한으로서 관리하면서/ 상품들의

production, collection, and redistribution. The discovery
생산, 수집, 그리고 재분배를. 그 발견은

of record-keeping tablets from the temple buildings at
[기록-유지 판들의/ 그 신전 건물들로부터/

Uruk suggests that symbol use and consequently writing
우룩에서] 암시한다/ 상징의 사용과 결과적으로 쓰기가

developed as a tool of centralized economic governance.
발전했다는 것을/ 한 도구로서/ 중앙집중화된 경제 관리 방식의.

Given the lack of digging-based evidence from Uruk-period
주어지면서/ 그 부족함을/ 발굴-기반 증거의/ 우룩-시기의

home sites, it is not clear whether[1] individuals also used the
가정 부지들로부터의, 그것은 명확하지 않다/ (~인지 아닌지) 개인들이 또한 사용했는지/ 그

system for _____. For that matter, it is not
체계를/ _____를 위한 저 문제에 대해, 그것은

clear how[2] widespread reading was at its beginnings. The
명확하지 않다/ 얼마나 광범위했는지는/ 읽는 것의 상태가/ 그것의 시작들에서. 그

use of recognizable symbols and pictograms on the early
사용은/ 인식 가능한 상징들과 그림문자들의/ 그 초기의

tablets is consistent with managers needing a word list that
판들에서/ 일치한다/ 관리자들이 필요로 하는 것과/ 한 단어 목록을/ 그 목록은

was mutually understandable whether people could read or
상호간에 이해 가능하다/ (~든 아니든) 사람들이 읽을 수 있든

not. As wedge-shaped writing became more abstract, reading
없든 쐐기-모양 쓰기가 되면서/ 더 추상적으로,/ 읽기는

must have become increasingly important to make sure one
되었음에 틀림없다/ 점점 더 중요하게/ 확실히 하기 위해/ 누군가가

understood what he or she had agreed to.
이해했다는 것을/ 무엇을 그 또는 그녀가 동의한/ (그 무엇에).

① religious events
종교적 행사들
② personal agreements
개인적 합의들
③ community responsibilities
공동체의 책임들
④ historical records
역사적 기록들
⑤ power changes
권력 변화들

1 it~ whether~ 를 쓰기 전의
문장은 Whether individuals
also used the system for
personal agreements is not
clear이다.

2 it~ how~ 를 쓰기 전의 문장
은 How widespread reading
was at its beginnings is not
clear이다.

9 주어에 붙은 전치사와

괄호 부분을 없애면 주어(Owners)-동사(have)가 보인다.[1]

Owners [of forests][2] have an economic reason.
소유자들은   [숲들의]   가진다/ 한   경제적인   이유를

주어 뒤에
오는 것을
알면,

주어가
길어져도
겁먹지 않고
해석할
수 있다.

주어와 본동사 사이에 나오는 것들

❶ 전치사+명사를 삽입

전치사+명사는 주로 문장의 끝에 오지만, 주어(owners)와 동사(have)
사이에도 쓸 수 있다. 주제문에서 전치사(of)+명사(forests)를 썼다.

❷ 부사를 삽입

Helping [therefore] allows individuals to filter the flow.
돕는 것은   그러므로   허락한다/ 개인들이   거르도록   그   흐름을.

접속 부사(therefore)[3]는 문장 맨 앞이나, 주어와 동사 사이에 쓴다.

Managers [of natural resources] typically face economic reasons.
관리자들은   [천연 자원의]   일반적으로 직면한다/ 경제적인   이유들을.

부사가 동사의 '빈도[4]나 정도'를 설명하면, 부사(typically)와 동사(face)
를 한 덩어리로 보고, 부사 앞에서 괄호를 닫는다.[5] 빈도, 정도 외의 다른
부사들은 주로 문장의 뒤에 쓰지만, 동사 바로 앞에도 쓸 수는 있다.

❸ 조동사를 삽입

Focusing [on on-line interaction] can limit the information.
집중하는 것은   [온라인   상호작용에]   제한할 수 있다/ 그   정보를

조동사(can)는 동사(limit) 앞에 있지만, 동사와 함께 하나의 덩어리로 여
긴다. 그래서 조동사 앞에서 괄호를 닫는다.

❹ 준동사+구를 삽입 p.109

❺ 접속사+구/절을 삽입 p.186

정답

22 ⑤

23 ④

24 ②

1 이 단원을 익히기 전에 '본
동사'를 찾는 법(p.30)과 전치
사(p.41)를 알아야 한다.

2 일반괄호()나 대괄호[] 중
어느 쪽을 써도 좋지만, 이 책
에서는 주로 숨겨진 뜻이나
같은 뜻에 일반 괄호를 썼기
에 중간에 삽입된 경우는 대
괄호[]로 표시했다.

3 접속부사 ⓔ then 그러
고 나서, so 그래서, 아주,
actually 사실은, anyway 어
쨌든, finally 마침내, besides
게다가, somehow 어쨌든,
however 그러나, therefore/
thus/hence 그러므로,
consequently 결과적으로,
afterward 후에

4 빈도 부사 ⓔ not ~하지 않
는다, never 절대 ~하지 않
는다, only 오직, again 다
시, always 항상, once (과
거에) 한번, times 번, 배,
frequently 빈번히, regularly
정기적으로, seldom 좀처럼
~ 않는, rarely 드물게, hardly
거의~않는, sometimes 때때
로, usually 보통, often 자주

5 부사의 앞에서 괄호를 닫느
냐 뒤에서 닫느냐는 크게 중
요하지 않다. 어느쪽에 닫아
도 상관 없지만, '본동사(face)'
는 꼭 찾을 수 있어야 한다.

준동사는 본동사 앞까지 괄호친다.

무료강의
rb.gy/nz4e21

괄호 부분을 없애면 주어(The benefits)-동사(may be)가 보인다.

The benefits [provided by the services] may be
그　　　이익들은　　　[제공되는/　　　그　서비스들에 의해]

more than the economic value of the timber.
더 많을 것 같다/　　　그　　　　　　　목재의 경제적 가치보다.

준동사구의 끝을 아는 법

❶ 과거분사(p.75)는 바로 뒤에 전치사+명사가 나온다.[1]

주제문에서 by(전치사)+the services(명사)가 나왔다.

> 1 전치사+명사가 여러 개 나올 수도 있다.

❷ 현재분사(p.64), to부정사(p.88)는 바로 뒤에 명사가 하나 나올 수 있다.[2]

Forest owners [cutting trees] face economic decisions.
숲의　소유자들은 [자르는 중인 나무들을] 직면한다/ 경제적인 결정들을.

동사ing는 '현재분사'로 해석은 '~하는 중인'이다. p.64

Forests [to protect wildlife] need careful management.
숲들은　　[야생 동물을 보호하기 위한] 필요로 한다/ 신중한　관리를.

to부정사의 해석은 '~하기 위한, ~할 수 있는'이다. p.88

> 2 자동사로 쓸 때는 뒤에 명사가 안 나올 수도 있고, 4형식/5형식 동사는 뒤에 목적어가 2개가 나올 수도 있다.

❸ 동명사(p.65)는 '주어'로 쓸 수 있다. 그리고 바로 뒤에 명사가 하나 더 나올 수 있다.

동명사는 명사여서 주어로 쓸 수 있다. 해석은 '~하는 것은'이다.

Helping [people] makes close groups.
돕는 것은 [사람들을] 만든다/ 가까운 집단들

QR코드로 듣고 따라 말하세요. 모르는 단어는 O표시하세요.
2012~2024 (13회) 기출 어휘 분석(p.210)

단어 MP3

11회 이상 출제 단어

1 agreement [əˈgriːmənt] 합의
2 aware [əˈwer] 인식하는
3 concentrate [ˈkɒnsəntreɪt] 집중하다
4 diversity [daɪˈvɜːrsəti] 다양성
5 face [feɪs] 직면하다, 얼굴
6 individual [ˌɪndəˈvɪdʒuəl] 개인
7 interaction [ˌɪntərˈækʃən] 상호작용
8 level [ˈlevl] 수준
9 necessity [nəˈsesəti] 필요성, 필수품
10 novel [ˈnɑːvl] 새로운, 소설
11 potential [pəˈtenʃəl] 잠재적인
12 resource [ˈriːsɔːrs] 자원
13 seemingly [ˈsiːmɪŋli] 겉보기에
14 service [ˈsɜːrvɪs] 도움
15 top [tɒp] 꼭대기

9회 이하 출제 단어

1 absolute [ˈæbsəluːt] 절대적인
2 bazaar [bəˈzɑːr] 바자회
3 carbon [ˈkɑːrbən] 탄소
4 ecosystem [ˈiːkoʊsɪstəm] 환경
5 eliminate [ɪˈlɪmɪneɪt] 제거하다
6 financial [faɪˈnænʃəl] 금전적인, 재정적인
7 flexible [ˈfleksəbl] 유연한
8 household [ˈhaʊshoʊld] 가정
9 inefficient [ˌɪnɪˈfɪʃənt] 비효율적인
10 lessen [ˈlesn] 줄이다
11 luxury [ˈlʌkʃəri] 사치
12 network [ˈnetwɜːrk] 정보망
13 overwhelming [ˌoʊvərˈwelmɪŋ] 압도적인
14 physicist [ˈfɪzɪsɪst] 물리학자
15 preference [ˈprefrəns] 선호
16 timber [ˈtɪmbər] 목재
17 wildlife [ˈwaɪdlaɪf] 야생동물
18 willing [ˈwɪlɪŋ] 자발적인

1~5번 영어 문장에 주어와
본동사 사이를 괄호로 묶고,
빈칸에 주어와 본동사를 해석하시오.

6~10번 영어 문장에 주어와
본동사 사이를 괄호로 묶고,
빈칸에 주어와 본동사를 해석하시오.

1 Managers of natural resources face
economic challenges.

_____ 천연 자원들의
/ 경제적인 어려움들을.

2 Physicists, for example, concentrated
on exchanging email.

_____ , 예를 들어,
_____ / 이메일 교환하는 데에.

3 Cutting down the trees is
economically inefficient.

_____ 그 나무들을 아래로
_____ 경제적으로 비효율적인.

4 The seller in the market is careful
about very low prices.

_____ 그 시장 안에서
_____ 조심스러운/ 아주 낮은 가
격에 대해.

5 The economic benefits provided by
these services may be more valuable.

_____ 제공되어진다/
이 서비스에 의해 _____ 더 많이
가치있는.

6 Owners of forest lands have an
economic reason.

_____ 숲의 땅들의
_____ / 한 경제적인 이유를.

7 Electronic products like video games
are not necessities.

_____ 비디오 게임들 같은
_____ 필수품들인.

8 Working through the internet allows
individuals to filter information.

_____ 인터넷을 통해
_____ / 개인들이/ 정보를 거르
는 것을.

9 Access to this type of knowledge
creates a price agreement by each
other's preferences.

_____ 이런 종류의 지식에
_____ 한 가격 합의를/
서로 간의 선호들에 의한.

10 Time spent on online interaction
leaves less time available for actual
meetings.

_____ 쓰여진/ 온라인 상호작용에
_____ 더 적은 이용 가능한 시간
을/ 실제 만남들을 위한.

정답은 두 쪽 뒤 하단에 있습니다.

25

다음 글의 주제로 가장 적절한 것은?

Managers **of natural resources usually** face economic reasons for financial rewards. For example, owners **of forest lands** prefer to cut down trees rather than manage the forest for carbon capture, wildlife habitat, flood protection, and other ecosystem services. These services provide the owner with no financial benefits. But the economic benefits **provided by these services, based on their non-market values**, may be more than the economic value of the timber. Thus cutting **down the trees** is economically inefficient.

① importance of pricing nature's benefits

② value of forests beyond money

③ effects of using forests for profit

④ benefits of balancing forest values

⑤ better ways to manage nature

Managers [of natural resources] usually[1] face economic
관리자들은   [천연 자원들의]   일반적으로   직면한다/   경제적인

reasons for financial rewards. For example, owners [of forest
이유들을/   금전적   보상들을 위한.   예를 들어,   소유자들은   [산림

lands[2]] prefer to cut down trees rather than manage the
토지들의]   선호한다/   나무들을 베어내는 것을/   차라리   관리하는 것보다는/   그

forest for carbon capture, wildlife habitat, flood protection,
숲을/   탄소   포집을 위해,   야생동물   서식지와,   홍수   예방과,

and other ecosystem services. These services provide the
그리고 다른   생태계   도움들을 위해.   이   도움들은   제공한다/   그

owner with no financial benefits. But the economic benefits
소유자에게/   어떤   재정적인   이익들도 없이,   하지만 그   경제적인   이익들은

[provided by these services, based on their non-market
[제공되는/   이   서비스들에 의해,   기반한/   그들의   비-시장

values[3]], may be more than the economic value of the timber.
가치들에],   더 많을 것 같다/   그   경제적   가치보다/   그   목재의.

Thus cutting [down[4] the trees] is economically inefficient.
따라서 베어내는 것은 [아래로   그 나무들을]   경제적으로   비효율적이다.

① importance of pricing nature's benefits
중요성/   자연의 이익에 가치를 매기는 것의

② value of forests beyond money
숲의 가치/   돈 이상의

③ effects of using forests for profit
숲을 사용하는 것의 영향/   이익을 위해

④ benefits of balancing forest values
균형 잡는 것의 이점/   숲의   가치들을

⑤ better ways to manage nature
더 나은   방법들/   자연을 관리하는

해설

1 주어가 managers이고, 동사가 face지만, 부사(usually)가 동사를 설명하기에, 부사 앞에서 괄호를 닫는다. 어렵다면 usually 뒤에 괄호를 닫아도 괜찮다.
2 owners(주어)-prefer(동사)를 볼 수 있어야 한다.

3 the economic benefits(주어)-may be(동사) 구조이다.
4 down은 전치사가 아니라 '부사'로 썼지만 문장구조 파악을 위해 down the trees를 괄호로 묶는다. cutting(주어)-is(동사)이다.

연습 p.111

정답

1 Managers [of natural resources] face economic challenges. (관리자들은, 직면한다)

2 Physicists, [for example], concentrated on exchanging email. (물리학자들은, 집중했다)

3 Cutting [down the trees] is economically inefficient. (자르는 것은, 상태이다)

4 The seller [in the market] is careful about very low prices. (그 판매자는, 상태이다)

5 The economic benefits [provided by these services] may be more valuable.
(그 경제적인 이득들은, 상태일 것 같다)

6 Owners [of forest lands] have an economic reason. (소유자들은, 가진다)

7 Electronic products [like video games] are not necessities. (전자 제품들은, 상태가 아니다)

8 Working [through the internet] allows individuals to filter information.
(일하는 것은, 허락한다)

9 Access [to this type of knowledge] creates a price agreement by each other's
preferences.
(접근은, 만든다)

10 Time [spent on online interaction] leaves less time available for actual meetings.
(시간은, 남긴다)

26

다음 글의 내용을 요약할 때, 빈칸 (A), (B)에 들어갈 말은?

Time **spent on on-line interaction with members of one's own, pre-chosen community** leaves less time available for actual meetings with a wide variety of people. If physicists, **for example**, concentrate on exchanging emails and electronic early papers with other physicists around the world working in the same specialized topic area, they would likely devote less time, and be less open to new ways of looking at the world. **Helping the willing construction of highly similar social networks of scientific communication therefore** allows individuals to filter the potentially overwhelming flow of information. But the result may be the tendency to overfilter it, thus eliminating the diversity of the knowledge moving around and lessening the number of very new ideas.

Focusing **on on-line interaction with people who are engaged in the same specialized area** can ___(A)___ potential sources of information and thus make it less probable for ___(B)___ findings to happen.

	(A)	(B)		(A)	(B)
①	limit	unexpected	②	limit	distorted
③	diversify	misleading	④	diversify	accidental
⑤	provide	novel			

Time [spent on on-line interaction with members of one's
시간은 [보내진/ 온라인 상호작용에/ 구성원들과/ 자기

own, pre-chosen community[1]] leaves less time available for
자신의, 미리-선택된 공동체의] 남긴다/ 더 적은 시간을 이용 가능한/

actual meetings with a wide variety of people. If physicists,
실제의 만남들을 위한/ 한 넓은 범위의 다양한 사람들과의. 물리학자들이,

[for example[2]], concentrated on exchanging emails and electronic
[예를 들어], 집중한다면/ 교환하는 것에 이메일과 전자의

early papers with other physicists around the world working
초기 논문들을/ 다른 물리학자들과/ 세계 각지의/ 일하면서

in the same specialized topic area, they would likely devote
그 같은 전문화된 주제 영역에서, 그들은 아마도 할애할 것이다/

less time, and be less open to new ways of looking at the
더 적은 시간을, 그리고 더 적게 개방적일 것이다/ 새로운 방식들에/ 바라보는 것의/ 그

world. Helping [the willing construction of highly similar social
세상을. 돕는 것은 [그 자발적인 구성을/ 매우 유사한 사회적

networks of scientific communication[3]] therefore allows
정보망들의/ 과학적 의사소통에 대한] 따라서 허용한다/

individuals to filter the potentially overwhelming flow of
개인들이/ 거르는 것을/ 그 잠재적으로 압도적인 흐름을/

information. But the result may be the tendency to overfilter
정보의. 하지만 그 결과는 그 경향일 것 같다/ 과도하게 필터링하는

it, thus eliminating the diversity of the knowledge moving
그것(정보)을, 따라서 제거하면서 그 다양성을/ 그 지식의 움직이면서

around and lessening the number of very new ideas.
주변에 그리고 줄이면서/ 그 수를/ 매우 새로운 아이디어들의.

Focusing [on on-line interaction with people who are
집중하는 것은/ [온라인 상호작용에/ 사람들과 그 사람들은

engaged in the same specialized area[4]] can ___(A)___
참여하고 있다/ 그 같은 전문화된 영역에] (A) 할 수 있다

potential sources of information and thus make it less
잠재적인 출처들을/ 정보의/ 그리고 따라서 그것을 만들 수 있다/ 덜

probable for ___(B)___ findings to happen.
가능성 있게/ (B)한 발견들이/ 발생하는 데에.

	(A)	(B)		(A)	(B)
①	limit 제한하다	unexpected 예상치 못한	②	limit 제한하다	distorted 왜곡된
③	diversify 다양화하다	misleading 오해의 소지가 있는	④	diversify 다양화하다	accidental 우연한
⑤	provide 제공하다	novel 새로운			

1 Time(주어)-leaves(동사) 구조이다.

2 '주어-동사' 사이에 부사 구가 들어가면, 구조가 잘 보이도록 콤마로 표시할 수 있다. physicists(주어)-concentrated(동사)구조이다. p.177

3 Helping(주어)-allows(동사) 구조이다.

4 Focusing(주어)-can limit(동사) 구조이다.

27

다음 글의 밑줄 친 부분 중, 문맥상 낱말의 쓰임이 적절하지 <u>않은</u> 것은?

Bazaar economies have a seemingly flexible price-setting system that exists on top of more lasting connections of shared culture. Both the buyer and seller are aware of each other's ① <u>limits</u>. In Delhi's bazaars, buyers and sellers can ② <u>guess</u> to a large degree the financial limits that other actors have in their everyday lives. Each actor belonging to a specific economic class understands what the other sees as a necessity and a luxury. In the case of electronic products like video games, they are not ③ <u>necessities</u> at the same level as other household purchases such as food items. So, the seller in Delhi's bazaars is careful not to directly ask for very ④ <u>low</u> prices for video games because at no point will the buyer see possession of them as an absolute necessity. Access to this type of knowledge creates a price agreement by relating to each other's preferences and limitations of belonging to a ⑤ <u>similar</u> cultural and economic universe.

Bazaar economies have a seemingly flexible price-setting
바자회 경제들은 가진다/ 한 겉보기에 유연한 가격-설정

system that exists on top of more lasting connections of shared
체계를/ 그 체계는 존재한다/ 꼭대기에/ 더 많이 지속적인 연결들의/ 공유된

culture. Both the buyer and seller are aware of each other's
문화의. 둘 다 그 구매자와 판매자는/ 인식하고 있다/ 서로의

① limits. In Delhi's bazaars, buyers and sellers can ② guess
한계들을. 델리의 바자회들에서, 구매자들과 판매자들은 추측할 수 있다

to a large degree[1] the financial limits that[2] other actors have in
[어떤 큰 정도로] 그 재정적인 한계들을/ 그 한계들을 다른 행위자들이 가진다/

their everyday lives. Each actor [belonging to a specific
그들의 매일의 삶에서. 각 행위자는 [속해있는/ 한 특정한

economic class[3]] understands what the other sees as a
경제의 계층에] 이해한다/ 무엇을 그 다른 이가 보는 (무엇)을/ 한

necessity and a luxury. In the case of electronic products like
필수품으로/ 그리고 한 사치품으로. 그 경우에/ 전자 제품들이/

video games, they are not ③ necessities at the same level as
비디오 게임들과 같은, 그것들은 아니다/ 필수품들인/ 그 같은 수준의/

other household purchases such as food items. So, the seller
다른 가정용 구매들처럼/ 식품과 같은. 그래서, 그 판매자는

[in Delhi's bazaars[4]] is careful not to directly ask for very ④ low
[델리의 바자회들에서] 조심한다/ 직접적으로 묻지 않는 것을/ 매우 낮은

prices for video games because at no point will the buyer[5]
가격들을/ 비디오 게임들에 대해/ 어떤 시점에서도/ 그 구매자는

see possession of them as an absolute necessity. Access [to
보지 않을 것이기 때문에/ 그것들의 소유함을/ 한 절대적인 필수품으로. 접근은/

this type of knowledge[6]] creates a price agreement by relating
[이 지식의 종류를 향한] 만든다/ 한 가격 합의를/ 관련시킴으로써/

to each other's preferences and limitations of belonging to a
서로의 선호도들과 한계들에/ 속하는 것의/ 한

⑤ similar cultural and economic universe.
유사한 문화적인 그리고 경제적인 세계에.

해설
1 to a large degree가 삽입됐다. guess의 목적어는 the financial limits이다.
2 that은 limits를 받는다. 문장 구조는 other actors have that(=limits)이다. p.132
3 Each actor(주어)-understands(동사) 구조이다.
4 the seller(주어)-동사(is) 구조이다.
5 도치된 구문으로, 도치되기 전의 문장은 The buyer will see possession of them as an absolute necessity at no point이다. p.196
6 Access(주어)-creates(동사) 구조이다.

❼ 부족한 돈이 가져오는 공포

1 bad credit
[bæd 'kredɪt] 신용 불량

2 earn [ɜːrn] 벌다

3 beg [beg] 간청하다

4 pocket money
['pɒkɪt 'mʌni] 용돈

5 transportation
[ˌtrænspɔːr'teɪʃən] 교통 수단

6 yearly ['jɪrli] 연간의

7 interest ['ɪntrəst] 이자

8 loan [loʊn] 대출

9 bill [bɪl] 청구서

10 part-time job
[pɑːrt taɪm dʒɒb] 아르바이트

11 avoid [ə'vɔɪd] 피하다

12 offer ['ɔːfər] 제안하다

13 poor [pʊr] 가난한

14 no matter how~
[noʊ 'mætər haʊ] 아무리 ~해도

15 priority [praɪ'ɔːrəti] 우선 순위

16 room [ruːm] 여유, 방

17 live on [lɪv ɒn] ~로 살아가다

18 saving ['seɪvɪŋ] 저축

19 sudden ['sʌdn] 갑작스러운

20 greed [griːd] 탐욕

21 harm [hɑːrm] 해치다

22 trapped [træpt] 갇힌

23 before [bɪ'fɔːr] ~앞에, ~전에

24 conscience ['kɒnʃəns] 양심

I had bad credit in my 20s. My family told me to earn my own money as an adult. But I was a student and it's not easy to earn money. So I had to beg my parents for pocket money. It was only enough to buy the cheapest ₩2,000 meal at college and pay for transportation. I couldn't pay the 6% yearly interest on my student loan and my phone bill. I tried to find a part-time job to earn ₩2,000 per hour but couldn't get any of them, so I got bad credit.

It's easier to avoid low-paying or hard jobs if your family is rich. You can wait for good job offers. But a man from a poor family can't wait. I wanted any job unless it was really bad. I wanted to work sooner no matter how much the pay was.

It was hard to save money even after getting a job. Though I earned ₩2,000,000, after paying bills, I had less than ₩300,000. In this case, money becomes the top priority. It's difficult to date or have hobbies. I didn't have any room to think about what I liked or what I was good at.

Most people can't live on family money alone. So they carry the 'weight of money'. This gets heavier with loans or family expenses. It's sad that your child can't go to classes that other kids go to. And there could be sudden problems in life: sickness, repairing cars and so on.

If worry and greed grow, people might harm others for money. But actions come back to you, so life gets worse. Money is important, but it's more important not to be trapped by it. Greed can destroy everything. It's important not to put money before your conscience.

당신은 매일 정확히
그 사람들에게 주어진 것과 똑같은 시간을 가진다/
서울대 학생, 연고대 학생,
그리고 엄마 친구 아들에게 (주어진 시간만큼).

- Mike Hwang의 변형 명언 -

You have exactly the same numbers of hours per day
that were given to Michaelangelo,
Leonardo da Vinci, and Albert Einstein.

- 잭슨 브라운, 〈신호등 영작 200〉 22번 명언 -

4

관계대명사

같은 단어 찾아
연결하기

10 명사(선행사) 뒤의 관계대명사

바로 앞의 명사(선행사)가 관계대명사로 들어가서 명사 1개 역할을 한다.

He directed a movie which won Oscars.
그는   감독했다/   한   영화를/   그것(그 영화)은   오스카 상들을 탔다.

선행사의
여부와
종속절에서
역할을 알아야
정확하게
해석할 수 있다.

종속절에서 '그 사람(그것)은'으로 해석하는 경우

❶ 관계대명사 뒤에 바로 '동사'가 나온다.

주제문에서는 관계대명사(which) 뒤에 동사(won)가 나와서, which를 그것'은'으로 해석한다. which는 a movie이므로, 종속절은 의미상 A movie won Oscars이다.

He wrote his autobiography which was published in 1994.
그는 썼다/ 그의   자서전을/ 그것(그 자서전)은   출판되었다/ 1994년에.

관계대명사(which) 뒤에 동사(was)가 나와서 which는 그것'은'으로 해석한다.

1 관계대명사 바로 앞에 쓰는 명사(선행사)는, who는 '사람'만, which는 '사물(그것)'만, that은 사람과 사물 모두 가능하다.

종속절에서 '그 사람(그것)을'로 해석하는 경우

❷ 관계대명사 뒤에 '주어-동사'가 나온다.

The movie's name was *Amadeus* which he directed.
그 영화의   이름은 상태였다/ 아마데우스인/ 그것(아마데우스)을 그가 감독했다.

관계대명사(which) 뒤에 주어(he)-동사(directed)가 나와서, which는 그것'을'로 해석한다. 종속절은 의미상 He directed Amadeus(=which)이다.

정답

25 ②

26 ①

27 ④

동사 뒤의 관계대명사

관계대명사가 선행사를 포함해서 명사 2개 역할을 한다.[1]

I recalled what my teacher said.
나는 회상했다/ 무엇을/ 그 무엇을 나의 선생님이 말했다.

종속절에서 '그 사람(그것)은'으로 해석하는 경우

> 1 명사 하나는 주절에서 주어나 목적어, 보어 역할을 하고, 다른 하나는 종속절에서 주어나 목적어, 보어 역할을 한다.

❶ 관계대명사 뒤에 바로 '동사'가 나온다.

I didn't know which won Oscars.
나는 몰랐다/ 어떤 것을/ 그 어떤 것은 오스카상들을 탔다.

관계대명사(which)에 선행사가 없으면 선행사를 포함한다. 이 경우 명사 2개 역할을 하며, 하나는 know의 목적어, 다른 하나는 won의 주어 역할이다. 해석은 which 뒤에 동사(won)가 있어서 그 어떤 것은으로 한다. which를 something으로 바꿔 2개의 문장으로 나누면 I didn't know something / Something won Oscars이다.

종속절에서 '그 사람(그것)을'로 해석하는 경우

❷ 관계대명사 뒤에 '주어-동사'가 나온다.

주제문에서 what(관계대명사)에 선행사가 없으므로, 명사 2개 역할을 한다. 하나는 recalled의 목적어, 다른 하나는 said의 목적어로 쓰였다. 해석은 what(관계대명사) 뒤에 주어(my teacher)-동사(said)가 나왔으므로, what은 '무엇을'을 의미하며, 의미상 My teacher said what이다. what을 something으로 바꿔 2개의 문장으로 나누면 I recalled something / My teacher said something이다.

The way to win is to know who you are.
그 이기기 위한 방법은 상태이다/ 아는 것인/ 누구인지를/ 너는 그 누구인 상태이다.

관계대명사(who) 뒤에 주어(you)-동사(are)가 나왔으므로, 종속절에서 보어(그 누구인)로 해석한다.

어휘

QR코드로 듣고 따라 말하세요. 모르는 단어는 O표시하세요.

2012~2024 (13회) 기출 어휘 분석(p.210)

단어 MP3

4회 이상 출제 단어

1 absolutely [ˌæbsəˈluːtli] 절대적으로
2 blame [bleɪm] 비난하다
3 breathe [briːð] 숨쉬다
4 category [ˈkætəgɔːri] 범주, 분야
5 common [ˈkɒmən] 흔한, 공통의
6 direct [dəˈrekt] 직접적인, 지시하다
7 figure out [ˈfɪgjər aʊt] 알아내다
8 forbid [fərˈbɪd] 금지하다
9 major [ˈmeɪdʒər] 주요한, 전공
10 necessarily [ˌnesəˈserəli] 반드시
11 occur [əˈkɜːr] 발생하다
12 oppose [əˈpoʊz] 반대하다
13 Prague [prɑːg] 프라하 (체코의 수도)
14 publish [ˈpʌblɪʃ] 출판하다
15 relative [ˈrelətɪv] 친척
16 subject [ˈsʌbdʒekt] 과목
17 various [ˈveriəs] 다양한
18 view [vjuː] 관점

3회 이하 출제 단어

1 absence [ˈæbsəns] 없음, 결석
2 autobiography [ˌɔːtəbaɪˈɒgrəfi] 자서전
3 based on [beɪst ɒn] ~에 기초하는
4 calendar [ˈkælɪndər] 달력, 일정표
5 celebration [ˌselɪˈbreɪʃən] 기념, 축하
6 colleague [ˈkɒliːg] 동료
7 district [ˈdɪstrɪkt] 지역
8 emigrate [ˈemɪgreɪt] 이민하다
9 grateful [ˈgreɪtfl] 감사한
10 lost on [lɔːst ɒn] 간과되다, 소용없다
11 orphan [ˈɔːrfən] 고아
12 reddish [ˈredɪʃ] 불그스름한
13 sorrowful [ˈsɒrəfl] 슬픈
14 swept [swept] 쓸었다 (sweep의 과거)
15 troubled [ˈtrʌbld] 괴로운
16 turnaround [ˈtɜːrnəraʊnd] 반전
17 umbrella [ʌmˈbrelə] 포괄하는 것, 우산
18 uneasiness [ʌnˈiːzinəs] 불안함

연습

관계대명사의 선행사를 찾고,
관계대명사를 빈칸에 해석하시오.

관계대명사 대신
괄호의 단어 2개를 써서
2개의 문장으로 바꾸시오.

1 Linda was my friend who won the piano contest.

선행사:

린다는 상태였다/ 나의 친구인/ _____
수상했다/ 그 피아노 대회에서.

2 I sat on the stairs which were outside the hall.

선행사:

나는 앉았다/ 그 계단들에/ _____
상태였다/ 그 회장 바깥인.

3 He studied at the film school which was in Prague.

선행사:

그는 공부했다/ 그 영화 학교에서/ _____
상태였다/ 프라하 안에 있는.

4 The teacher gave advice about winning who was absolutely right.

선행사:

그 선생님은 주었다/ 충고를/ 이기는 것에 대한/
_____ 상태였다/ 절대적으로 옳은.

5 The movie showed the genius of Mozart, which he made.

선행사:

그 영화는 보여줬다/ 그 모차르트의 천재성을,
_____ 그가 만들었다.

6 I know what Linda won. (something)

_____

_____

7 I understand who I am now. (someone)

_____

_____

8 Teachers should understand who they are teaching. (someone)

_____

_____

9 The teacher asked which we understood. (something)

_____

_____

10 He learned what filmmaking was at the University. (something)

_____

_____

정답은 두 쪽 뒤 하단에 있습니다.

28

Miloš Forman에 관한 다음 글의 내용과 일치하지 않는 것은?

Miloš Forman was a filmmaker **who** was not born in the U.S. Forman grew up in a small town near Prague. He was orphaned when his parents died during World War II, and he was raised by his relatives. In the 1950s, Forman studied film at the University of Prague. Later, he emigrated to the U.S. and continued to make films. In 1975, he directed *One Flew over the Cuckoo's Nest*, **which** became only the second film in history to win Oscars in all the five major categories. Afterward, *Amadeus*, a movie about Mozart, **which** he also directed, swept eight Oscars including one for best director. With Jan Novák, Forman wrote his autobiography, *Turnaround: A Memoir*, **which** was published in 1994.

① Prague 근교의 작은 마을에서 성장했다.

② Prague 대학교에서 영화를 공부했다.

③ 미국으로 이주한 후에도 계속 영화를 만들었다.

④ 영화 Amadeus로 오스카 최고 감독상을 수상했다.

⑤ Turnaround: A Memoir를 단독으로 집필했다.

Miloš Forman was a filmmaker who was not born in the
밀로스 포만은 상태였다/ 한 영화 제작자인/ 그 영화 제작자는 태어나지 않았다/

U.S. Forman grew up in a small town near Prague. He was
미국에서. 포만은 자랐다/ 한 작은 마을에서/ 프라하 근처의. 그는

orphaned[1] when his parents died during World War II, and
고아가 됐다/ 그의 부모님이 돌아가셨을 때/ 제 2차 세계 대전 동안, 그리고

he was raised by his relatives. In the 1950s, Forman studied
그는 길러졌다/ 그의 친척들에 의해. 1950년대에, 포만은 공부했다/

film at the University of Prague. Later, he emigrated to the
영화를/ 그 프라하 대학에서. 후에, 그는 이민했다/

U.S. and continued to make films. In 1975, he directed *One*
미국으로/ 그리고 계속했다/ 만드는 것을/ 영화들을. 1975년에, 그는 감독했다/

Flew over the Cuckoo's Nest, which became only the second
'뻐꾸기 둥지 위로 날아간 새'를, 그 영화는 되었다/ 오직 그 두 번째

film in history to win Oscars in all the five major categories.
영화가/ 역사상/ 수상한 오스카상들을/ 그 모든 다섯 가지 주요 부문들에서.

Afterward, *Amadeus*, a movie about Mozart, which he also
그 후, '아마데우스'는, [한 모차르트에 대한 영화인데, 그것(아마데우스)도 그가

directed, swept eight Oscars including one for best director.
감독했다], 휩쓸었다/ 여덟 개의 오스카상들을/ 포함하면서 하나를/ 최우수 감독상을 위한.

With Jan Novàk, Forman wrote his autobiography, *Turnaround:*
얀 노바크와 함께, 포면은 썼다/ 그의 자서전을, '반전:

A Memoir, which was published in 1994.
한 회고록'이라는, 그 회고록은 출판되었다/ 1994년에.

who 선행사는 a filmmaker이다. who는 종속절에(who~U.S.)에서 '주어'역할을 한다. who(주어, a filmmaker)-was(동사)-not born(보어)

which 선행사는 One Flew over the Cuckoo's Nest이며, which는 종속절(which절)에서 '주어'역할을 한다.

which 선행사는 Mozart이며 which는 종속절에서 '목적어 역할'을 한다. 내용상 he(주어)-directed(동사)-which(목적어, Mozart)이다.

which 선행사는 Turnaround: A Memoir 이며, which는 종속절에서 주어 역할을 한다.

연습 p.125 정답

1 my friend (그 나의 친구는)   2 the stairs (그 계단들은)

3 the film school (그 영화 학교는)   4 The teacher (그 선생님은)

5 The movie (그 영화를)

6 I know something. / Linda won something.

7 I understand someone. / I am someone now.

8 Teacher should understand someone / they are teaching someone.

9 The teacher asked something. / We understood something.

10 He learned something. / Filmmaking was something at the University.

29

다음 글에 드러난 'I'의 심경 변화로 가장 적절한 것은?

Once again, I had lost the piano contest to my friend. When I learned that Linda had won, I was deeply troubled and unhappy. My body was shaking with uneasiness. My heart beat quickly and my face became reddish. I had to run out of the concert hall to calm down. Sitting on the stairs alone, I recalled **what** my teacher had said. "Life is about winning, not necessarily about winning against others but winning at being you. And the way to win is to figure out **who** you are and do your best." He was absolutely right. I had no reason to oppose my friend. Instead, I should focus on myself and my own growth. I breathed out slowly. My hands were calm now. At last, my mind was at peace.

① grateful → sorrowful

② upset → calm

③ envious → doubtful

④ surprised → disappointed

⑤ bored → relieved

Once again, I had lost the piano contest to my friend. When
한번 다시, 나는 졌다/ 그 피아노 대회에서/ 나의 친구에게.

I learned that[1] Linda had won, I was deeply troubled and
내가 알았을 때/ 린다가 이겼다고, 나는 깊이 괴로웠고

unhappy. My body was shaking with uneasiness. My heart
불행했다. 나의 몸은 떨리고 있었다/ 불안함으로. 나의 심장은

beat quickly and my face became reddish. I had to run out of
빠르게 뛰었고/ 나의 얼굴은 붉어졌다. 나는 달려야 했다/

the concert hall to calm down. Sitting[2] on the stairs alone, I
그 공연장 밖으로/ 진정하기 위해. 앉으면서/ 그 계단들에 혼자서, 나는

recalled what my teacher had said. "Life is about winning, not
회상했다/ 무엇을 나의 선생님이 말씀하셨던 무엇을. "인생은 이기는 것에 관한 것이다,

necessarily about winning against others but winning at being
반드시 아니다/ 이기는 것에 대한/ 다른 이들에 맞서/ 하지만 이기는 것이다/ 당신이 되는

you. And the way to win is to figure out who you are and[3] do
것에서. 그리고 이기는 방법은/ 알아내는 것이다/ 누구인지를 네가 누구인지를/ 그리고 하는 것

your best." He was absolutely right. I had no reason to oppose
이다/ 너의 최선을." 그는 절대적으로 옳았다. 나는 이유를 가지지 않았다/ 반대할/

my friend. Instead, I should focus on myself and my own
나의 친구에게. 대신에, 나는 집중해야 했다/ 나 자신에게/ 그리고 나의 자신의

growth. I breathed out slowly. My hands were calm now. At
성장에. 나는 숨을 내쉬었다/ 천천히. 나의 손들은 안정되었다 이제.

last, my mind was at peace.
마침내, 나의 마음은 평화로웠다.

① grateful → sorrowful
   감사한   슬픈
② upset → calm
   화난   차분한
③ envious → doubtful
   질투하는   의심스러운
④ surprised → disappointed
   놀란   실망한
⑤ bored → relieved
   지루한   안도한

1 명사절 that으로, '~라고'로 해석. p.133

2 분사구문으로 sitting의 주어는 I이다. p.64

what what은 항상 선행사를 포함한다. 2개의 명사 역할을 하는데, 하나는 recall의 목적어, 다른 하나는 said의 목적어 역할이다.

who 가 선행사를 포함해서, 명사 2개 중 하나는 figure out 의 목적어로, 다른 하나는 are 의 보어로 쓰였다.

3 and 뒤에 the way to win is to를 생략. p.166

30

(A), (B), (C)의 각 네모 안에서 문맥에 맞는 낱말로 가장 적절한 것은?

When teachers work alone, they tend to see the world through one set of eyes — their own. The fact that there might be someone somewhere in the same building or district who may be more successful at teaching this or that subject or lesson is (A) based / lost on teachers who close the door and work their way through the school calendar almost alone. In the absence of a process that (B) allows / forbids them to compare those who do things better or at least differently, teachers are left with that one view — their own. I taught various subjects under the social studies umbrella and had very little idea of how my colleagues who taught the same subject did. The idea of meeting regularly to compare notes, plan common tests, and share what we did well (C) mostly / never occurred to us. Rather, we spent much time in the social studies office complaining about a lack of time and playing the blame game.

	(A)	(B)	(C)
①	based	allows	never
②	based	forbids	mostly
③	lost	allows	mostly
④	lost	allows	never
⑤	lost	forbids	never

When teachers work alone, they tend to see the world
교사들이 일할 때 혼자, 그들은 경향이 있다/ 세상을 보는/

through one set of eyes — their own. The fact that¹ there
한 세트의 눈을 통해 — 그들 자신만의. 그 사실은 [그 사실이란

might be someone somewhere in the same building or district
누군가 있을지도 모른다는 어딘가에/ 그 같은 건물이나 지역에서/

who² may be more successful at teaching this or that subject
그 누군가는 더 성공적일 것 같다/ 가르치는 것에/ 이 또는 저 과목이나

or lesson is (A) based / lost on teachers who³ close the door
수업을] (그 사실은) 기초된다 / 간과된다 교사들에게/ 그 교사들은 닫는다/ 그 문을/

and work their way through the school calendar almost alone.
그리고 일한다/ 그들의 방식으로/ 그 학교 일정을 통해/ 거의 혼자서.

In the absence of a process that⁴ (B) allows / forbids them to
그 부재 속에서/ 한 과정의/ 그 과정은 허용한다 / 금지한다 그들이

compare those who⁵ do things better or at least differently,
비교하는 것을/ 저 사람들을/ 그 사람들은 한다/ 일들을/ 더 잘 또는 적어도 다르게,

teachers are left with that one view — their own. I taught
교사들은 남겨진다/ 저 하나의 관점과 함께 — 그들 자신만의. 내가 가르쳤다/

various subjects under the social studies umbrella and had very
다양한 과목들을/ 그 사회 연구 범주 아래에/ 그리고 가졌다/ 매우

little idea of how my colleagues⁶ who⁷ taught the same subject
적은 아이디어를/ 어떻게 나의 동료들이 [그 동료들은 가르쳤다/ 그 같은 과목을]

did. The idea⁸ of meeting regularly to compare notes, plan
했는지에 대해/ 그 아이디어는 [정기적으로 만나는 것의/ 노트들을 비교하기 위해, 계획하기 위해

common tests, and share what⁹ we did well (C) mostly / never
공통의 시험들을, 그리고 공유하기 위해/ 무엇을 우리가 잘한 무엇을] 대부분 / 결코 ~아니다

occurred to us. Rather, we spent much time in the social
일어났다/ 우리에게. 오히려, 우리는 보냈다/ 많은 시간을/ 그 사회

studies office complaining about a lack of time and playing the
연구 사무실에서 불평하면서/ 한 시간의 부족함에 대해/ 그리고 놀면서/ 그

blame game.
비난 게임으로.

(A)	(B)	(C)
① based 기초되는	allows 허용한다	never 결코 ~하지 않다
② based 기초되는	forbids 금지한다	mostly 대부분
③ lost 간과된다	allows 허용한다	mostly 대부분
④ lost 간과된다	allows 허용한다	never 결코 ~하지 않다
⑤ lost 간과된다	forbids 금지한다	never 결코 ~하지 않다

1 관계대명사로 that을 썼지만, There is someone으로 필수 성분이 빠진게 없다. 이 문장을 '동격명사절'이라고 한다. p.132

2 who 앞에 나온 사람은 someone뿐이기에 who는 someone을 가리킨다.

3 who의 선행사는 teachers이고, 구조는 주어(who=teachers)-동사(close)이다.

4 that의 선행사는 a process이고 종속절은 주어(that=a process)-동사(allows)이다.

5 선행사는 those이고, 구조는 주어(who)-동사(do)이다.

6 who~subject가 삽입됐다. 의미상 구조는 my colleagues(주어) did(동사) how이다. p.186

7 선행사는 my colleagues이고 who는 종속절에서 주어 역할을 한다.

8 삽입된 부분은 of~well이다. 구조는 The idea(주어)-never occurred(동사)이다.

9 what을 share의 목적어이자, did의 목적어로 썼다.

11 명사(선행사) 뒤에 that이 있는 경우

그 사람(/물건)으로 해석한다.

He wrote about the actions that protect drivers.
그는   썼다/   그 행동들에 대해/ 그 행동들'은' 운전자들을 보호한다.

that에
선행사가
있으면
관계대명사이고,

선행사가
없으면
대부분
명사절이다.

바로 앞의 명사가 that으로 들어간다

1 바로 앞에 명사(선행사)가
있으면 관계대명사와 같다.
p.122

❶ that 바로 뒤에 동사를 쓰면 그 사람(/물건)'은'

주제문에서 that 앞의 명사(the actions)가 that으로 들어갔다. 이후에는
동사(protect)가 나왔으므로, that을 '주어'로 써서 그 행동들'은'으로 해
석한다. 누가(that)-한다(protect)-무엇을(drivers)

❷ that 바로 뒤에 명사를 쓰면 그 사람(/물건)'을'

He wrote about the drivers that the actions protect.
그는   썼다/   그 운전자들에 대해/ 그 운전자들'을' 그 행동들이 보호한다.

that 바로 뒤에 명사(the actions)이 나왔으므로, that은 protect의 목적
어여서, 그 운전자들'을'로 해석한다. 누가(the actions)-한다(protect)-
무엇을(that)

2등급을 위해 ▶ 동격 명사절

◉ 선행사가 있어도, that이 뒤에서 명사 역할을 하지 않으면, 'that+문장 전체'
는 단지 앞의 명사를 설명해주는 형용사절이다. 해석은 본동사에 '~라고'를
붙인다.

He found the idea that humans have a tolerance for risk.
그는 찾았다/ 그 아이디어를/ 그 아이디어란 사람들은 가진다고/ 그 위험을 위한 허용을.

문장 필수 성분인 주어(humans)-동사(have)-목적어(a tolerance)가 빠지지
않았다. 'that+문장'은 the idea를 설명해주는 형용사절이다. 문법 용어로 '동
격 명사절'이다.

정답

28 ⑤

29 ②

30 ④

동사 뒤에 that이 있는 경우

무료강의
rb.gy/nz4e21

that+문장의 본동사를 '~라고'로 해석한다.

They believe that the works have certain effects.
그들은   믿는다/ (~라고) 그 작품들이 가진다고   특정한   효과들을.

'선행사'가 없는 that

❶ 동사 뒤의 that+문장

주제문에서 'that+문장'의 본동사[1]는 have이므로, have에 '~라고'를 붙여서 '가진다고'로 해석했다. 이처럼 동사 뒤에 that이 나오면 종속절(that 절)의 본동사 뒤에 '~라고'를 붙여 해석한다.

선행사가 없는 that은 이어지는 문장(종속절)에서 명사 역할을 할 수 없다. 그래서 명사가 빠지지 않은 문장(주어works-동사have-목적어 certain effects)이 나왔다. 주절(They believe)입장에서 보면 'that+문장' 전체가 believe의 목적어 역할을 한다. p.186

> 1 본동사는 주어 바로 다음에 오는 동사로, 앞에 to나 뒤에 ing가 붙지 않은 동사이다. 접속사가 없다면 문장에 본동사는 하나만 있어야 한다. p.15, p.30

❷ 문장 뒤의 that+문장

He is sure that the fearful picture makes us fearful.
그는 확신한다/ (~라고) 그 무서운   그림이 만든다고/ 우리가 무서워하게.

2형식 문장(주어He-be동사is-보어sure) 뒤의 that 절은 본동사(make)에 '~라고'를 붙여 해석한다.

❸ so~ that~ 구문

'아주 ~(형용사/부사)해서, ~한다'로 해석한다.

The tools are so complete that we give them specific names.
 그 기구들은   아주 완벽해서/   우리는 준다/ 그것들에게 특정한 이름들을.

2등급을 위해 **부사절 that**

> ◑ 문장 뒤의 that이 드물게 '~해서'를 의미할 수 있다.
>
> They are excited that they will go to New York.
> 그들은   신났다/ (~해서) 그들이 갈 것이라서/ 뉴욕에.

QR코드로 듣고 따라 말하세요. 모르는 단어는 O표시하세요.

2012~2024 (13회) 기출 어휘 분석(p.210)

단어 MP3

6회 이상 출제 단어

1 affect [əˈfekt] 영향을 미치다
2 certain [ˈsɜːrtn] 특정한
3 concept [ˈkɒnsept] 개념
4 constantly [ˈkɒnstəntli] 끊임없이
5 contribute [kənˈtrɪbjuːt] 기여하다
6 economic [ˌiːkəˈnɒmɪk] 경제적인
7 encourage [ɪnˈkʌrɪdʒ] 장려하다
8 excitement [ɪkˈsaɪtmənt] 신남
9 force [fɔːrs] 강요하다
10 industrial [ɪnˈdʌstriəl] 산업의
11 innovation [ˌɪnəˈveɪʃən] 혁신
12 maintain [meɪnˈteɪn] 유지하다
13 physical [ˈfɪzɪkl] 신체적
14 picture [ˈpɪktʃər] 그림, 사진
15 protective [prəˈtektɪv] 보호하는
16 reaction [riˈækʃən] 반응
17 response [rɪˈspɒns] 응답
18 suit [suːt] 특정한 목적의 옷
19 tendency [ˈtendənsi] 경향
20 vehicle [ˈviːəkl] 차량
21 work [wɜːrk] 작품, 일

5회 이하 출제 단어

1 absorption [əbˈsɔːrpʃən] 흡수
2 compute [kəmˈpjuːt] 계산하다
3 cyberspace [ˈsaɪbərspeɪs] 가상 공간
4 device [dɪˈvaɪs] 장치
5 dimensional [dɪˈmenʃənl] 차원의
6 discourage [dɪsˈkɜːrɪdʒ] 낙담시키다
7 disgusted [dɪsˈgʌstɪd] 역겨워 하는
8 drill [drɪl] 구멍을 뚫다
9 forbid [fərˈbɪd] 금지하다
10 gear [gɪr] 장비
11 geography [dʒiˈɒgrəfi] 지리학
12 inborn [ˌɪnˈbɔːrn] 타고난
13 motor [ˈmoʊtər] 모터, 자동차
14 professor [prəˈfesər] 교수
15 reduction [rɪˈdʌkʃən] 감소
16 revolution [ˌrevəˈluːʃən] 혁명
17 savior [ˈseɪvjər] 구조자
18 temporary [ˈtempəreri] 일시적인
19 tempt [tempt] 유혹하다
20 tolerance [ˈtɒlərəns] 허용(도)
21 unavoidable [ˌʌnəˈvɔɪdəbl] 피할 수 없는

연습

무료강의
rb.gy/nz4e21

관계대명사 that의 선행사를 찾고,
관계대명사를 빈칸에 해석하시오.

_____

that과 본동사를 합쳐서
빈칸에 해석하시오.

_____

1 We watched a film that had a strong impact.

선행사:

우리는 봤다/ 한 영화를/ _____
가진다/ 한 강한 충격을.

2 He discussed the effects that art creates.

선행사:

그는 논의했다/ 그 효과들을/ _____
예술이 만든다.

3 Seat belts are safety devices that protect drivers.

선행사:

안전 벨트들은 상태이다/ 안전 장치들인/
_____ 보호한다/ 운전자들을.

4 He studied the risks that safety devices encourage.

선행사:

그는 연구했다/ 그 위험들을/
_____ 안전 장치들이 장려한다.

5 Teachers should consider the impact that art has on students.

선행사:

선생님들은 고려해야한다/ 그 충격을/
_____ 예술이 가진다/ 학생들에게.

6 Drivers feel that safety devices protect them from accidents.

운전자들은 느낀다/ 안전 장치들이
_____ / 그들을/ 사고들로부터.

7 Researchers found that seat belts affect driving behavior.

연구원들은 찾았다/ 안전 벨트들이
_____ / 운전 행동에.

8 People think that technology will change their lives dramatically.

사람들은 생각한다/ 기술들이
_____ / 그들의 삶을 극적으로.

9 Children believe that protective gear makes them safer.

아이들은 믿는다 보호 장비들이
_____ / 그들을 더 안전하게.

10 He believed in the idea that art can influence many people.

그는 믿었다/ 그 생각을/ 예술이
_____ 많은 사람들에게.

정답은 두 쪽 뒤 하단에 있습니다.

31

다음 글을 요약할 때, 빈칸 (A)와 (B)에 들어갈 말로 가장 적절한 것은?

Plato and Tolstoy both believe **that** certain works have certain effects. Plato is sure **that** the pictures of fearful people make us fearful; the only way to prevent this effect is to forbid such pictures. Tolstoy is confident **that** the artist who expresses feelings of anger will pass those feelings on to us. But people have different responses to art. Some people may satisfy fantasies of violence by watching a film instead of doing those fantasies in real life. Others may be disgusted by attractive pictures of violence. Still others may be indifferent, neither attracted nor disgusted.

> Although Plato and Tolstoy say **that** works of art have a(n) ____(A)____ impact on people's feelings, the degrees of people's actual reactions ___(B)___ greatly.

	(A)	(B)		(A)	(B)
①	unavoidable	differ	②	direct	match
③	temporary	change	④	unexpected	match
⑤	favorable	differ			

Plato and Tolstoy both believe that[1] certain works have certain
플라톤과　　　톨스토이 둘 다는 믿는다/ (~라고)　　특정　작품들이 가진다고/ 특정

effects. Plato is sure that[2] the pictures of fearful people make
효과들을. 플라톤은　확신한다/ (~라고) 그　그림들이　[무서워하는 사람들의] 만든다고/

us fearful; the only way to prevent this effect is to forbid such
우리를 무서워하게; 그 유일한 방법은 [방지하기 위한 이　효과를] 금지하는 것이다/ 그러한

pictures. Tolstoy is confident that[3] the artist who expresses
그림들을. 톨스토이는　　확신한다/ (~라고) 그 예술가가 [그 예술가는 표현한다/

feelings of anger will pass those feelings on to us. But people
분노의 감정들을] 전달할 것이라고/ 저　감정들을/ 우리에게. 그러나 사람들은

have different responses to art. Some people may satisfy
가진다/ 다른　반응들을/ 예술에. 어떤 사람들은 만족시킬 것 같다/

fantasies of violence by watching a film instead of doing those
폭력의 환상들을/ 보는 것에 의해/ 한 영화를/ 하는 것 대신에/ 저

fantasies in real life. Others may be disgusted by attractive
환상들을/ 실제 삶에서. 다른 이들은　역겨워할 것 같다/ 매력적인

pictures of violence. Still others may be indifferent, neither
그림들에 의해서/ 폭력의. 여전히 다른 이들은　무관심할 것 같다,

attracted nor disgusted.
매력을 느끼지도 않고/ 역겨워하지도 않는.

Although Plato and Tolstoy say that[4] works of art have a(n)
플라톤과　톨스토이가 말하지만/ (~라고) 예술 작품들이 가진다고/ 한

_____(A)_____ impact on people's feelings, the degrees of
(A)한　충격을　　사람들의 감정들에, 그　정도들은/

people's actual reactions _____(B)_____ greatly.
사람들의 실제 반응들의/ (B)한다 크게

	(A)	(B)		(A)	(B)
①	unavoidable 피할 수 없는	differ 다르다	②	direct 직접적인	match 일치한다
③	temporary 일시적인	change 변한다	④	unexpected 예상치 못한	match 일치한다
⑤	favorable 호의적인	differ 다르다			

1 that은 believe의 목적어로 선행사가 없다. 이어지는 works(주어)-have(동사)-effects(목적어)에서 동사(have) 뒤에 '~라고'를 붙여 해석한다.

2 that에 선행사가 없어서 이어지는 the pictures(주어)-makes(동사)-us(목적어)에서 동사(makes) 뒤에 '~라고'를 붙여 해석.

3 that에 선행사가 없어서 이어지는 the artist(주어)-will pass(동사)-those feelings(목적어)에서 pass뒤에 '~라고'를 붙여 해석.

4 that은 say의 목적어로 선행사가 없다.

연습 p.135
정답
1 a film (그 영화는) 2 the effects (그 효과들을) 3 safety devices (그 안전 장치들은)
4 the risks (그 위험들을) 5 the impact (그 충격을)
6 보호한다고 7 영향을 끼친다고 8 바꿀 것이라고
9 만든다고 10 영향을 끼칠 수 있다고

32

다음 글을 요약할 때, 빈칸 (A)와 (B)에 들어갈 말로 가장 적절한 것은?

"Why, in country after country that required seat belts, was it impossible to see the promised reduction in road accident deaths?" John Adams, professor of geography at University College London, wrote in one of his many essays on risk. "It appears **that** actions that protect drivers from the results of bad driving encourage bad driving. Adams started to group these unexpected findings under the concept of *risk balance*, the idea **that** humans have an inborn tolerance for risk. As safety parts are added to vehicles and roads, drivers feel less at risk and tend to take more chances. Similar events can be observed in all parts of our daily lives. Children who wear protective gear during their games have a tendency to take more physical risks. Hikers take more risks when they think a savior can access them easily.

According to John Adams, the event **that** safety actions ___(A)___ careless driving may be explained by the idea **that** a greater sense of security ___(B)___ people to take more risks.

	(A)	(B)		(A)	(B)
①	contribute to	tempts	②	contribute to	forbids
③	discourage	tempts	④	discourage	forces
⑤	discourage	forbids			

"Why, in country after country that required seat belts,[1] was
"왜,   [나라마다/   그 나라는 요구했다/   안전벨트를],

it impossible to see the promised reduction in road accident
그것이 불가능했는가/ 보는 것이 그 약속된   감소를/   도로   사고

deaths?" John Adams, professor of geography at University
사망자들에서?" 존   아담스는,   지리학의 교수인/   대학교

College London,[2] wrote in one of his many essays on risk. "It
칼리지 런던에서,   썼다/ 그의 많은 에세이들 중 하나에서/ 위험에 대한. "그것은

appears that[3] actions that[4] protect drivers from the results of
나타난다/ (~라고) 행동들은 [그 행동들은 보호한다/ 운전자들을/ 나쁜 운전의 결과로부터]

bad driving encourage bad driving. Adams started to group
나쁜 운전의   장려한다고/ 나쁜 운전을. 아담스는 시작했다/ 집단화하는 것을/

these unexpected findings under the concept of risk balance,
이   예상치 못한   발견들을/   그 개념의 아래에서/ 위험 균형의,

the idea that[5] humans have an inborn tolerance for risk. As
그 생각은/ 그 생각을 인간들이 가진다/ 한 타고난 허용도를/ 위험을 위한. (~하면서)

safety parts are added to vehicles and roads, drivers feel less
안전   부품들이   추가되면서/   차량들과   도로들에, 운전자들은 느낀다/ 덜

at risk and tend to take more chances. Similar events can be
위험하다고/ 그리고 경향이 있다/ 더 많은 (위험한) 기회들을 취하는. 비슷한 사건들은

observed in all parts of our daily lives. Children who wear
관찰될 수 있다/ 모든 부분들에서/ 우리의 일상 생활의. 아이들은 [그 아이들은 입는다/

protective gear during their games have a tendency to take
보호   장비를/   그들의 게임들(을 하는) 동안] 가진다/ 한 경향을/   취하는/

more physical risks. Hikers take more risks when they think[6] a
더 많은 신체적인 위험들을. 등산객들은 취한다/ 더 많은 위험들을/   그들이 생각할 때/ 한

savior can access them easily.
구조자가   그들에게 쉽게 접근할 수 있다고.

According to John Adams, the event that[7] safety actions
존 아담스에 따르면,   그 사건은 [그 사건이란 안전   행동들이

__(A)__ careless driving may be explained by the idea that[8]
(A)한다고   부주의한   운전을]   설명될 것 같다/ 그 생각에 의해/ 그 생각이란

a greater sense of security __(B)__ people to take more risks.
한   더 큰   안전 감각이   (B)한다고 사람들이/ 가져가도록 더 많은 위험들을.

	(A)	(B)		(A)	(B)
①	contribute to 기여하다	tempts 유혹하다	②	contribute to 기여하다	forbids 금지하다
③	discourage 낙담시키다	tempts 유혹하다	④	discourage 낙담시키다	forces 강요하다
⑤	discourage 낙담시키다	forbids 금지하다			

1/2 콤마 2개를 써서 문장 중간에 삽입했다. p.177

3 that은 appears의 목적어로 써서 선행사가 없다. actions(주어)의 동사는 encourage이다.
4 that의 선행사는 actions이다. 종속절의 구조는 that(주어, actions)-동사(protect)이다.

5 that의 선행사는 the idea이고, 종속절에 빠진 부분이 없기에 동격명사절이다. 구조는 humans(주어)-have(동사)-an inborn tolerance(목적어)이다. p.132

6 뒤에 that을 생략. p.152

7 that의 선행사는 the event이고, 동격명사절이다. p.132
8 that의 선행사는 the idea이고, 동격명사절이다. p.132

33

다음 글의 밑줄 친 부분 중, 문맥상 낱말의 쓰임이 적절하지 않은 것은?

Everywhere we turn we hear about powerful 'cyberspace'! The excitement promises that we will leave our boring lives, put on goggles and body suits, and enter some metallic, three-dimensional, multimedia otherworld. When the Industrial Revolution arrived with its great innovation, the motor, we didn't leave our world to go to some ① remote motorspace! On the contrary, we brought the motors into our lives, as automobiles, refrigerators, drill machines, and pencil sharpeners. This ② absorption has been so complete that we refer to all these tools with names that show their usage, not their 'motorness.' These innovations led to a major economic movement exactly because they entered and ③ affected deeply our everyday lives. People have not changed fundamentally in thousands of years. Technology changes constantly. It's the one that must ④ adapt to us. That's exactly what will happen with information technology and its devices under human-focused computing. The longer we continue to believe that computers will take us to a magical new world, the longer we will ⑤ maintain their natural mix with our lives, the mark of every major movement that hopes to be called an economic revolution.

Everywhere we turn[1] we hear about powerful 'cyberspace'!
어디를 / 우리가 돌아보든 / 우리는 듣는다 / 강력한 '가상 공간'에 대해!

The excitement promises that we will leave our boring lives,
그 신남은 / 약속한다 / 우리가 떠날 것이라고 / 우리의 지루한 삶들을,

put on goggles and body suits, and enter some metallic,
착용할 것이라고 / 고글들과 / 전신 의복들을, / 그리고 들어갈 것이라고 / 어떤 금속성의,

three-dimensional, multimedia otherworld. When the
삼-차원의, / 다중 매체의 / 다른 세계로. / 그

Industrial Revolution arrived with its great innovation, the
산업 혁명이 / 도착했을 때 / 그것의 위대한 혁신과 함께, / 그

motor, we didn't leave our world to go to some ① remote
모터라는, / 우리는 떠나지 않았다 / 우리의 세계를 / 가기 위해 / 어떤 먼

motorspace! On the contrary, we brought the motors into
모터 세계로! / 반대로, / 우리는 가져왔다 / 그 모터들을 /

our lives, as automobiles, refrigerators, drill machines, and
우리의 삶들 안으로, / 자동차들로, / 냉장고들로, / 구멍 뚫는 기계들로, / 그리고

pencil sharpeners. This ② absorption has been so complete
연필깎이들로서. / 이 흡수는 / 되어왔다 / 너무 완전해서

that[2] we refer to all these tools with names that show their
우리는 언급하게 됐다 / 모든 이 도구들을 / 이름과 함께 / 그 이름들은 보여준다 / 그들의

usage, not their 'motorness.' These innovations led to a
용도를, / 그들의 '모터가 있음'이 아니라. / 이 혁신들은 / 이끌었다 / 한

major economic movement exactly because they entered and
주요한 경제적인 움직임을 / 정확히 / 그들이 들어갔기 때문에 / 그리고

③ affected deeply our everyday lives. People have not
깊이 영향을 미쳤기 때문에 / 우리의 일상 생활들에. / 사람들은

changed fundamentally in thousands of years. Technology
변하지 않았다 / 근본적으로 / 수천 년 동안. / 기술은

changes constantly. It's the one that must ④ adapt to us.
변한다 / 끊임없이. / 그것이 하나이다 / 그 하나는 / 맞춰야만 한다 / 우리에게.

That's exactly what will happen with information technology
저것이 정확히 무엇이다 / 그 무엇은 일어날 것이다 / 정보 기술과 /

and its devices under human-focused computing. The longer[2]
그것의 장치들과 함께 / 인간에게-맞춰진 계산 아래에서. / 더 오래

we continue to believe that computers will take us to a
우리가 계속할 수록 / 믿는 것을 / (~라고) / 컴퓨터들이 데려갈 것이라고 / 우리를 / 한

magical new world, the longer we will ⑤ maintain their natural
마법의 새로운 세계로, / 더 오래 우리는 / 유지할 것이다 / 그들의 자연스러운

mix with our lives, the mark[3] of every major movement that
섞임을 / 우리의 삶들과, / 그 표시를 / 모든 주요한 움직임의 / 그 움직임은

hopes to be called an economic revolution.
희망한다 / 불려지기를 / 한 경제적 혁명으로.

1 turn 뒤에 콤마가 생략됐다. 문장 앞의 짧은 부사구는 생략되는 경우도 많다. p.176
that promises의 목적어로 썼고, 당연히 선행사도 없다.

that so~ that~ 구문으로 '아주 ~해서 ~한다'로 해석. that 선행사는 names이다. 구조는 that(주어, names)-show(동사)-usage(목적어)이다.

that 선행사는 one이다. 구조는 that(주어, one)-동사(must adapt)이다.
2 the more~, the more~ 구문으로 '더 ~할수록, 더 ~하다'로 해석한다. 'the+비교급'이 나오면, 뒤에도 'the+비교급'이 나올 것을 예상해야 한다.
that believe의 목적어로 that 절을 썼다.
3 maintain의 목적어로 their natural mix와 the mark를 썼다. 콤마(,)를 and처럼 쓸 수 있다. p.176
that 선행사는 every major movement이다. 구조는 that(주어, every major movement)-hopes(동사)-to be(목적어)이다.

12 명사(선행사) 뒤에 나온 전치사+관계사

전치사와 함께 종속절 뒤에서 해석한다.

There is no way by which a book corrects mistakes.
어떤 방법도 없다/ 그 방법에 의해 한 책이 바로 잡는다/ 실수들을.

선행사가
있으면
종속절 뒤,

선행사가
없으면
그 위치에서
해석한다.

선행사가 있는 전치사+관계사

❶ 전치사+관계사 덩어리를 종속절[1] 맨 뒤에서 해석한다.

주제문에서 종속절은 by which a book corrects mistakes인데, which 앞에 선행사(way)가 있으므로, by which가 mistakes 뒤로 간다. 의미상 종속절의 구조는 A book corrects mistakes by which(=way)이다.

> 1 종속절이란 관계사 뒤에 붙어있는 문장을 일컫는다.

Changes are in the sentence in which problems occur.
변화들은 그 문장 안에 있다/ 그 문장 안에서 문제들이 발생한다.

종속절은 in which problems occur인데, which 앞에 선행사(the sentence)가 있으므로, '전치사+관계사'가 problems occur 뒤로 간다. 의미상 구조는 Problems occur in which(=the sentence)이다.[2]

> 2 정확한 구조 파악을 위해 '전치사+관계사(in which)'를 종속절 뒤로 보냈지만, 그 자리에서 바로 해석할 수 있다면 더 좋다.

정답

31 ①

32 ①

33 ⑤

앞에 명사가 없는 전치사+관계사

무료강의
rb.gy/nz4e21

그 위치에서 바로 해석한다.

There is doubt about which choice
의심이 있다/   어떤 선택에 대해/ 그 어떤 선택은

leads to your goal.
이끈다/   당신의   목표로.

 # 선행사가 없는 전치사+관계사는 명사 2개 #

❶ **명사** 하나는 그 위치에서, 다른 하나는 종속절에서 해석한다.

주제문에서 관계대명사 which는 2개의 명사 역할을 한다. 하나는 about의 대상으로, 다른 하나는 leads의 주어로 사용했다. which choice 대신 something을 써서 두 문장으로 나누면 주절은 There is about something, 종속절은 Something leads to your goal이다.

이처럼 관계대명사에 선행사가 없으면 선행사를 포함하므로 2개의 명사 역할을 한다. 하나는 주절의 전치사에 붙여 그 자리에서 해석하고, 다른 명사 하나는 관계사만 종속절의 주어나 목적어 위치에서 해석한다.

Make your decisions on which path you choose.
만들어라/ 너의 결정들을/ 어떤 길에 대한/ 그 어떤 길을 네가 고른다.

which path는 주절에서 on의 대상으로 썼고, 종속절에서는 choose의 목적어로 썼다. which path 대신 something을 써서 두 문장으로 나누면, 주절은 Make your decisions on something, 종속절은 You choose something이다.

어휘

QR코드로 듣고 따라 말하세요. 모르는 단어는 O표시하세요.

2012~2024 (13회) 기출 어휘 분석(p.210)

단어 MP3

7회 이상 출제 단어

1 accurate ['ækjərət] 정확한

2 argument ['ɑːrgjumənt] 논쟁

3 comparison [kəm'pærɪsn] 비교

4 consequence ['kɒnsɪkwəns] 결과

5 correct [kə'rekt] 정확한, 바로잡다

6 decade ['dekeɪd] 10년

7 define [dɪ'faɪn] 정의하다

8 destination [ˌdestɪ'neɪʃən] 목적지

9 dilemma [dɪ'lemə] 둘 다 어려운 선택

10 distance ['dɪstəns] 먼 곳, 거리

11 encounter [ɪn'kaʊntər] 마주치다

12 ethical ['eθɪkl] 윤리적

13 imitate ['ɪmɪteɪt] 모방하다

14 impact ['ɪmpækt] 영향, 충격

15 less than [les ðæn] ~보다 못한

16 mechanism ['mekənɪzəm] 방법, 기계 장치

17 negative ['negətɪv] 부정적인

18 practical ['præktɪkl] 실용적인

19 process ['prɒses] 과정

20 seemingly ['siːmɪŋli] 겉보기에

21 specie ['spiːʃi] 종류

22 theory ['θɪəri] 이론

6회 이하 출제 단어

1 break down [breɪk daʊn] 무너진다

2 compensate ['kɒmpenseɪt] 보상하다

3 constant ['kɒnstənt] 지속적인

4 crossroad ['krɒːsroʊd] 교차로

5 distinguish [dɪ'stɪŋgwɪʃ] 구별하다

6 edition [ə'dɪʃn] (책의) 판

7 favorable ['feɪvərəbl] 호의적인

8 gut [gʌt] 배짱, 배

9 gut feeling [gʌt 'fiːlɪŋ] 직감

10 humanity [hjuː'mænəti] 인류

11 identity [aɪ'dentəti] 정체성

12 irony ['aɪrəni] 역설

13 mathematical [ˌmæθə'mætɪkl] 수학적인

14 mechanical [mə'kænɪkl] 기계적인

15 misprint ['mɪsprɪnt] 오타

16 pathway ['pæθweɪ] 경로

17 philosopher [fə'lɒsəfər] 철학자

18 shortcut ['ʃɔːrtkʌt] 지름길

19 uncertainty [ʌn'sɜːrtnti] 불확실성

연습

전치사+관계사를 빈칸에 해석하시오.

_____

1 We read the book in which misprints appeared.

우리는 읽는다/ 그 책을/

_____ 오타들이 나타난다.

2 They chose a path about which they were uncertain.

그들은 골랐다/ 한 경로를/

_____ 그들은 확신하지 않는다.

3 The author made changes for which readers were thankful.

그 작가는 만들었다/ 변화들을/

_____ 독자들은 감사한다.

4 We used a theory on which our strategy depended.

우리는 사용했다/ 한 이론을/

_____ 우리의 전략이 달려있다.

5 We met scientists with whom we discussed AI.

우리는 만났다/ 과학자들을/

_____ 우리는 논의했다/ 인공지능을.

전치사+관계사를 빈칸에 해석하시오.

_____

6 We can prepare for what may come in the future.

우리는 대비할 수있다/ _____을 위해

그 _____ 올 것 같다/ 미래에.

7 We must be careful with what we write in books.

우리는 조심해야만 한다/ _____

_____ 우리가 쓴다/ 책 안에서.

8 We should think about which path we choose in life.

우리는 생각해야 한다/ _____

_____ / 우리가 고른다/ 삶에서.

9 They debated about what distinguishes humans from machines.

그들은 토론했다/ _____

_____ 구별한다/ 인간들을/ 기계들로부터.

10 They discussed the theory about what causes harmful changes in text.

그들은 논의했다/ 그 이론을/ _____

_____ 일으킨다/ 해로운 변화들을/ 글에서.

정답은 두 쪽 뒤 하단에 있습니다.

145

글의 흐름에서, 주어진 문장이 들어가기에 가장 적절한 곳을 고르시오.

> At the next step in the argument, however, the idea breaks down.

34

Misprints in a book have a negative impact on the content, sometimes very badly. (①) The moving of a comma, for instance, may be a matter of life and death. (②) Similarly, most changes have harmful consequences for the sentence **in which** they occur, meaning that they reduce its ability to show right sentences. (③) Occasionally, a misprint of the first edition provides more accurate information. (④) A favorable change is more common in the next edition, since the wrong misprints **in which** it occurred will appear less frequently. And these changes are passed on to the next edition. (⑤) By contrast, there is no mechanism **by which** a book that accidentally corrects the mistakes of the first edition will tend to sell better.

5

10

15

At the next step in the argument, however, the idea
그　　다음 단계에서/　그　　논증의,　　　그러나　　그　생각은
breaks down.
무너진다.

Misprints in a book have a negative impact on the content,
오타들은　　[한 책에서] 가진다/ 한 부정적인　　영향을/　　그　내용에,

sometimes very badly. (①) The moving of a comma, for
때때로　　매우 심각하게.　　　그　이동은/　한 심표의,

instance, may be a matter of life and death. (②) Similarly,
예를 들어,　　　　 한 문제일 것 같다/ 삶과　　죽음의.　　　유사하게/

most changes have harmful consequences for the sentence
대부분의 변화들은　가진다/ 해로운　　결과들을/　　　그　문장에 대해/

in which they occur, meaning that they reduce its ability to
그 문장 안에서/ 그것들이 발생한다, 의미하면서/ (~라고) 그것들이 감소시킨다고/ 그것의 능력을/

show right sentences. (③) Occasionally, a misprint of the first
보여주기 위한 올바른 문장들을.　　　　때때로,　　한 오타가　[그 첫번째

edition provides more accurate information. (④) A favorable
판의]　제공한다/ 더 많이 정확한　　　정보를.　　　한 호의적인

change is more common in the next edition, since the wrong
변화는/　더 많이 흔하다/　그　다음 판에서, (~하기 때문에) 그 잘못된

misprints in which it occurred will appear less frequently.
오타들이 [그 오타 안에서/ 그것(호의적인 변화)이 발생했다] 나타날 것이기 때문에/ 덜 자주.

And these changes are passed on to the next edition. (⑤)
그리고 이　변화들은　　전달된다/　　그　다음　판에.

By contrast, there is no mechanism by which a book that
대조적으로,　　　어떤 방법도 없다/　그방법에 의해/ 한 책이 [그 책은

accidentally corrects the mistakes of the first edition will tend
우연히　　수정한다/ 그　실수들을/　그 첫 번째 판의] 경향이 있을 것이다/

to sell better.
더 잘 팔리는.

in which 선행사(the sentence)가 있어서, they occur 뒤에서 해석한다. they occur in the sentence이다.

in which 선행사(the living thing)가 있어서 it occurred 뒤에서 해석된다. it occurred in the living thing이다.
by which 선행사(mechanism)가 있어서 a book will tend to sell better by mechanism이다.

연습 p.145

정답

1 그 책 안에서　　　　　2 그 경로에 대해서　　　　3 그 변화들을 위해

4 그 이론에　　　　　　5 그 과학자들과 함께

6 무엇, 무엇은　　　　　7 무엇과 함께, 그 무엇을　　8 어떤 길에 대해, 그 어떤 길을

9 무엇에 대해, 그 무엇은　　10 무엇에 대해, 그 무엇은

35

다음 글에서 필자가 주장하는 바로 가장 적절한 것은?

At every step in our journey through life we encounter crossroads with many different pathways leading into the distance. Each choice involves uncertainty **about which** path will get you to your destination. Trusting our gut feelings to make the choice often ends up with us making a less than ideal choice. Turning the uncertainty into numbers has proved a powerful way of analyzing the paths and finding the shortcut to your destination. The mathematical theory of probability hasn't removed risk, but it allows us to manage that risk more effectively. The strategy is to analyze all the possible stories that the future holds and then to see what portion of them lead to success or failure. This gives you a much better map of the future **on which** to base your decisions **about which** path to choose.

① 더 나은 선택을 위해 성공 가능성을 확률적으로 분석해야 한다.
② 중요한 결정을 내릴 때에는 자신의 직관에 따라 판단해야 한다.
③ 성공적인 삶을 위해 미래에 대한 구체적인 계획을 세워야 한다.
④ 빠른 목표 달성을 위해 지름길로 가고자 할 때 신중해야 한다.
⑤ 인생의 여정에서 선택에 따른 결과를 스스로 책임져야 한다.

At every step in our journey through life we encounter
매 단계에서/ 우리의 여정 속의/ 삶을 통한/ 우리는 마주친다/

crossroads with many different pathways leading into the
교차로들을/ 많은 다른 경로들과 함께 이끌면서/ 그

distance. Each choice involves uncertainty about which path
먼 곳안으로. 각 선택은 포함한다/ 불확실성을/ 어떤 경로에 대한/ 그 어떤 경로가

will get you to your destination. Trusting our gut feelings to
당신을 데려갈 것이다/ 당신의 목적지로. 신뢰하는 것은/ 우리의 직감을/

make the choice often ends up with us making a less than
선택을 만들기 위한/ 종종 끝난다/ 우리가 만드는 것으로/ 한 덜

ideal choice. Turning the uncertainty into numbers has proved
이상적인 선택을. 바꾸는 것은/ 그 불확실성을/ 숫자로/ 증명되었다/

a powerful way of analyzing the paths and finding the shortcut
한 강력한 방법으로/ 그 경로들을 분석하는 것의/ 그리고 지름길을 찾는 것의/

to your destination. The mathematical theory of probability
당신의 목적지로의. 그 수학적인 이론은/ 확률의/

hasn't removed risk, but it allows us to manage that[1] risk more
제거하지 않았다/ 위험을, 하지만 그것은 허용한다/ 우리가/ 관리하는 것을/ 저 위험을/ 더 많이

effectively. The strategy is to analyze all the possible stories
효과적으로. 그 전략은 분석하는 것이다/ 그 모든 가능한 이야기들을/

that the future holds and then[2] to see what portion of them
그 이야기들을 그 미래가 가진다/ 그러고 나서 보는 것이다/ 무슨 부분을/ 그 무슨 부분이 [그것들의]

lead to success or failure. This gives you a much better map of
이끄는지/ 성공 또는 실패로. 이것은 제공한다/ 당신에게 한 훨씬 더 나은 지도를/

the future on which to base your decisions about which path
그 미래의/ 그 미래의 지도에/ 기반할 수 있다 당신의 결정들을/ 어떤 경로에 대한/ 그 어떤 경로들

to choose.
을 선택할 것인지(에 대한 결정들을).

about which path 의미상 uncertainty는 선행사가 아니다. 선행사가 없으므로 그 자리에서 해석한다. 주절은 Each choice involves uncertainty about which path 이고, 종속절은 which path will get you to your destination이다.

1 지시대명사로 썼기에 뒤에 본동사가 나오지 않았다

2 The strategy is를 생략. p.166
on which 선행사는 a much better map여서 종속절 끝에서 해석한다. 여기서는 to base your decisions on the much better map.이다.
about which 선행사가 없으므로 그 자리에서 해석한다. 명사 2개 역할을 하는데, 명사 하나(which path)는 주절의 about에 연결됐고, 다른 하나(which path)는 '의문사+to부정사'로 썼다. p.88

36

다음 빈칸에 들어갈 말로 가장 적절한 것을 고르시오.

Over the past 60 years, as mechanical processes have imitated behaviors and talents we thought were unique to humans, we've had to change our minds **about what** distinguishes us from others. As we invent more species of AI, we will be forced to give up more **of what** is seemingly unique about humans. Each step of giving up — we are not the only mind that can play chess, fly a plane, make music, or invent a mathematical law — will be painful and sad. We'll spend the next three decades — indeed, perhaps the next century — in a constant identity crisis, continually asking ourselves what humans are good for. If we aren't unique toolmakers, or artists, or ethical philosophers, then what, if anything, makes us special? In the greatest irony of all, the greatest benefit of an everyday, practical AI will not be increased productivity or an economics of plenty or a new way of doing science — although all those will happen. The greatest benefit of the arrival of artificial intelligence is that _____.

① AIs will help define humanity

② humans could also be like AIs

③ humans will be freed from hard labor

④ AIs could lead us in solving moral dilemmas

⑤ AIs could compensate for a decline in human intelligence

Over the past 60 years, as mechanical processes have imitated[1]
지난 60년에 걸쳐,   기계적인   과정들이   모방해 왔다/

behaviors and talents[2] we thought were unique to humans,
행동들은   재능들은 [우리가 생각했던]   독특하다고/   인간들에게,

we've had to change our minds about what distinguishes
우리는   바꿔야 했다/ 우리의 생각들을/ 무엇에 대해/ 그 무엇은   구별한다/

us from others. As we invent more species of AI, we will be
우리를/ 다른 것들로부터.   우리가 발명하면서/ 더 많은   종류들의   인공지능을, 우리는

forced to give up more of what is seemingly unique about
강요될 것이다/ 포기하는 것을/ 더 많은 무엇에 대해/ 그 무엇은/ 겉보기에   독특하다/

humans. Each step of giving up — we are not the only mind
인간들에 대해.   각 단계는/   포기의   — [우리는 아니다/   유일한 정신인/

that can play chess, fly a plane, make music, or invent a
그 정신은 체스를 둘 수 있다, 비행기를 조종할 수 있다, 음악을 만들 수 있다, 또는 발명할 수 있다/ 한

mathematical law —[3] will be painful and sad. We'll spend the
수학적   법칙을]   —   고통스럽고   슬플 것이다.   우리는 보낼 것이다/ 그

next three decades — indeed, perhaps the next century —[4] in
다음   30년을   — [실제로,   아마도   그 다음 세기를] —

a constant identity crisis, continually asking ourselves what
한   지속적인   정체성   위기 안에서,   계속해서   물으면서 우리 자신에게/ 무엇을/

humans are good for. If we aren't unique toolmakers, or
그 무엇을 위해/(해야) 인간들이 좋은지. 우리가 아니라면/ 독특한   도구 제작자들인, 또는

artists, or ethical philosophers, then what, if anything,[5] makes
예술가들인, 또는 윤리적   철학자들인,   그렇다면 무엇이, [혹시나 어떤 것이],

us special? In the greatest irony of all, the greatest benefit of
우리를 특별하게 만드는가? 그 가장 큰   모든 역설 중에서, 그   가장 큰   이점은

an everyday, practical AI will not be increased productivity
[한   일상적이고,   실용적인 인공지능의] 아닐 것이다/ 증가된   생산성인

or an economics of plenty[6] or a new way of doing science —
또는 한   풍족한 경제 상태   또는 한   과학을 하는 새로운 방식인   —

although all those will happen. The greatest benefit of the
저 모든 것들이 일어날 것이지만. 그   가장 큰   이점은/   그

arrival of artificial intelligence is that _____.
인공 지능의 도래는   _____이다.

① AIs will help define humanity
   AI들이 도울 것이다/ 인류를 정의하는 것을

② humans could also be like AIs
   인간들은   또한 될 수 있다/ AI들과 같이

③ humans will be freed from hard labor
   인간들이   해방될 것이다/   힘든 노동으로부터

④ AIs could lead us in solving moral dilemmas
   AI들이 이끌 수 있다/ 우리를/ 해결하는 데 도덕적으로 힘든 선택들을

⑤ AIs could compensate for a decline in human intelligence
   AI들이   보상할 수 있다/ 한 감소를/ 인간   지능의

1/2 that을 생략. p.152

about what 선행사가 없어서 그 자리에서 해석한다. 주절은 We've had to change our minds about what이고, 종속절은 what distinguishes us from others이다.
of what 선행사가 없어서 그 자리에서 해석한다. 주절은 we will be forced to give up more of what이고, 종속절은 what is seemingly unique about humans이다.

3/4 대시 2개로 문장 중간에 삽입할 수 있다. 구조는 Each step of giving up will be painful and sad이다. p.177

5 콤마 2개로 문장 중간에 삽입할 수 있다. p.177

6 economics of plenty는 경제학에서 쓰는 관용 표현이다.

13 that의 생략

주어+동사 앞의 that은 생략할 수 있다.

I knew (that) she was wrong.
나는 알았다/ (~라고) 그녀가 상태였다고 틀린.

구조, 맥락상
생략된 것을
알 수 있으면
종종 생략한다.

❶ 본동사 뒤 that(p.133)의 생략

주제문의 본동사(knew) 뒤에는 주어(she)-동사(was)가 나와서 문장의
시작을 알 수 있다. 이 경우 that을 생략할 수 있다. 해석(p.41)은 종속절[1]
(she was wrong)의 본동사(주제문의 was) 뒤에 붙여 '~라고'로 한다.

1/2 접속사(that) 뒤에 붙어있
는 문장을 종속절이라 한다.

❷ 관계대명사(p.122)의 생략

You can imitate the people (that) you respect.
당신은 흉내낼 수 있다/ 그 사람들을/ (그 사람들을) 당신이 존경한다.

관계대명사 뒤에 '주어(you)+동사(respect)'가 나오면 관계대명사
(that)를 생략할 수 있다. 다시 말해, 관계대명사를 종속절[2]에서 '목적어
(respect의 목적어)'로 쓰면, 새로운 문장(절)의 시작을 알 수 있어서, 관
계대명사(that)를 쓰지 않아도 생략된 것을 알 수 있다.

정답

34 ④

35 ①

36 ①

주어+be동사의 생략

접속사 뒤의 주어+be동사는 생략할 수 있다.

무료강의
rb.gy/nz4e21

A strong voice is useful
한   강한   목소리는   유용하다/
when (you are) teaching in school.
            (당신이)   가르칠 때/   학교 안에서

❶ 주어+be동사의 생략

시간/조건과 관련된 접속사(when, while, although, before, after, since 등) 바로 뒤의 '주어+be동사'를 생략할 수 있다. 이 경우 접속사 뒤에는 현재분사[1](teaching)나 과거분사(teach라면 taught)[2]부터 시작한다. 여기서 생략된 주어는 맥락상 알 수 있거나, 주절의 주어이다.

1 현재분사에 대한 자세한 내용은 p.64.
2 과거분사에 대한 자세한 내용은 p.75.

2등급을 위해 **의문사+to부정사**

They know how to do it.
그들은 안다/ 어떻게 그것을 해야 할지를.

◑ to부정사를 '누가' 하는지 알면(예문에서는 they), 마치 의문사 뒤에 주어와 should를 생략한 것처럼 to부정사를 쓴다. **예** **when to go** 언제 가야 할지, **where to go** 어디를 가야 할지, **what to do** 무엇을 해야 할지

8회 이상 출제 단어

1 carry [kǽri] 휴대하다, 나르다

2 carry around ['kæri ə'raʊnd] 갖고 다니다

3 control [kən'troʊl] 통제하다

4 customer ['kʌstəmər] 고객

5 end up [end ʌp] 결국 ~하게 된다.

6 feature ['fiːtʃər] 기능

7 gene [dʒiːn] 유전자

8 impact ['ɪmpækt] 영향, 충격

9 instruction [ɪn'strʌkʃən] 설명

10 negative ['negətɪv] 부정적인

11 positive ['pɒzətɪv] 긍정적인

12 project [prə'dʒekt] 보여주다, 비추다

13 request [rɪ'kwest] 요청하다

14 response [rɪ'spɒns] 응답

15 solution [sə'luːʃən] 해결책

7회 이하 출제 단어

1 bring about [brɪŋ ə'baʊt] 유발하다

2 carpenter ['kɑːrpəntər] 목수

3 command [kə'mænd] 명령하다

4 discourage [dɪs'kʌrɪdʒ] 낙담시킨다

5 get through [get θruː] ~을 통과하다

6 imitate ['ɪmɪteɪt] 모방하다

7 incredibly [ɪn'kredəbli] 믿을 수 없을 정도로

8 induce [ɪn'djuːs] 유도하다

9 innovative ['ɪnəveɪtɪv] 혁신적인

10 myth [mɪθ] 신화

11 politician [ˌpɒlə'tɪʃən] 정치인

12 proof [pruːf] 증거

13 reject [rɪ'dʒekt] 거부한다

14 tone [toʊn] 어조

15 turn out [tɜːrn aʊt] 드러내다, 밝혀지다

16 up to 누구 [ʌp tuː 'sʌmbədi] 누구에게 달려있다

연습

무료강의
rb.gy/nz4e21

that이나 주어+be동사가
생략된 곳을 표시(✔)하시오.

빈칸에 생략된 부분을 해석하시오.

1 She□said□he's□successful□because
□of□his□genes.

2 I□heard□success□exists□in□our□
genes.

3 Success□is□not□something□genes□
determine.

4 While□wearing□shorts,□I□heard□a□
woman□talk□about□success.

5 Focus□on□their□habits□when□
copying□successful□people.

6 Some kids have everything they want.

몇몇 아이들은 가진다/ 모든 것을

(_____) 그들이 원한다.

7 Write down notes you can carry in
your pocket.

적어라/ 메모들을/ (_____)
네가 휴대할 수 있다/ 너의 주머니에.

8 When giving instructions,
speak confidently.

_____/ 지침들을,
말해라/ 자신있게.

9 Companies consider customer
feedback, while developing new
products.

회사들은 고려한다/ 고객들의

반응을, _____/ 새로운
상품들을.

10 Although having successful parents,
some children may not succeed
themselves.

_____/ 성공적인 부모님들을,
몇몇 아이들은 성공하지 않을 것 같다/
그들 스스로.

정답은 두 쪽 뒤 하단에 있습니다.

155

37

다음 글의 제목으로 가장 적절한 것을 고르시오.

I once **heard a woman** say, "Of course, he's successful. It's in his genes." I **knew she** wasn't talking about me, because I was wearing shorts. I also **knew she** was wrong. Success is not in our genes. Often, successful parents don't have successful children. Many kids have everything that they want, but it ruins them. The number of unsuccessful people who come from successful parents is proof that genes don't make success. You can't change your genes, but you can change **the people you** imitate. They have great advice about success. Write down notes and carry them around in your pants pocket. Then success will be in your jeans, even if it's not in your genes.

① Like Father, Like Son
② Want Success? Take a rest!
③ The Myth of the Self-Made Man Is No More
④ Stick to Your Genes and Succeed!
⑤ Follow the Best and Succeed!

I once heard[1] a woman say, "Of course, he's successful. It's
나는 한번 들었다/ 한 여성이 말하는 것을, "물론, 그는 성공적이야. 그것은

in his genes." I knew[2] she wasn't talking about me, because
그의 유전자 안에 있어." 나는 알았다/ 그녀가 말하고 있지 않다는 것을/ 나에 대해, (~하기 때문에)

I was wearing shorts[3]. I also knew[4] she was wrong. Success
내가 입고 있었기 때문에/ 반바지를. 나는 또한 알았다/ 그녀가 틀렸다는 것을. 성공은

is not in our genes. Often, successful parents don't have
우리의 유전자 안에 있는게 아니다. 종종 성공한 부모들은 갖지 않는다/

successful children. Many kids have everything that they want,
성공한 아이들을 많은 아이들은 가진다/ 모든 것을 [그 모든 것을 그들이 원한다],

but it ruins them. The number of unsuccessful people who
그러나 그것은 망친다/ 그들을. 그 수는 [성공하지 못한 사람들의/ 그 사람들은

come from successful parents is proof that[5] genes don't make
온다/ 성공한 부모들로부터] 증거이다 [그 증거란 유전자들이 만들지 않는다고

success. You can't change your genes, but you can change the
성공을]. 당신은 바꿀 수 없다/ 당신의 유전자들을, 하지만 당신은 바꿀 수 있다/ 그

people[6] you imitate. They have great advice about success.
사람들을/ 당신이 모방하는. 그들은 가진다/ 훌륭한 조언을/ 성공에 대해.

Write down notes and carry them around in your pants
적어라/ 기록들을 그리고 그것들을 갖고 다녀라/ 당신의 바지

pocket. Then success will be in your jeans, even if it's not in
주머니에. 그러면 성공이 있을 것이다/ 당신의 청바지 안에, 심지어 그것이 아니더라도/

your genes.
당신의 유전자 안인.

1 heard 뒤에 주어(a woman)~동사(say)가 나와서 문장의 시작을 알 수 있어서 that을 생략.
2/4 knew 뒤에 주어로만 쓰는 대명사 she가 있어서 that을 생략.
3 genes와 jeans는 발음이 같아서 글쓴이가 착각했다.

5 동격명사절로 쓴 that. p.132

6 the people 뒤에 주어(you)~동사(imitate)가 있어서 that의 생략을 알 수 있다. 생략된 that은 선행사(the people)가 있어서 종속절의 구조는 you imitate the people(=that)이다.

① Like Father, Like Son
아버지와 닮았다, 아들의 모습은

② Want Success? Take a rest!
성공을 원하는가? 휴식을 취하라!

③ The Myth of the Self-Made Man Is No More
그 신화는/ 자수-성가한 사람의/ 더 이상 없다

④ Stick to Your Genes and Succeed!
고수(/충실)하라/ 당신의 유전자(/본 모습)들에/ 그리고 성공하라!

⑤ Follow the Best and Succeed!
따르라/ 그 최고를/ 그리고 성공하라!

연습 p.155

정답

1 She said (that) he's successful because of his genes.

2 I heard (that) success is not in our genes.

3 Success is not something (that) genes determine.

4 While (I was) wearing shorts, I heard (that) a woman talk about success.

5 Focus on their habits when (you are) copying successful people.

6 그 모든 것을　　　7 그 메모들을　　　8 (당신이) 줄 때

9 (회사들이) 개발하는 동안　　10 (몇몇 아이들이) 가지지만

38

다음 빈칸에 들어갈 말로 가장 적절한 것을 고르시오.

Sometimes **all the results customers** are trying to achieve in one area have a negative effect on other results. This is very common when companies are busy listening to the 'voice of the customer.' Traveling salespeople, for example, may **say they** want a smaller cell phone, but they may not have thought about how hard that tiny phone will be to use. Carpenters may request a lightweight round saw without thinking about the fact that it will no longer have the power to get through some of the more difficult jobs. When customers make requests for new product features, they are usually focused on solving just one problem and are not thinking of how their requested solution will _____ . In this situation, customers request new features but reject the resulting product when they realize the consequences of their suggestions — the added feature turns out to be worthless because of the problems it causes.

① impact other product or service functions
② delay the introduction of innovative products
③ induce other customers to make additional requests
④ bring about too much competition among companies
⑤ discourage companies from listening to customers' voices

Sometimes all the results customers[1] are trying to achieve
때때로   그 모든 결과들은/ [(그 결과들을) 고객들이 시도하는 중이다/ 성취하기 위해/

in one area have a negative effect on other results. This is
한 영역에서] 가진다/ 한   부정적인   영향을/   다른   결과들에. 이것은

very common when companies are busy[2] listening to the
매우   흔하다/   회사들이   바쁠 때/ 들으면서/   그

'voice of the customer.' Traveling salespeople, for example,
'고객의 목소리'를.   여행하는   판매원들은,   예를 들어,

may say they[3] want a smaller cell phone, but they may not
말할 것 같다/ 그들이 원한다고/ 한 더 작은   휴대전화를,   하지만 그들은

have thought about how hard that tiny phone will be to use.
생각하지 않았을 것 같다/ 얼마나 어려울지에 대해/ 저 작은 전화기가 될 지를/ 사용하기 위해.

Carpenters may request a lightweight round saw without
목수들은   요청할 것 같다/ 한 가볍고 둥근 톱을/

thinking about the fact that it will no longer have the power to
생각하지 않고/ 그 사실에 대해/ 그 사실이란 그것이 더 이상 가지지 않을 것이라는/ 그 힘을/

get through some of the more difficult jobs. When customers
통과하기 위한/ 몇몇의 그 더 많이 어려운 작업들을.   고객들이

make requests for new product features, they are usually
만들 때/ 요청들을/ 새로운 제품 기능들을 위한, 그들은 보통

focused on solving just one problem and are not thinking of
집중한다/ 해결하는 것에 단지 하나의 문제를/ 그리고 생각하지 않고 있다/

how their requested solution will _____. In
어떻게 그들의 요청한 해결책이   _____ 할 것인지를.

this situation, customers request new features but reject the
이 상황에서,   고객들은   요청한다/ 새로운 기능들을/ 하지만 거부한다/ 그

resulting product when they realize the consequences of their
결과가 되는 제품을/   그들이 깨달을 때/ 그 결과들을/   그들의

suggestions —[4] the added feature turns out to be worthless
제안들의   —   그 추가된 기능이   드러난다/   가치 없는 것으로/

because of the problems it causes.
그 문제들 때문에/ 그것이 야기하는.

① impact other product or service functions
영향을 미친다/ 다른 제품 또는 서비스 기능들에

② delay the introduction of innovative products
지연시킨다/ 그 소개를/   혁신적인   제품들의

③ induce other customers to make additional requests
유도한다/ 다른 고객들을/ 만들도록/ 추가적인 요청들을

④ bring about too much competition among companies
유발한다/ 너무 많은   경쟁을/   회사들 사이의

⑤ discourage companies from listening to customers' voices
낙담시킨다/   회사들을/   듣는 것으로부터/ 고객들의 목소리들을

1 the results 뒤에 주어 (customers)-동사(are)가 나왔으므로 that의 생략을 알 수 있다. 종속절의 구조는 customers are trying to achieve the results이다.
2 busy 뒤에 주어(that: companies)-동사(are)가 생략됐다고 볼 수도 있다.
3 say 뒤에 주어(they)-동사(want)가 나왔으므로 that의 생략을 알 수 있다.

4 추가 설명을 하기 위해 문장 끝에 대시(—)를 넣을 수 있다. p.177

39

다음 글에서 전체 흐름과 관계 <u>없는</u> 문장은?

Actors, singers, politicians and countless others understand the power of the human voice as a way of communication beyond the simple understanding of the words. Learning to control your voice and use it for different purposes is, therefore, one of the most important skills to develop as a new teacher. ① The more confidently you give instructions, the higher the chance of a positive class response. ② There are times when being able to project your voice loudly will be very useful when working in school, and knowing that you can cut through a noisy classroom, dinner hall or playground is a great skill to have. ③ In order to address serious noise problems in school, students, parents and teachers should search for a solution together. ④ However, I would always advise that you use your loudest voice incredibly rarely and avoid shouting as much as possible. ⑤ A quiet, commanding and controlled tone has so much more impact than slightly worried shouting.

Actors, singers, politicians and countless others understand
배우들은, 가수들은, 정치인들은 그리고 셀 수 없는 다른 이들은 이해한다/

the power of the human voice as a way of communication
그 인간의 목소리의 힘을/ 의사소통의 한 방법으로서/

beyond the simple understanding of the words. Learning
그 단순한 이해를 넘어서/ 그 단어들의. 배우는 것은

to control your voice and use it for different purposes is,
[통제하는 것/ 당신의 목소리를/ 그리고 그것을 사용하는 것/ 다른 목적들을 위해] 상태이다,

therefore, one of the most important skills to develop as a new
따라서, 가장 중요한 기술들 중 하나이다/ 개발해야 할/ 한 새로운

teacher. ① The more¹ confidently you give instructions, the
교사로서. 더 많이 자신감 있게/ 당신이 줄수록/ 설명들을,

higher the chance of a positive class response. ② There are
더 높다/ 그 가능성이/ 한 긍정적인 수업 반응의.

times **when being**² able to project your voice loudly will be very
시기들이 있다/ (그 시기에) 상태인 것은 [보여줄 수 있는 당신의 목소리를 크게] 매우

useful when working³ in school, and knowing that you can cut
유용할 것이다/ (당신이) 일하는 중일 때/ 학교에서, 그리고 아는 것은 [당신이 관통할 수

through a noisy classroom, dinner hall or playground is a great
있다는 것을/ 한 시끄러운 교실을, 식당 회관을 또는 운동장을] 한 훌륭한

skill to have. ③ In order to address serious noise problems
기술이다/ 가져야 할. 다루기 위해/ 심각한 소음 문제들을/

in school, students, parents and teachers should search for a
학교에서, 학생들은, 부모들은 그리고 교사들은 찾아야 한다/ 한

solution together. ④ However, I would always advise that you
해결책을 함께. 하지만, 나는 항상 조언할 것이다/ 당신이

use your loudest voice incredibly rarely and avoid shouting as
사용할 것을/ 당신의 가장 큰 목소리를 믿을 수 없을 정도로 드물게/ 그리고 피하라고/ 소리 지르는 것을/

much as possible. ⑤ A quiet, commanding and controlled tone
가능한 한 많이. 한 조용하고, 명령하는 그리고 통제된 어조는

has so much more impact than slightly worried shouting.
가진다/ 훨씬 더 많은 영향을/ 약간 걱정스러운 소리 지르기보다.

1 the more~, the more~ 구문으로 '더 ~할 수록 더 ~하다'를 뜻한다.

2 when 뒤에는 주어+be동사를 생략한 게 아니다. will be의 주어로 being(동명사)을 썼다. p.65

3 when 뒤에 주어(you)-be동사(are)를 생략.

❽ 포기할 때를 아는 방법

1 paint [peɪnt] 그리다

2 eventually [ɪ'ventʃuəli] 결국

3 major ['meɪdʒər] 전공하다

4 childhood
['tʃaɪldhʊd] 어린 시절

5 path [pæθ] 길, 진로

6 However [haʊ'evər] 그러나

7 highly ['haɪli] 매우

8 skilled [skɪld] 숙련된

9 gain [geɪn] 얻다

10 reputation [ˌrepju'teɪʃən] 명성

11 fame [feɪm] 명성

12 aspire [ə'spaɪər] 열망하다

13 challenging
['tʃælɪndʒɪŋ] 도전적인

14 excellent ['eksələnt] 뛰어난

15 grade [greɪd] 성적

16 medical school
['medɪkl skuːl] 의과대학

17 course [kɔːrs] 과정

18 earn [ɜːrn] 벌다

19 deal with [diːl wɪð] 다루다

20 suicide ['suːɪsaɪd] 자살

21 rate [reɪt] 비율

22 average ['ævərɪdʒ] 평균

23 suggest [sə'dʒest] 제안하다

24 set [set] 정하다

25 judge [dʒʌdʒ] 판단하다

26 objectively
[əb'dʒektɪvli] 객관적으로

27 for instance
[fər 'ɪnstəns] 예를 들어

28 suit [suːt] 적합하다

29 publish ['pʌblɪʃ] 출판하다

30 crucial ['kruːʃəl] 중요한

31 at least [æt liːst] 최소한

32 luckily ['lʌkɪli] 운 좋게도

33 effort ['efərt] 노력

34 devote [dɪ'voʊt]
바치다, 전념하다

The pictures at the beginning of this book tell a story about a person who painted for 20 years but eventually gave up. Most people majoring in art show talent from childhood, and choose this path because they love art. However, even those who are highly skilled may only gain reputation after 10~20 years, or like Van Gogh, who gained fame after death.

무료강의
rb.gy/nz4e21

Other jobs, to which people aspire, follow a similar pattern. Jobs that pay well are often challenging or require long-term training. For example, becoming a doctor, which is a respected job, requires excellent grades to enter medical school. After that, there's a 6-year university course and a 4-year residency, after which one can open a hospital and earn about ₩200,000,000 per year. It's also a stressful job that deals with sick people, which is why the suicide rate among doctors is 2~4 times higher than average.

You can't know whether something will succeed or fail while you're doing it. That's why a book, *The Deep* suggests setting a limit before starting something. This is the only time when you can judge objectively. For instance, you might set a limit to be an artist until 5 years after art school, or to change majors if medical school doesn't suit you within 3 years after entering the school.

Before starting my publishing company, I published 3 books with other companies, none of which sold well. My family, whose support was crucial, wanted me to stop writing. The 'limit' I set before my 4th book was that if I couldn't earn at least ₩1,300,000 per month from the book, I'd never write again. Luckily, that book, to which I devoted much effort, did well, and I'm still managing the publishing company.

당신이 얼마나 빠르게 영어를 익히고
수능에서 몇 등급을 받느냐는,
당신이 같은 책을 몇 번 반복했는지에
더 많이 달려있다.
당신이 얼마나 오래 공부했는지보다.

- Mike Hwang의 변형 명언 -

Whether you prevail or fail, endure or die,
depends more on what you do to yourself
than on what the world does to you.

-짐 콜린스, 〈신호등 영작 200〉 29번 명언-

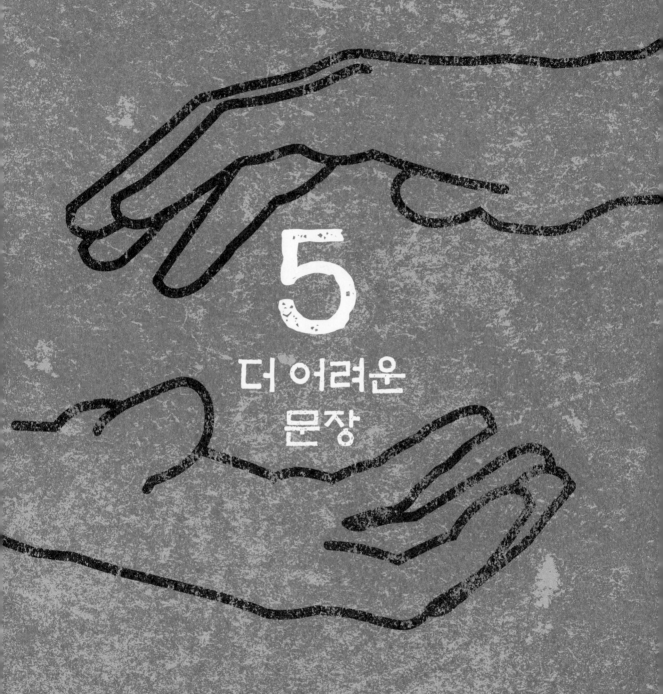

5

더 어려운
문장

바뀐 부문 찾기

14 and와

and/but/or 뒤의 단어와 같은 품사[1] 단어를 앞에서 찾는다.

We face difficulties and challenges.
우리가 직면한다/   어려움들을   그리고   도전들을.

대조를
이루는
부분을
알아야

정확히
해석할 수
있다.

and 뒤 단어와 같은 품사 단어의 앞이 생략[2]

❶ and로 명사 연결

주제문에서 and 뒤는 명사(challenges)이므로 앞에서 명사(we, difficulties)를 찾는다. we는 '주어(we)-본동사(face)' 구조이므로, challenges를 we에 대응했다면 '주어(challenges)-본동사' 구조여야 한다. 하지만 본동사가 없으므로, difficulties에 대응되는 것은 challenges 이다. and와 challenges 사이에는 difficulties 앞에 있는 we face가 생략됐다.

1 **품사**란 명사, 형용사, 동사처럼 단어의 종류를 말한다. p.14
2 찾은 단어의 앞부분이 and 뒤에 생략됐다.

❷ and로 동사 연결

It's impossible to throw and catch at the same time.
그것은 불가능하다/ 던지는 것은 그리고 잡는 것은/   동시에

and 뒤는 동사(catch)여서 앞에서 동사를 찾는다. 동사는 is와 throw인데, 만약 is라면 catch가 아니라 catches를 써야 한다. 그러므로 throw 대신 catch를 쓴 것이고, and와 catch 사이에는 throw 앞에 있는 It's impossible to가 생략됐다.

❸ and로 절(문장) 연결

There were eight people, and I handed balls to them.
     여덟명의 사람들이 있었다,   그리고 나는 건넸다/ 공들을/ 그들에게.

and 뒤에 주어(I)-동사(handed)가 나왔으므로 문장을 연결한 것이다.
and와 I 사이에 생략된 것은 없고, and는 단지 시간의 순서를 나타낸다.

정답

37 ⑤

38 ①

39 ③

than 사용법

무료강의
rb.gy/nz4e21

than 뒤의 단어의 비교 대상을 앞에서 찾는다

Groups are smarter than individuals.
집단들은　　　더 똑똑하다　　　　　개인들보다.

than 뒤 단어와 같은 품사의 단어를 뺀 부분이 생략

❶ than으로 단어 비교

주제문에서 than 뒤에 명사(individuals)가 나왔으므로, 앞에서 명사를 찾는다. 명사는 groups밖에 없으므로 groups에 비교했다. individuals 뒤에는 are smart가 생략됐다.

❷ than으로 구, 절(문장) 비교

You're less concerned about how you deliver information than about how you receive it.

당신은 덜 염려한다/ 어떻게 당신이 정보를 전달할 지에 대해/
당신이 어떻게 정보를 받을 지에 대해 (염려하는) 것보다

than 뒤는 '전치사+접속사(with how~)'이므로 앞에서도 '전치사+접속사(about how~)'를 찾는다. than과 with 사이에 You're concerned 가 생략됐다.

어휘

QR코드로 듣고 따라 말하세요. 모르는 단어는 O표시하세요.

2012~2024 (13회) 기출 어휘 분석(p.210)

9회 이상 출제 단어

1 behavior [bɪˈheɪvjər] 행동
2 challenge [ˈtʃælɪndʒ] 도전, 과제
3 concerned [kənˈsɜːrnd] 염려하는
4 deliver [dɪˈlɪvər] 배달하다, 전달하다
5 equal [ˈiːkwəl] 동등한, 같은
6 guilty [ˈgɪlti] 죄책감, 유죄의
7 individual [ˌɪndɪˈvɪdʒuəl] 개인, 개별적인
8 insight [ˈɪnsaɪt] 통찰력
9 journey [ˈdʒɜːrni] 여행, 여정
10 moral [ˈmɔːrəl] 도덕의
11 motivated [ˈmoʊtɪveɪtɪd] 동기 부여된
12 particular [pərˈtɪkjələr] 특정한
13 particularly [pərˈtɪkjələrli] 특히
14 relation [rɪˈleɪʃən] 관계
15 rule [ruːl] 규칙, 지배하다
16 skilled [skɪld] 숙련된
17 standard [ˈstændərd] 기준
18 test [test] 시험, 검사하다

8회 이하 출제 단어

1 assign [əˈsaɪn] 할당하다
2 broth [brɔːθ] 죽
3 code [koʊd] 규정
4 commonsense [ˌkɒmənˈsens] 상식적인
5 disagree [ˌdɪsəˈgriː] 동의하지 않다
6 dissimilar [dɪˈsɪmələr] 비슷하지 않은
7 feather [ˈfeðər] 깃털
8 flock [flɒk] 무리, 떼
9 guideline [ˈgaɪdlaɪn] 지침
10 logical [ˈlɒdʒɪkəl] 논리적인
11 maximum [ˈmæksɪməm] 최대의
12 opposite [ˈɒpəzɪt] 반대
13 spoil [spɔɪl] 망친다
14 teamwork [ˈtiːmwɜːrk] 협동 작업
15 tend to [tend tuː] ~하는 경향이 있다
16 ultimately [ˈʌltɪmətli] 궁극적으로
17 weakness [ˈwiːknəs] 약점
18 workshop [ˈwɜːrkʃɒp] 연수회

연습

무료강의
rb.gy/nz4e21

and 뒤의 붉은 단어와
같은 품사(단어의 종류, p.14)를
and 앞에서 찾아 적고,
and 뒤에 생략된 부분을 빈칸에 적으시오.

than 뒤의 초록 단어와
같은 품사(단어의 종류, p.14)를
than 앞에서 찾아 적고, 초록 단어 앞/뒤에
생략된 부분을 빈칸에 적으시오.

1 People pause and consider their moral rules.

consider와 같은 품사의 단어:

생략된 부분: _____

2 They feel guilty and dislike others when rules are broken.

dislike와 같은 품사의 단어:

생략된 부분: _____

3 The circle had eight people and several balls.

several balls와 같은 품사의 단어:

생략된 부분: _____

4 Moral standards should be important and well explained.

explained와 같은 품사의 단어:

생략된 부분: _____

5 Groups can be wise when they work together and if they avoid having too many leaders.

if와 같은 품사의 단어:

생략된 부분: _____

6 Groups are often considered wiser than individuals.

individuals와 같은 품사의 단어:

생략된 부분: _____

7 Accepting a rule is easier than explaining it.

explaining과 같은 품사의 단어:

생략된 부분: _____

8 Delivering information is less important than receiving it.

receiving과 같은 품사의 단어:

생략된 부분: _____

9 People think about rules more often than about following them.

about과 같은 품사의 단어:

생략된 부분: _____

10 Motivation toward good behavior is stronger than against bad behavior.

against와 같은 품사의 단어:

생략된 부분: _____

정답은 두 쪽 뒤 하단에 있습니다.

40

다음 글의 제목으로 가장 적절한 것을 고르시오.

Most people think about what rules people should have **or** which moral standards can be best explained. When a person accepts a moral rule, the person believes the rule is important **and** logical. But there is more to moral rules **than** that. When a rule is part of a person's moral code, the person is motivated toward the behavior by the rule, **and** against behavior that breaks the rule. The person will tend to feel guilty when his **or** her own behavior breaks the rule and to dislike others whose behavior goes against it. Likewise, the person will tend to respect those whose behavior follows the rule.

① Feeling Guilty? Check Your Self-Worth First

② Do Not Let Your Moral Rules Change!

③ Moral Honesty: A Rule of Philosophy

④ How Do People Form Their Personalities?

⑤ Moral Rules: Guiding Our Behavior

Most people think about what rules people should have
대부분의 사람들은 생각한다/ 어떤 규칙들에 대해/ 그 규칙들을/ 사람들이 가져야 하는지/

or[1] which moral standards can be best explained. When a
또는 어떤 도덕적 기준들이/ 가장 잘 설명될 수 있는지에 대해. 한

person accepts a moral rule, the person believes the rule is
사람이 받아들일때/ 한 도덕적 규칙을, 그 사람은 믿는다/ 그 규칙이

5 important and[2] logical. But there is more to moral rules than[3]
중요하다고/ 그리고 논리적이라고. 하지만 더 많은 것이 있다/ 도덕적 규칙들에 대해/

that. When a rule is part of a person's moral code, the person
저것보다. 한 규칙이 일부일때/ 한 사람의 도덕적 규정의, 그 사람은

is motivated toward the behavior by the rule, and[4] against
동기부여된다/ 그 행동을 향해/ 그 규칙에 의해, 그리고

behavior that breaks the rule. The person will tend to feel
행동에 반대해서/ 그 행동은 부순다/ 그 규칙을. 그 사람은 느끼는 경향이 있을 것이다/

guilty when his or[5] her own behavior breaks the rule and to
죄책감을/ 그의 또는 그녀 자신의 행동이 깨뜨릴때/ 그 규칙을/ 그리고

10 dislike others whose behavior goes against it. Likewise, the
싫어하는 경향이 있을 것이다/ 다른 이들을/ 그들의 행동이 간다/ 그것에 반대해서. 마찬가지로, 그

person will tend to respect those whose behavior follows the
사람은 존중하는 경향이 있을 것이다/ 저 사람들을/ 그들의 행동이 따른다/ 그

rule.
규칙을.

① Feeling Guilty? Check Your Self-Worth First
죄책감을 느끼는가? 확인하라/ 당신의 자아-가치를 먼저

② Do Not Let Your Moral Rules Change!
하지 마라/ 당신의 도덕적 규칙들이 변하게

15 ③ Moral Honesty: A Rule of Philosophy
도덕적 정직성: 철학의 한 법칙

④ How Do People Form Their Personalities?
어떻게 사람들은 형성하는가/ 그들의 성격들을?

⑤ Moral Rules: Guiding Our Behavior
도덕적 규칙들: 안내하는/ 우리의 행동을

1 뒤는 관계대명사 which여서 앞에 관계대명사(what)를 찾는다. what 앞의 Most people think about 생략.
2 logical이 형용사이므로, 앞에서 형용사(important)를 찾는다. the person believes the rule is 생략.
3 than 뒤의 that은 believing the rule is important and logical을 일컫는다. that 뒤에는 is to moral rules 생략.
4 전치사(against)-명사(behavior)가 나와서, 앞에서 전치사(toward)-명사(the behavior)를 찾는다. the person is motivated 생략.
5 her이 한정사여서, 앞에서 한정사(his)를 찾는다. or 뒤에 The person~when 생략.

연습 p.169

정답

1 pause (People)	2 feel (They)
3 eight people (The circle had)	4 important (Moral standards should be)
5 when (Groups can be wise)	6 Groups (are often considered wise)
7 Accepting (is easy)	8 Delivering (is important)
9 about (People think, often)	10 toward (Motivation, is strong)

41

다음 글의 요지로 가장 적절한 것은?

One exercise in teamwork I do at a company workshop is to put the group in a circle. At one particular workshop, there were eight people in the circle, **and** I slowly handed tennis balls to one person to start throwing around the circle. If N equals the number of people in the circle, then the maximum number of balls you can have is N minus 1. Why? Because it's almost impossible to throw **and** catch at the same time. The purpose of the exercise is to show the importance of a person's action. People are much more concerned about catching the ball than throwing it. This shows that, for the exercise to succeed, it's equally important that the person you're throwing to catches the ball **and** that you are able to catch the ball. If you're less concerned about how you deliver information **than** with how you receive it, you'll ultimately fail at assigning tasks. You have to be equally skilled at both.

① 구성원 간의 공통된 목표 의식이 협업의 필수 조건이다.

② 정확한 정보 이해는 신속한 업무 수행을 가능하게 한다.

③ 자유로운 의사소통 문화는 직무 만족도 향상에 기여한다.

④ 여가 활동을 함께하는 것도 협업의 효율성을 증가시킨다.

⑤ 협업에서는 정보를 전달하는 방식에도 능숙할 필요가 있다.

One exercise in teamwork I do at a company workshop is to
한 연습은 [협동 작업에서/ 내가 한다 (그 협동 작업을)/ 한 회사 연수회에서)]

put the group in a circle. At one particular workshop, there
놓는 것이다/ 그 집단을/ 한 원 안에.   한 특정한   연수회에서,

were eight people in the circle, and¹ I slowly handed tennis
여덟 명의 사람들이 있었다/ 그 원 안에, 그리고 나서 나는 천천히 건넸다/ 테니스

balls to one person to start throwing around the circle. If N
공들을/ 한 사람에게/ 시작하기 위해 던지는 것을/   그 원을 둘러서. N이

equals the number of people in the circle, then the maximum
같다면/   그 사람들의 수와/   그 원 안의, 그러면 그 최대의

number of balls you can have is N minus 1. Why? Because
공들의 수는 [그 공들을 당신이 가질 수 있는] N 빼기 1이다. 왜?

it's almost impossible to throw and² catch at the same time.
그것은 거의 불가능하기 때문이다/ 던지고   잡는 것은/   동시에.

The purpose of the exercise is to show the importance of
그 목적은   [그 연습의] 보여주는 것이다/ 그   중요성을/

a person's action. People are much more concerned about
한 개인의   행동의. 사람들은   훨씬 더 많이 관심이 있다/

catching the ball than³ throwing it. This shows that for the
잡는 것에 대해 그 공을/ 그것을 던지는 것에 대한 것보다. 이것이 보여준다/ (~라고) [그

exercise to succeed, it's equally important that⁴ the person
성공하기 위한 연습을 위해서], 그것이 동등하게 중요하다고/ 그것이란 그 사람이

you're throwing to catches the ball and⁵ that you are able to
[당신이 (그 사람을 향해) 던지는 중이다] 잡는 것이다/ 그 공을/ 그리고 그것이란 당신이

catch the ball. If you're less concerned about how you deliver
잡을 수 있는 것이다/ 그 공을. 당신이 덜 관심이 있다면/ 어떻게 당신이 전달하는지에 대해/

information than⁶ with how you receive it, you'll ultimately fail
정보를/   어떻게 당신이 그것을 받는지에 대한 것보다, 당신은 궁극적으로 실패할 것이다/

at assigning tasks. You have to be equally skilled at both.
할당하는 데에/ 작업들을. 당신은   동등하게 숙련되어야 한다/ 둘 다에서.

1 I로 문장이 시작했다. 그러므로 생략된 것은 없고, and는 시간의 순서(그리고 나서)를 나타낸다.

2 동사(catch)가 나왔으므로 앞에 동사(throw)를 찾는다. and 뒤에 it's almost impossible to 생략. it~ to~ 구문이다. p.98

3 than 뒤에 People~ about이 생략됐다.
4 it~ that~ 구문이다. p.99

5 'that+문장'이 나왔으므로 앞에서 'that+문장(that the person~the ball)'을 찾는다. and 뒤에 it's equally important 생략.
6 '전치사(with)-관계부사(how)'가 나왔으므로 앞에서 '전치사(about)-관계부사(how)'를 찾는다. and 뒤에 If you're less concerned 생략.

42

다음 글에서 전체 흐름과 관계 없는 문장은?

Although commonsense knowledge may have value, it also has weaknesses, particularly that it often disagrees with itself. For example, we hear that people who are similar will like one another ('Birds of a feather flock together') but also that persons who are dissimilar will like each other ('Opposites attract'). ① We are told that groups are wiser and smarter than individuals ('Two heads are better than one') but also that group work always produces poor results ('Too many cooks spoil the broth'). ② Each of these opposing ideas may hold true under particular conditions, but without a clear explanation of when they apply and when they do not, sayings provide little insight into relations among people. ③ That is why we heavily depend on sayings whenever we face difficulties and challenges in the long journey of our lives. ④ They provide even less guideline in situations where we must make decisions. ⑤ For example, when facing a choice that involves risk, which guideline should we use — 'Nothing risked, nothing gained' or 'Better safe than sorry'?

해석

Although commonsense knowledge may have value, it also
상식적인 지식이 가치를 가질 것 같지만, 그것은 또한

has weaknesses, particularly that it often disagrees with itself.
가진다/ 약점들을, 특히 그 약점이란/ 그것이 자주 모순된다는 것이다/ 그 자체로.

For example, we hear that people who are similar will like
예를 들어, 우리는 듣는다/ 사람들이 [그 사람들은 비슷하다] 좋아할 것이라고/

one another ('Birds of a feather flock together') but[1] also that
서로를 ('같은 깃털의 새들이 함께 모인다') 하지만 또한/ 저

persons who are dissimilar will like each other ('Opposites
사람들은 [그 사람들은 다르다] 좋아할 것이라고/ 서로를 ('반대들이

attract'). ① We are told that groups are wiser and[2] smarter
끌린다'). 우리는 들었다/ 집단들이 더 현명하고 더 똑똑하다고

than[3] individuals ('Two heads are better than[4] one') but[5] also
개인들보다 ('두 개의 머리가 더 낫다/ 하나보다') 하지만 또한/

that group work always produces poor results ('Too many
집단 작업이 항상 생산한다고/ 나쁜 결과들을 ('너무 많은

cooks spoil the broth'). ② Each of these opposing ideas
요리사는 망친다/ 그 죽을'). 각각의 이 반대되는 아이디어들은/

may hold true under particular conditions, but[6] without a
유지할 것 같다/ 진실을/ 특정한 조건들 아래에서, 하지만 한

clear explanation of when they apply and[7] when they do not,
명확한 설명 없이/ 언제 그것들이 적용되는지에 대한/ 그리고 언제 그들이 (적용)되지 않는지에 대한,

sayings provide little insight into relations among people.
속담들은 제공한다/ 적은 통찰력을/ 관계들에 대한/ 사람들 사이의.

③ That is why we heavily depend on sayings whenever we
저것이 왜 우리가 크게 의존하는 가이다/ 속담들에/ 우리가

face difficulties and[8] challenges in the long journey of our
직면할 때마다/ 어려움들과 도전들에/ 그 긴 여정에서/ 우리의

lives. ④ They provide even less guideline in situations where
삶들의. 그것들은 제공한다/ 심지어 더 적은 지침을/ 상황들 속에서/ 그 상황에서

we must make decisions. ⑤ For example, when facing a choice
우리가 만들어야 한다/ 결정들을. 예를 들어, 직면할 때/ 한 선택에/

that involves risk, which guideline should we use — 'Nothing
그 선택은 포함한다/ 위험을, 어떤 지침을/ 우리가 사용해야 하는가 — '아무것도

risked, nothing gained' or[9] 'Better safe than sorry'?
위험하지 않으면, 아무것도 얻지 못한다' 또는 '더 낫다/ 안전한 것이 미안한 것보다'?

해설

1 also는 부사여서, 바로 뒤 관계대명사(that)를 보고 앞에 we hear that의 that을 찾는다. but 뒤에는 we hear 생략.
2 형용사(smarter)여서 앞에서 형용사(wiser)를 찾는다. We are told that groups are 생략.
3 individuals 뒤에 are wise and smart 생략.
4 one 뒤에 head is good 생략.
5 also는 부사여서, 바로 뒤 관계대명사(that)는 앞에 We are told that에서 찾을 수 있다. We are told 생략.
6 without~do not이 부사구이다. 주절은 sayings부터 시작이다. but 뒤에 생략된 부분은 없고, 단지 앞의 문장(Each~ conditions)과 뒤의 주절(sayings~people)이 대조를 이루게 한다.
7 관계부사(when)로 부사절이 시작하므로 앞에서 관계부사(when they에서 when)를 찾는다. and 뒤에 without a clear explanations of 생략.
8 명사(challenges)가 나왔으므로 앞의 명사(difficulties)를 찾는다. That~face 생략.
9 뒤에 따옴표로 문장(Better safe than sorry)이 나왔다. 앞에서 문장(Nothing risked, nothing gained)을 찾는다. and 뒤에 when facing~use 생략.

15 콤마가 하나는 부사구/절이 앞으로

콤마(,)가 문장에 1개면 위치 변경

콤마와
대시로
문장 구조를
더 명확하게
보여준다

Along the aisle, Breaden was walking.
그 복도를 따라,　　　　브리덴은　상태였다/ 걷는 중인.

❶ 주어 앞에 있는 콤마 1개는 부사 끝 주어 시작

주제문에서 부사구인 Along the asile은 원래 문장 맨 뒤에 있어야 한다[1] (Breaden was walking along the asile). 부사구나 부사절의 끝과 주어의 시작을 알려주기 위해 콤마를 쓴다. 그래서 콤마 1개는 주로 문장 뒤에 있어야 할 부사구(/절)이 주어 앞으로 온 걸 뜻한다.

1 모든 영어 문장은 '누가-한 다'로 시작해야 하기 때문이다. p.20, p.30

❷ 문장 끝에 있는 콤마 1개는 부가 설명

It depends on the situation, like money leaving the area.
그것은　　　　그 상황에 달려있다,　돈이 그 지역을 떠나는 것 같은.

문장 끝에 콤마를 쓰고 설명하는 말을 덧붙일 수 있다. 콤마 바로 뒤에 주어-동사가 아니라 구가 온다. 예문에서는 상황(the situation)에 대한 부가 설명으로 like money leaving the area을 썼다.

정답

40 ⑤

41 ⑤

42 ③

콤마가 두 개는 중간에 삽입

콤마가 문장에 2개 이상이면 삽입이거나 열거

무료강의
rb.gy/nz4e21

Breaden, a cute boy, was walking.

브리덴,　　[한　귀여운　소년은],　상태였다/　걷는 중인.

① 콤마 2개는 삽입

주제문에서 Breaden과 was 사이에 a cute boy가 삽입됐다. 이 경우 삽입된 부분[a cute boy]을 괄호로 묶어서 전체 구조를 본다. 이처럼 주어와 동사 사이 또는 동사와 목적어 사이에 콤마 2개나 대시 2개로 삽입할 수 있다.

② 콤마 2개 이상 뒤의 and는 여러 개를 열거

Cities, areas, and countries are places to visit.
도시들은, 지역들은, 그리고 나라들은 상태이다/ 방문할만한 장소들인.

and가 마지막에 나오면 앞의 콤마도 모두 and를 의미한다. 정확한 해석은 '도시들은 (그리고) 지역들은 (그리고) 나라들은~'이다. 이처럼 콤마 2개 이상을 쓰고 이후에 and/or을 썼다면 앞의 콤마는 모두 and/or를 의미한다.

2등급을 위해　콤마 대신 대시(—)1

● 문장 끝에 대시가 하나면 부가 설명이다.

It is about non-scientific2 approaches — such as the arts.
그것은 상태이다/ 비 과학적인　접근들에 대한　—　　　예술 같은.

● 문장 중간에 대시가 2개 있으면 대시 2개 사이를 삽입한 것이다. 괄호로 묶어서 전체 구조를 볼 수 있게 한다.

It is that non-scientific approaches — such as the arts — may be considered personal.
그것은 상태이다/ (~라고) 비 과학적인 접근은 — [예술 같은]
— 여겨질 것 같다/ 개인적이라고.

1 대시는 긴 선(—)이다. 짧은 선은 하이픈(-)이다.

2 non-scientific에서 짧은 선이 하이픈이다. 이처럼 하이픈은 여러 단어를 이어서 한 단어로 만들거나, 한 개의 긴 단어가 다음 줄로 넘어갈 때 그 단어가 계속 되는 것을 나타낸다. approach를 app-roach로 쓸 수 있다.

어휘

8회 이상 출제 단어

1 account [əˈkaʊnt] 중요성
2 achieve [əˈtʃiːv] 달성하다
3 advance [ədˈvæns] 진보
4 advertise [ˈædvərtaɪz] 광고하다
5 attention [əˈtenʃn] 주의, 관심
6 bias [ˈbaɪəs] 편견
7 certain [ˈsɜːrtn] 특정한
8 consequence [ˈkɒnsɪkwəns] 결과, 중요성
9 encounter [ɪnˈkaʊntər] 마주치다, 조우
10 host [hoʊst] 주최자, 진행자
11 in terms of [ɪn tɜːrmz əv]
   ~의 측면에서, ~에 관하여
12 individual [ˌɪndəˈvɪdʒuəl] 개인
13 method [ˈmeθəd] 방법, 체계
14 reality [riˈæləti] 현실
15 relieved [rɪˈliːvd] 안도한
16 suffer [ˈsʌfər] 고통 받다, 겪다
17 sweet [swiːt] 달콤한, 사탕
18 tendency [ˈtendənsi] 경향, 성향
19 things [θɪŋz] 상황, ~것들
20 unbalance [ʌnˈbæləns] 균형을 잃게 하다
21 water [ˈwɔːtər] 물을 주다
22 whole [hoʊl] 전체의

7회 이하 출제 단어

1 about to [əˈbaʊt tuː] 막 ~하려고 하다
2 aisle [aɪl] 통로
3 attraction [əˈtrækʃən] 명소, 관광지
4 based on [beɪst ɒn] ~에 기반된
5 boundary [ˈbaʊndri] 경계, 한계
6 cautious [ˈkɔːʃəs] 조심스러운
7 complicated [ˈkɒmplɪkeɪtɪd] 복잡해진
8 controversy [ˈkɒntrəvɜːrsi] 논쟁
9 Eiffel Tower [ˈaɪfəl ˈtaʊər] 에펠탑
10 grab [græb] 움켜쥐다
11 grip [grɪp] 잡음
12 hosting [ˈhoʊstɪŋ] 주최하는
13 meant [ment] 의미했다 (mean의 과거형)
14 mention [ˈmenʃn] 언급하다
15 overstated [ˌoʊvərˈsteɪtɪd] 과장된
16 overtourism [ˌoʊvərˈtʊrɪzəm] 과잉 관광
17 philosophy [fəˈlɒsəfi] 철학
18 scientism [ˈsaɪəntɪzəm] 과학주의
19 slip [slɪp] 미끄러지다
20 stretch [stretʃ] 늘이다, 뻗다

연습

콤마 1개의 목적이
부사구(/절)를 주절 앞으로 보낸 것인지,
주절 뒤에서 부가 설명하기 위한 것인지
고르시오.

콤마 2개의 목적이
중간에 삽입을 위한 것인지,
여러 개를 열거하기 위한 것인지
고르시오.

1 Breaden saw chocolate bars, his favorite snack.

주절 앞으로 보낸 것 / 부가 설명

2 In front of his eyes, delicious chocolate bars were waiting.

주절 앞으로 보낸 것 / 부가 설명

3 Breaden said "Wow", his excited reaction.

주절 앞으로 보낸 것 / 부가 설명

4 Holding his hand, his mom was cautious not to lose him.

주절 앞으로 보낸 것 / 부가 설명

5 While Breaden walked along the aisle of snacks, he stretched out his arm.

주절 앞으로 보낸 것 / 부가 설명

6 Breaden, excitedly, was walking along the aisle of snacks.

삽입을 위한 것 / 열거를 위한 것

7 Many tourists can hurt cities, harm nature, and cause problems.

삽입을 위한 것 / 열거를 위한 것

8 The Eiffel Tower, a good example, holds so many people.

삽입을 위한 것 / 열거를 위한 것

9 Overtourism, a complex issue, affects whole cities and areas.

삽입을 위한 것 / 열거를 위한 것

10 People visit famous places, make them crowded, and change local life.

삽입을 위한 것 / 열거를 위한 것

정답은 두 쪽 뒤 하단에 있습니다.

43

다음 글에 드러난 Breaden의 심경 변화로 가장 적절한 것은?

Breaden, a cute three-year-old boy, was walking along the aisle of snacks, bars, and sweets. "Wow!" he said loudly. He saw lines of delicious-looking chocolate bars. His mom was holding his hand. Breaden, her only child, had always been the focus of her attention and she was cautious not to lose him in the market. Suddenly, she stopped to say hello to her friends. Breaden stopped, too. With his mouth watering, Breaden stretched out his arm and was about to grab a bar when he felt a tight grip on his hand. He heard, "Breaden, not today!" He knew what that meant. "Okay, Mommy," he sighed. His shoulders fell.

① excited → disappointed

② embarrassed → satisfied

③ lonely → pleased

④ annoyed → relieved

⑤ delighted → jealous

Breaden, a cute three-year-old boy,[1] was walking along the
브리덴은, [한 귀여운 세 살 소년인데], 걷고 있었다/ 그

aisle of snacks, bars, and sweets. "Wow!" he said loudly. He
통로를 따라/ 과자들의, (초콜릿) 막대기들의, 그리고 사탕들의. "와우!" 그가 말했다/ 크게. 그는

saw lines of delicious-looking chocolate bars. His mom was
봤다/ 줄들이 있었다/ 맛있어-보이는 초콜릿 바들이 그의 엄마는

holding his hand. Breaden, her only child, had always been the
잡고 있었다/ 그의 손을. 브리든은, 그녀의 유일한 아이인데, 항상 상태였다/ 그

focus of her attention and she was cautious not to lose him in
초점인/ 그녀의 관심의/ 그리고 그녀는 조심스러웠다/ 그를 잃지 않기위해/

the market. Suddenly,[2] she stopped to say hello to her friends.
그 시장에서. 갑자기, 그녀는 멈췄다/ 인사하기 위해/ 그녀의 친구들에게.

Breaden stopped,[3] too. With his mouth watering,[4] Breaden
브리덴도 멈췄다. 그의 입에 침이 고이며, 브리든은

stretched out his arm and was about to grab a bar when he
밖으로 뻗었다/ 그의 팔을/ 그리고 막 잡으려고 했다/ 한 초콜릿 바를/ 그가

felt a tight grip on his hand. He heard, "Breaden,[5] not today!"
느꼈을 때/ 한 단단한 잡음을/ 그의 손에. 그는 들었다, "브리덴, 오늘은 안 돼!"

He knew what that meant. "Okay, Mommy,[6]" he sighed. His
그는 알았다/ 무엇을 저것이 의미했는지. "알겠어요, 엄마," 그는 한숨 쉬며 말했다. 그의

shoulders fell.
어깨들이 떨어졌다.

① excited → disappointed
　　신난　　　　실망한
② embarrassed → satisfied
　　당황한　　　　만족한
③ lonely → pleased
　　외로운　　　기쁜
④ annoyed → relieved
　　짜증난　　　안도한
⑤ delighted → jealous
　　기뻐한　　　질투하는

1 Breaden을 설명하는 a cute three-year-old boy를 삽입하려고 콤마를 2개 사용했다.

2 문두에 부사(Suddenly)가 주어가 아니라는 뜻으로 쓴 콤마이다.
3 too로 부가 설명을 하기 위해 콤마를 썼다.
4 전치사구(With~watering)가 문장 뒤에 있어야 하는데 앞으로 나왔다는 뜻의 콤마이다.
5 이름과 할 말을 구분하기 위해 콤마를 썼다.
6 원래 He sighed "Okay, Mommy"지만 말한 부분 (Okay, Mommy)이 앞으로 나왔다는 뜻으로 콤마를 썼다.

연습 p.179
정답
1 부가 설명　　　　　2 주절 앞으로 보낸 것　　　3 부가 설명
4 주절 앞으로 보낸 것　　5 주절 앞으로 보낸 것
6 삽입을 위한 것　　　7 열거를 위한 것　　　8 삽입을 위한 것
9 삽입을 위한 것　　　10 열거를 위한 것

44

다음 글의 제목으로 가장 적절한 것은?

The idea of overtourism is based on a certain way of thinking about people and places commonly studied in tourism and social sciences. Both are seen as having clear boundaries. People are seen as individuals either hosting or visiting. Places, in the same way, are seen as fixed areas with clear edges. So, places can get full of tourists and suffer from having too many visitors. But what does it mean for a place to be full of people? There are some attractions that can only hold so many people and really can't fit more visitors. The Eiffel Tower is a good example of this. However, when whole cities, areas, or even countries are advertised as places to visit and said to have too many tourists, things get more complicated. What's too much or unbalanced can depend on the situation and might be more about things other than how many people can fit, like damage to nature and money leaving the area.

① The Solutions to Overtourism: From Complex to Simple

② What Makes Popular Destinations Attractive to Visitors?

③ Are Tourist Attractions Winners or Losers of Overtourism?

④ The Seriousness of Overtourism: Much Worse than Imagined

⑤ Overtourism: Not Simply a Matter of People and Places

해석

The idea of overtourism is based on a certain way of thinking
그 아이디어는 [과잉 관광의] 기반된다/ 한 특정한 방식에/ 생각하는 것의/

about people and places commonly studied¹ in tourism and
사람들과 장소들에 대해/ 일반적으로 연구되면서/ 관광학과

social sciences. Both are seen as having clear boundaries.
사회 과학에서. 둘 다가 보여진다/ 가지는 것으로서/ 명확한 경계들을.

People are seen as individuals either hosting or visiting. Places,
사람들은 보여진다/ 개인들로서/ 둘 중 하나로 주인으로 또는 방문(객)으로. 장소들은,

in the same way,² are seen as fixed areas with clear edges. So,
[같은 방식으로], 보여진다/ 고정된 영역들로서/ 명확한 가장자리들을 가진. 그래서,

places can get full of tourists and suffer from having too many
장소들은 될 수 있다/ 가득한/ 관광객들로/ 그리고 고통받을 수 있다/ 가지는 것으로부터/ 너무 많은

visitors. But what does it mean for³ a place to be full of people?
방문객들을. 하지만 무엇을 그것은 의미하는가/ 한 장소가/ 가득 차는 것이/ 사람들로?

There are some attractions that can only hold so many people
거기에는 몇몇 명소들이 있다/ 그 명소들은 단지 수용할 수 있다/ 그만큼 많은 사람들을/

and really can't fit more visitors. The Eiffel Tower is a good
그리고 정말로 맞출 수 없는/ 더 많은 방문객들을. 에펠탑은 한 좋은

example of this. However,⁴ when whole cities,⁵ areas,⁶ or even
예시이다/ 이것의. 하지만, (~할 때) 전체의 도시들, 지역들, 또는 심지어

countries are advertised as places to visit and said to have too
국가들이 광고될 때/ 장소들로서/ 방문할만한/ 그리고 말해질 때/ 가지고 있다고/ 너무

many tourists,⁷ things get more complicated. What's too much
많은 관광객들을, 상황은 된다/ 더 많이 복잡해지게. 무엇이 [너무 많거나

or unbalanced can depend on the situation and might be more
불균형한가는] 의존할 수 있다/ 그 상황에/ 그리고 더 많은 상태일 수 있다

about things other than how many people can fit,⁸ like damage
다른 것들에 대한/ 그밖에 얼마나 많은 사람들이 맞출 수 있는지보다, 손상 같은

to nature and money leaving the area.
자연을 향한/ 그리고 돈이 떠나는 것 같은/ 그 지역을.

① The Solutions to Overtourism: From Complex to Simple
그 해결책들/ 과잉 관광에 대한: 복잡한 것부터/ 단순한 것까지

② What Makes Popular Destinations Attractive to Visitors?
무엇이 만드는가/ 인기 있는 목적지들을 매력적이게/ 방문객들에게?

③ Are Tourist Attractions Winners or Losers of Overtourism?
관광 명소들이 승자들인가 또는 패자들인가/ 과잉 관광의?

④ The Seriousness of Overtourism: Much Worse than Imagined
그 심각성/ 과잉 관광의: 훨씬 더 나쁜/ 상상된 것보다

⑤ Overtourism: Not Simply a Matter of People and Places
과잉 관광: 단순하지 않은/ 한 문제인/ 사람들과 장소들의

해설

1 studied 뒤에 목적어가 없고, 본동사는 is여서 분사구(~되면서)이다. p.64

2 콤마 2개를 써서 주어(Places)-동사(are) 사이에 삽입했다.

3 to부정사(to be)의 의미상 주어로 'for+명사(a place)'를 쓸 수 있다.

4 문장 앞의 부사(However)가 주어가 아니라는 뜻으로 콤마를 썼다.

5/6 2개 이상의 콤마가 여러 개를 열거할 때도 쓴다. 마지막에 or가 나왔으므로 콤마는 or를 뜻한다.

7 when whole~many tourists는 부사절로 원래 문장의 뒤에 있어야 한다. 하지만 앞으로 나왔다는 뜻으로 콤마를 썼다.

8 문장 끝에 부가적인 설명을 하기 위해서 콤마를 썼다.

45

다음 빈칸에 들어갈 말로 가장 적절한 것을 고르시오.

The role of science can sometimes be overstated, with its supporters slipping into scientism. Scientism is the view that the scientific explanation of reality is the only truth there is. With the advance of science, there has been a tendency to slip into scientism, and believe that any real statement can be proven only if the term 'scientific' can correctly be given to it. The consequence is that non-scientific approaches to reality — and that can include all the arts, religion, and personal, emotional and opinion-based ways of encountering the world — may be considered personal, and therefore of little _____ in terms of explaining the way the world is. The philosophy of science seeks to avoid simple scientism and get a balanced view on what the scientific method can and cannot achieve.

① question
② account
③ controversy
④ variation
⑤ bias

해석

The role of science can sometimes be overstated,[1] with its
그 역할은 [과학의] 때때로 과장될 수 있다, 그것의

supporters slipping into scientism. Scientism is the view that
지지자들이 미끄러지면서/ 과학주의로. 과학주의는 그 관점이다/ 그 관점이란

the scientific explanation of reality is the only truth[2] there is.
그 과학적인 현실의 설명이/ 그 유일한 진실이라는/ 존재하는.

With the advance of science,[3] there has been a tendency to
과학의 진보와 함께/ 한 경향이 있어왔다/

slip into scientism,[4] and[5] believe that any real statement can
과학주의로 미끄러지는 (경향), 그리고 믿는 (경향)/ (~라고) 어떤 실제 진술도/

be proven only if the term 'scientific' can correctly be given
증명될 수 있다고/ 오직 (~한다면) 그 용어가 ['과학적'이라는] 정확하게 주어질 수 있다면/

to it. The consequence is that non-scientific approaches
그것에게. 그 결과는 (~라고) 비-과학적 접근들이/

to reality —[6] and that can include all the arts, religion, and
현실로 향하는 — 그리고 저것은 포함할 수 있다/ 모든 그 예술들을, 종교를, 그리고

personal, emotional and opinion-based ways of encountering
개인적이고, 감정적이고 의견-기반의 세계를 마주하는 방식들의

the world —[7] may be considered personal, and[8] therefore of
— 여겨질 것 같다고/ 개인적인 것이라고, 그리고 따라서/

little _____ in terms of explaining the way the world is. The
작은 _____일 것 같다고/ 설명하는 방식의 측면에서 그 세계가 존재하는. 그

philosophy of science seeks to avoid simple scientism and
과학의 철학은 추구한다/ 피하는 것을/ 단순한 과학주의를/ 그리고

get a balanced view on what the scientific method can and
얻는 것을/ 한 균형 잡힌 관점을/ 무엇에/ 그 무엇을 그 과학적인 방법이 달성할 수 있고

cannot achieve.
달성 수 없는지에 대한.

① question
　의문
② account
　중요
③ controversy
　논쟁
④ variation
　변화
⑤ bias
　편견

해설

1 부가설명을 덧붙이기 위한 콤마이다.

2 that이 생략됐다. p.152

3 부사구(with the advance of science)가 문장 앞으로 나왔다는 뜻으로 쓴 콤마.
4 and 앞에 써서 의미 단락을 구분하기 위한 콤마.
5 and 뒤는 동사(believe)여서 앞에서 동사(slip)를 찾고 there~to가 생략된 것을 안다. p.166
6/7 대시 2개를 써서 주어(non-scientific approaches)와 동사(may be) 사이에 삽입.
8 may be가 생략됐다.

16 주어인 관계사에 선행사가 있거나

선행사가 있는 관계사는 명사 1개 역할을 한다.

People [who give small money] aren't interested in the result.

사람들은 [그 사람들은 준다 작은 돈을] 관심이 없다/ 그 결과에.

주어가
길어져도
주어-본동사를
연결해야
해석할 수 있다.

❶ 선행사가 있으면 명사 1개 역할

주제문의 who는 선행사(people)가 있어서, who는 종속절에서 명사 1개 역할을 한다. who(주어) give(동사) small money(목적어)에서 주어 역할이다. 이 경우 종속절이 길어질 수록 aren't의 주어를 찾기 어려울 수 있다. 그래서 money까지 괄호로 묶어서 aren't의 주어가 People임을 볼 수 있어야 한다.

2등급을 위해 형용사절, 명사절

◐ '관계대명사+문장 전체'를 주절 입장에서 봤을 때 무슨 역할을 하는지에 따라 '명사절, 형용사절'로 나눈다.

◐ 선행사가 있는 관계대명사는 주절의 명사(선행사, people)를 문장 전체가 설명하는 형용사절이다. 주제문에서 주절(People aren't interested in the result)입장에서 봤을 때, who gives small money 문장 전체가 people을 설명하는 형용사 역할을 하기에 형용사절이라 한다.

◐ 선행사 없이 쓰는 관계대명사는 문장 전체가 하나의 주어나 목적어 역할[1]을 하기에 명사절이다. 다음 쪽(p.187)의 주제문에서 What's dangerous about the internet은 주절(What is its power) 입장에서 봤을 때, 하나의 주어(명사) 역할을 하기에, 명사절이다.

1 주어와 목적어는 '명사'만 쓸 수 있다.

정답

43 ①

44 ⑤

45 ②

없으면 본동사 앞까지 괄호 친다.

무료강의
rb.gy/nz4e21

선행사가 없는 관계사는 명사 2개 역할을 한다.

What['s dangerous about the internet] is its power.
무엇은 [그 무엇은 위험하다/   그 인터넷에 대해]   그것의 힘이다.

① 선행사가 없으면 명사 2개 역할

주제문에서 what은 괄호 안의 be동사('s)의 주어[1]이자, is its power의
주어이다. 이렇게 절이 문장 앞에 있으면 뒤에 나오는 is의 주어로 what
을 찾기 어려울 수 있다. 그래서 is 앞까지 괄호로 묶으면 What을 주어로
하는 What is its power를 볼 수 있다.

1 주어는 '명사'만 써야 하므
로 명사 2개 역할을 한다.

② 선행사가 없는 that은 본동사에 '~하는 것은'을 붙여 해석

That [people trust the internet] is dangerous.
저것(이 문장)은 [사람들이 신뢰하는 것은/ 그 인터넷을] 상태이다/ 위험한.

that에 선행사가 없으면 주로 명사 역할을 하지 않는다. 다만 that은 문
장 전체(people trust the internet)를 주어로 쓸 수 있게 해준다. that 이
후의 문장을 본동사(is) 앞까지 괄호로 묶는다.

2등급을 위해   동격명사절

The fact [that the internet is high-tech] is its power.
그 사실은 [그 인터넷이 상태인 것은/ 높은-기술이라는] 그것의 힘이다.

◑ spider man에서 spider와 man 둘 다 명사지만, spider가 man을 설명한다.
마찬가지로 예문에서는 that절은 명사절이지만 마치 형용사절처럼 the fact
를 설명한다. 주어(the internet)-동사(is)-보어(high-tech)로 필수 문장 성분
중에 빠진 것이 없으므로 동격명사절(p.132)이다. that에 선행사가 있어도 명
사 역할을 하지 않을 수 있다.

어휘

QR코드로 듣고 따라 말하세요. 모르는 단어는 O표시하세요.

2012~2024 (13회) 기출 어휘 분석(p.210)

단어 MP3

13회 이상 출제 단어

1 behavior [bɪˈheɪvjər] 행동, 태도

2 believable [bɪˈliːvəbl] 믿을 만한

3 benefit [ˈbenɪfɪt] 이익

4 charity [ˈtʃærəti] 자선 (단체)

5 donation [doʊˈneɪʃən] 기부

6 evidence [ˈevɪdəns] 증거

7 face [feɪs] 직면하다

8 immediately [ɪˈmiːdiətli] 즉시

9 natural [ˈnætʃrəl] 자연적인, 당연한

10 notice [ˈnoʊtɪs] 알아채다

11 particularly [pərˈtɪkjələrli] 특히

12 positive [ˈpɒzətɪv] 긍정적인

13 process [ˈprɒses] 과정, 처리하다

14 regardless of [rɪˈɡɑːrdləs] ~에 상관 없이

15 risk [rɪsk] 위험

16 technology [tekˈnɒlədʒi] 기술

17 tendency [ˈtendənsi] 경향

18 whether [ˈweðər] ~인지 아닌지, ~든 아니든

19 while [waɪl] ~하는 동안, ~하는 반면에

8회 이하 출제 단어

1 authority [əˈθɔːrəti] 권위

2 bottom [ˈbɒtəm] 바닥

3 bump [bʌmp] 돌출부

4 carrier [ˈkæriər] 운반인, 전달자

5 determine [dɪˈtɜːrmɪn] 결심하다

6 dumb [dʌm] 멍청한

7 edge [edʒ] 가장자리, 경계

8 gossip [ˈɡɒsɪp] 소문

9 high-tech [ˌhaɪˈtek] 첨단 기술

10 hill [hɪl] 언덕

11 make it [meɪk it] 해내다

12 master [ˈmæstər] 숙달하다, 주인

13 psychologist [saɪˈkɒlədʒɪst] 심리학자

14 raw [rɔː] 날 것인

15 slope [sloʊp] 경사지

16 somehow [ˈsʌmhaʊ] 어떻게든

17 unfiltered [ʌnˈfɪltərd] 여과되지 않은

18 unsure [ʌnˈʃʊr] 확신하지 않는

무료강의
rb.gy/nz4e21

영어 문장의 관계대명사 앞부터
동사 앞까지 괄호로 묶고
주어와 동사를 빈칸에 해석하시오.

관계대명사 바로 뒤부터
동사 앞까지 괄호로 묶고
주어(=관계대명사)와
동사를 빈칸에 해석하시오.

1 People who use the Internet share
news quickly.

_____ [그 사람들은 사용한다/
그 인터넷을]_____ 뉴스를 빠르게.

2 The internet that carries unfiltered
information can be risky.

_____ [그 인터넷은 나른다/ 거르지
않은 정보를]_____ 위험한.

3 People who hear gossip often believe
it easily.

_____ [그 사람들은 듣는다/ 소문을]
_____ 그것을 쉽게.

4 Information that is on the Internet is
easy to trust.

_____ [그 정보는 상태이다/ 인터넷
에 있는]_____ 믿기 쉬운.

5 Psychologists who study giving
behavior see different patterns.

_____ [그 심리학자들은 연구한다/
주는 행동을]_____ 다른 패턴들을.

6 What is sent online can become facts
immediately.

_____ [그 무엇은 상태이다/ 온라
인으로 보내진]_____ 사실로 즉시.

7 Who gives big amounts seeks
evidence of positive effects.

_____ [그 누구는 준다/ 큰 양을]
_____ 증거를/ 긍정적인 효과들의.

8 Who donates to many charities may
not check the effects.

_____ [그 누구는 기부한다/ 많은
자선단체들에]_____ 그 효과들을.

9 That the internet makes people
smarter can also make them dumber.

_____ [그 인터넷은 만든다/ 사람
들을 더 똑똑하게]_____ 그들을 더
멍청하게.

10 What makes people feel good is
donating to charities.

_____ [그 무엇은 만든다/ 사람들
을 좋게 느끼게]_____ 기부하는 중
인/ 자선단체들에.

정답은 두 쪽 뒤 하단에 있습니다.

46

다음 글의 요지로 가장 적절한 것을 고르시오.

What's dangerous about the Internet is that it has the feeling of technology around it. The feeling makes the Internet's information believable. The fact **that** information is sent in this high-tech way somehow adds authority to the information. But the Internet is just a carrier of unfiltered, unedited, raw information. It is the greatest tool we have not only for making people smarter, but also for making people dumber. Rumors published on the Internet immediately become facts. This is particularly true among people who don't use the Internet but hear a piece of news or gossip from the people around them who use the Internet.

① 신속한 정보 보급을 위해 인터넷 접근성의 개선이 요구된다.

② 인터넷은 근거 없는 소문을 유포하여 사회 불안을 조장한다.

③ 인터넷은 다양한 정보를 빠르게 제공하는 훌륭한 도구이다.

④ 인터넷은 지적 능력의 향상과 저하를 동시에 가져온다.

⑤ 인터넷은 검증되지 않은 정보를 사실처럼 믿게 만든다.

What[1]['s dangerous about the Internet is that it has the feeling
무엇이 [그 무엇은 위험하다/ 인터넷에 대해서] 상태이다/ 그것이 가지고 있다는 것이/

of technology around it. The feeling makes the Internet's
그 기술의 느낌을/ 그것 주위에, 그 느낌은 만든다 그 인터넷의

information believable. The fact [that[2] information is sent in this
정보를 믿을 수 있게. 그 사실은 [그 사실이란 정보가 전송된다는/ 이

high-tech way] somehow adds authority to the information.
첨단-기술 방식으로] 어떻게든 추가한다/ 권위를/ 그 정보에.

But the Internet is just a carrier of unfiltered, unedited, raw
그러나 인터넷은 단지 한 운반자이다/ 여과되지 않고, 편집되지 않고, 날것인

information. It is the greatest tool we have not only[3] for making
정보의. 그것은 그 가장 큰 도구이다/ 우리가 가진/ 만들기 위한 것 뿐만 아니라/

people smarter, but also for making people dumber. Rumors[4]
사람들을 더 똑똑하게, 하지만 또한 만들기 위한 것이다/ 사람들을 더 멍청하게. 소문들은

published on the Internet immediately become facts. This is
[발행된/ 인터넷에] 즉시 된다 사실들로. 이것은

particularly true among people who don't use the Internet but[5]
특히 사실이다/ 사람들 사이에서/ 그 사람들은 사용하지 않는다/ 인터넷을/ 하지만

hear a piece of news or gossip from the people around them
(그들은) 들을 지도 모른다/ 한 조각의 뉴스나 소문을/ 그 사람들로부터/ 그들 주변의/

who use the Internet.
그 사람들은 사용한다/ 인터넷을.

1 what은 명사 2개 역할을 한다. 하나는 is dangerous의 주어로, 다른 하나는 콤마 앞의 is의 주어로 쓰였다.

2 that절이 삽입됐다. 괄호로 묶어 The fact(주어) somehow adds(동사)를 볼 수 있어야 한다.

3 not only A, but also B 구문이다. 'A뿐만 아니라 B도'를 의미한다. p.196

4 뒤에 '주어+be동사'가 생략됐다고 볼 수도 있다. p.153 Rumors(주어) become(동사) 구조를 볼 수 있어야 한다.

5 not A but B 구문으로 'A가 아니라 B'를 의미한다. hear가 동사이므로 앞의 동사(use)를 찾아, but 뒤에 who가 생략된 것을 안다.

연습 p.189
정답
   1 사람들은, 공유한다   2 그 인터넷은, 상태일 수 있다   3 사람들은, 종종 믿는다
   4 정보는, 상태이다   5 심리학자들은, 본다   6 무엇은, 될 수 있다   7 누구는, 찾는다   8 누구는, 확인하지 않을 것 같다
   9 저것(이 문장)은, 또한 만들 수 있다   10 무엇은, 상태이다

47

다음 글의 밑줄 친 부분 중, 어법상 틀린 것은?

Psychologists **who** study giving behavior ① <u>have</u> noticed that some people give big amounts to one or two charities, while others give small amounts to many charities. Those **who** donate to one or two charities seek evidence about what the charity is doing and ② <u>what</u> it is really having a positive effect. If the evidence shows that the charity is really helping others, they make a big donation. Those **who** give small amounts to many charities are not so interested in whether **what** they are ③ <u>doing</u> helps others — psychologists call them warm feeling givers. Knowing **that** they are giving makes ④ <u>them</u> feel good, regardless of the effect of their donation. In many cases the donation is so small — $10 or less — that if they stopped ⑤ <u>to think</u>, they would realize that the cost of processing the donation is likely to be more than any benefit it brings to the charity.

Psychologists [who¹ study giving behavior] ① <u>have</u> noticed that
심리학자들은 [그 심리학자들은 연구한다/ 기부 행동을] 알아챘다/ (~라고)

some people give big amounts to one or two charities, while
어떤 사람들이 준다고/ 큰 금액들을/ 하나 또는 두 개의 자선 단체들에, (반면에)

others give small amounts to many charities. Those [who²
다른 이들은 주는 반면에/ 적은 금액들을/ 많은 자선 단체들에. 저들은 [그 사람들은

donate to one or two charities] seek evidence about what the
기부한다/ 하나 또는 두 개의 자선 단체들에] 찾는다/ 증거를/ 무엇에 대한/ 그 무엇을 그

charity is doing and³ ② <u>what</u> it is really having a positive effect.
자선 단체가 하고 있다/ 그리고 무엇(에 대해)/ 그 무엇을 그것이 정말로 가지는 지/ 한 긍정적인 효과를.

If the evidence shows that the charity is really helping others,
그 증거가 보여준다면/ (라고) 그 자선 단체가 정말로 돕고 있다고/ 다른 이들을,

they make a big donation. Those [who⁴ give small amounts to
그들은 만든다/ 한 큰 기부를. 저들은 [그 사람들은 준다/ 작은 금액들을/

many charities] are not so interested in whether what⁵ [they are
많은 자선 단체에] 그렇게 관심있지 않다/ (~인지 아닌지) 무엇이 [그 무엇을 그들이

③ <u>doing</u>] helps others —⁶ psychologists call them warm feeling
하고 있다/ 돕는 지 아닌 지에/ 다른 이들을 — 심리학자들은 부른다/ 그들을 따뜻한 느낌

givers. Knowing [that⁷ they are giving] makes ④ <u>them</u> feel good,
기부자들로. 아는 것은 [그들이 기부하고 있다고] 만든다/ 그들이 느끼게/ 좋게,

regardless of the effect of their donation. In many cases the
그들의 기부의 효과에 상관없이. 많은 경우들에서/ 그

donation is so small — $10 or less —⁸ that⁹ if they stopped
기부는 아주 적어서 — [$10 또는 그 이하인] — [그들이 멈춘다면]

⑤ <u>to think</u>, they would realize that the cost of processing the
생각하는 것을], 그들은 깨달을 것이다/ 그 처리하는 비용은 그

donation is likely to be more than any benefit¹⁰ it brings to the
기부를/ 더 많을 것 같다고/ 어떤 이익보다/ 그것이 가져오는/ 그

charity.
자선 단체에.

1 who~behavior가 주어 (Psychologists)-동사(have noticed) 사이에 삽입됐다.

2 who~charities가 주어 (Those)-동사(seek)사이에 삽입됐다.

3 and 뒤에 what이 나왔으므로 앞에서 what을 찾는다. Those~about이 and 다음에 생략됐다. p.166

4 who~charities가 주어 (Those)-동사(are) 사이에 삽입됐다.

5 주어(what)-동사(helps) 사이에 they are doing what이 삽입됐다.

6 문장 뒤에서 부가적으로 설명을 하기 위해서 대시를 썼다. p.177

7 주어(Knowing)-동사 (makes) 사이에 that they are giving이 삽입됐다.

8 대시 2개로 중간에 삽입했다. p.177

9 so~ that~ 구문이다. '아주 ~해서 ~한다고'로 해석한다. 이 문장에서는 so small that they would realize이다. if they stopped to think는 중간에 삽입됐다.

10 that 생략. p.152

48

다음 글의 제목으로 가장 적절한 것을 고르시오.

The key to successful risk taking is to understand that the actions you're taking should be the natural next step. One of the mistakes we often make when facing a risk situation is our tendency to focus on the end result. Skiers who are unsure of themselves often do this. They'll go to the edge of a difficult slope, look all the way down to the bottom, and determine that the slope is too hard for them to try. The ones that decide to make it change their focus by looking at what they need to do to master the first step, like getting through the first bump on the hill. Once they get there, they concentrate on the next bump, and over the course of the run, they end up at the bottom of what others thought was an impossible mountain.

① Separating the Possible from the Impossible
② Focus on the Next Step, Not the Final Result
③ Start with Ultimate Goals in Mind!
④ The Wonders of Strong Efforts
⑤ Success Through Risk Avoidance

The key to successful risk taking is to understand that the
그 열쇠는　[성공적인　위험　감수의]　이해하는 것이다/　그

actions[1] you're taking should be the natural next step. One of
행동들은 [(그 행동들을) 당신이 취하고 있다] 자연스러운 다음 단계여야 한다는 것을. 그 실수들 중

the mistakes[2] we often make when facing a risk situation is our
에 하나는 [(그 실수들을) 우리가 자주 만든다/　직면할 때/ 한 위험　상황을] 우리의

tendency to focus on the end result. Skiers [who[3] are unsure of
경향이다/　집중하려는/　그 최종 결과에. 스키타는 사람들은 [그 사람들은/ 자신이 없다/

themselves] often do this. They'll go to the edge of a difficult
그들 자신에 대해] 자주 이것을 한다. 그들은 갈 것이다/ 그 가장자리로/ 한 어려운

slope, look all the way down to the bottom, and[4] determine
경사면의, 볼 것이다/ 그 길 모두를 아래로/　그 바닥까지, 그리고 결심할 것이다/

that the slope is too hard for them to try. The ones [that[5]
그 경사지가　너무 어렵다고/　그들이 시도하기에. 그 사람들은 [그들은/

decide to make it] change their focus by looking at what they
결심한다/ 그것을 해내는 것을] 바꾼다/ 그들의 초점을/ 보는 것에 의해/ 무엇을/ 그 무엇을 그들이

need to do to master the first step, like getting through the
해야 한다/　숙달하기 위해/ 그 첫 번째 단계를,　통과하는 것처럼/　그

first bump on the hill. Once they get there, they concentrate
첫 번째 돌출부를/ 그 언덕 위의. 한번 그들이 거기에 도착하면, 그들은　집중한다

on the next bump, and over the course of the run, they end
그 다음 언덕에, 그리고　그 과정 동안/ 그 주행의, 그들은 결국

up at the bottom of what[6] [others thought] was an impossible
그 바닥에 도달한다 / 무엇의 [그 무엇을 다른 이들이 생각했다]　한　불가능한

mountain.
산이라고.

① Separating the Possible from the Impossible
분리하는 것/　가능한 것을/　그 불가능한 것으로부터

② Focus on the Next Step, Not the Final Result
집중하라/　그 다음 단계에,　최종 결과가 아니라

③ Start with Ultimate Goals in Mind!
시작하라/　궁극적인 목표들을 가지고/ 마음속에!

④ The Wonders of Strong Efforts
그 놀라움들/　강한 노력들의

⑤ Success Through Risk Avoidance
성공/　위험 회피를 통한

1/2 뒤에 that이 생략됐다.
p.152

3 주어(Skiers)-동사(often do)
구조이다. who are unsure of
themselves를 삽입.
4 뒤에 동사(determine)이 나
왔으므로, 앞의 동사(go, look)
앞에 쓴 They'll을 생략. p.166
5 주어(The ones)-동사
(change)구조이다. that
decide to make it을 삽입.

6 주어(what)-동사(was)구조이
다. (what) others thought
을 삽입.

195

17 조동사의 도치¹와

조동사/be동사²가 주어 앞으로 가는 경우

Only after struggle does the student become smart.
오직　　　　노력(을 한) 후에/　　한다　　학생들은　　　　　된다/　　똑똑하게.

해석이
어렵다면
도치되기
전의
문장으로
바꿔본다.

출제 빈도가
낮으므로
4등급 이하는
이 단원을
안 해도
좋다

⭐❶ '아니다' 느낌의 단어를 문장 앞에 쓸 때

주제문에서 원래 문장의 뒤에 있어야 할³ only after struggle을 문장 앞에 써서 강조했다. 이후에는 마치 의문문처럼 조동사(does)-주어(the student)로 문장이 이어진다.

문장 맨 앞에 부정어, 강조어를 쓰면, 이후에 조동사를 주어 앞에 써서 단어의 순서가 바뀐 것을 표시해야 한다.

부정어/강조어 종류: **only** (오직), **not** (~가 아니라), **no**(~가 아닌), **rarely** (좀처럼 ~않는), **seldom** (좀처럼 ~않는) **never** (결코 ~않는), **hardly** (거의 ~않는), **scarcely** (거의 ~않는), **neither** (~도 아니다) 등.

❷ not only~ but also~ 구문

The internet makes people not only smarter, but also dumber.
그　인터넷은　만든다/ 사람들을　더 똑똑하게할 뿐 아니라,　더 멍청하게도.

not only A, but also B는 'A뿐만 아니라, B도'를 뜻한다. not only~를 보면, 뒤에 나올 but also~를 예상해야 한다. 그리고 but은 등위접속사이므로(p.166), but과 also 사이에는 not only~의 앞부분이 생략된다. 생략된 부분을 괄호로 표시하면 but (the internet makes) also dumber이다.

1 **도치**란 의문문처럼 조동사(be동사도 포함)를 주어 앞에 쓰는 것을 말한다. 종종 조동사가 아니라 본동사를 주어 앞에 쓰는 경우도 있다. p.197
2 be동사는 조동사와 본동사 역할을 동시에 한다.
3 도치되기 전의 문장은 The student becomes smart only after struggle.

정답

46 ⑤

47 ②

48 ②

본동사의 도치

본동사가 주어 앞으로 가는 경우,

무료강의
rb.gy/nz4e21

In the 1980s came MTV.
1980년 대에 　　　　나왔다 　　MTV가.

---

❶ 목적어를 쓰지 않는 동사[1]의 부사구를 문장 앞에 쓸 때

주제문에서 도치되기 전의 문장은 MTV(주어) came(동사) in the 1980s.지만, in the 1980s를 강조하기 위해서 문장 앞에 썼다. 이 경우 도치하지 않은 문장(In the 1980s, MTV came.)도 가능하다.

[1] 1형식 문장('주어-동사' 구조)을 일컫는다.

❷ 누군가의 '말'을 인용해서 문장 앞에 쓸 때[2]

"It will take six weeks," says Dr. Ward.
"그것은　6주가 걸릴 것이다." 말했다/ 워드 박사가.

원래 문장은 Dr. Ward says "it will take six weeks"이다. 인용구를 문장 앞에 적으면서 본동사가 도치됐다. 이 경우 도치하지 않은 문장("It will take six weeks," Dr. Ward says.)도 가능하다. p.21 p.176

[2] 이런 도치는 대화체보다 문어체에 더 많이 쓴다.
말할 때, 머리속에서 문장 전체를 만든 뒤 말하는 게 아니라, 말하면서 문장을 만든다. 그런데 누군가 '말한 내용'이 먼저 생각나면 먼저 말할 수 있다.

❸ there is 관용구[3]

There is hope.
　　　희망이 있다.

'there is/are ~'은 '~이 있다'고 처음 이야기 꺼낼 때 쓰는 표현이다. 예문의 도치되기 전 문장은 Hope(주어) is(동사) there(보어)이다.

There comes a bus.
　　　버스가 온다.

come이 1형식 문장이므로, 부사인 there이 문장 맨앞으로 나오면 본동사(comes)가 도치된다.

[3] 관용구란 두 단어 이상으로 된 특정 형태의 표현이 문법에 얽매이지 않고 통상적으로 쓰는 것을 일컫는다. 숙어도 일종의 관용구이다.

어휘

6회 이상 출제 단어

1 a good deal of [ə gʊd diːl əv] 많은 양의
2 abstract ['æbstrækt] 추상적인
3 acquire [ə'kwaɪər] 획득하다
4 capacity [kə'pæsəti] 용량
5 competent ['kɒmpɪtənt] 유능한
6 competitive [kəm'petətɪv] 경쟁이 심한
7 contribute [kən'trɪbjuːt] 기여하다
8 decline [dɪ'klaɪn] 감소
9 demand [dɪ'mænd] 수요
10 developmental [dɪ,veləp'mentl] 발달과 관련된
11 essential [ɪ'senʃəl] 필수적인
12 evolution [,iːvə'luːʃən] 진화
13 genetically [dʒə'netɪkli] 유전적으로
14 hit [hɪt] 인기 작품
15 insight ['ɪnsaɪt] 통찰력
16 interaction [,ɪntər'ækʃən] 상호작용
17 keep [kiːp] 유지하다, 생활비
18 mere [mɪr] 단지
19 perspective [pər'spektɪv] 관점
20 practical ['præktɪkl] 실용적인
21 replace [rɪ'pleɪs] 대체하다
22 seemingly ['siːmɪŋli] 겉보기에
23 strategy ['strætədʒi] 전략

5회 이하 출제 단어

1 agent ['eɪdʒənt] 행위자
2 brutally ['bruːtəli] 잔인하게
3 bubble chamber ['bʌbl 'tʃeɪmbər] 입자 검출기
4 centrality [sen'træləti] 중심성
5 chamber ['tʃeɪmbər] 상자, 방
6 decency ['diːsənsi] 품위
7 decent ['diːsnt] 품위 있는
8 discipline ['dɪsəplɪn] 분야, 규율
9 DNA [,diː en 'eɪ] 유전체
10 grasp [græsp] 파악하다
11 identifiable [aɪ,dentɪ'faɪəbl] 식별 가능한
12 interplay ['ɪntərpleɪ] 상호 작용
13 intuition [,ɪntu'ɪʃən] 직관
14 mode [moʊd] 방식
15 MTV [,em tiː 'viː] 음악 방송국 이름
16 nurture ['nɜːrtʃər] 양육
17 oversimplified [,oʊvər'sɪmplɪfaɪd] 지나치게 단순화된
18 particle ['pɑːrtɪkl] 입자
19 philosophical [,fɪlə'sɒfɪkl] 철학적인
20 playlist ['pleɪlɪst] 재생 목록
21 qualify ['kwɒlɪfaɪ] 자격을 주다
22 relevance ['reləvəns] 관련성
23 tap [tæp] 이용하다, 두드리다
24 terminal ['tɜːrmɪnl] 말기의, 터미널
25 unparalleled [ʌn'pærəleld] 비할데 없는

연습

붉은 단어부터 문장을 적되,
단어의 순서를 바꿔
도치되기 전으로 만드시오.

초록 단어부터 문장을 적되,
단어의 순서를 바꿔
도치되기 전으로 만드시오.

1 Only after studying hard does the student develop insights.

_____

_____

2 Rarely do music companies understand the new rules.

_____

_____

3 Never does radio reach as many people as it once did.

_____

_____

4 Little did they know about online marketing techniques.

_____

_____

5 Hardly does reading books alone teach the skills in life well.

_____

_____

6 Here comes a new way to sell music.

_____

_____

7 There stand the future music stars.

_____

_____

8 Away fly the old marketing methods.

_____

_____

9 Back comes the importance of radio in music.

_____

_____

10 Here emerge new insights about moral development.

_____

_____

정답은 두 쪽 뒤 하단에 있습니다.

글의 흐름으로 보아, 주어진 문장이 들어가기에 가장 적절한 곳을 고르시오.

But now rock radio looks bad. And MTV doesn't show many music videos anymore.

49

Once upon a time, there was only one way to launch a hit album: RADIO. Nothing else reached as many people, as often. Getting on a radio playlist was difficult, but once a song frequently played on the radio, it sold well. Then, in the 1980s, **came MTV**, which became the second way to create a hit. (①) Its influence over a generation was unparalleled. (②) For the music companies, those were good times; it was a competitive business, but it was a business they knew. (③) They understood the rules, and they could earn their money by working them. (④) So how to market music? (⑤) Music companies know the answer lies online, using the word-of-mouth forces that are replacing traditional marketing in creating demand, but they're still trying to figure out exactly how best to do it.

5

10

15

But now rock radio looks bad. And MTV doesn't show
하지만 지금의 록 라디오는 보인다/ 나쁘게. 그리고 MTV는 보여주지 않는다/
many music videos anymore.
많은 뮤직 비디오들을/ 더 이상.

Once upon a time, there was only one way to launch a hit
옛날 옛적에, 오직 한 가지 방법만 있었다/ 출시하기 위한 한 인기
album: RADIO. Nothing else reached as many people, as
앨범을: 라디오였다. 아무것도 다른 것은 도달하지 않았다/ 그만큼 많은 사람들에게, 그렇게
often. Getting on a radio playlist was difficult, but once a
자주. 올라가는 것은 [한 라디오 재생목록에] 어려웠다, 하지만 일단 한
song frequently played on the radio, it sold well. Then, in the
노래가 자주 재생되면/ 그 라디오에서, 그것은 잘 팔렸다. 그리고 나서,
1980s, came MTV, which became the second way to create
1980년대에, 왔다/ MTV가, 그것은 되었다/ 그 두 번째 방법이/ 만들기 위한/
a hit. (①) Its influence over a generation was unparalleled.
한 인기 작품을. 그것의 영향은 [한 세대에 걸친] 비할 데 없었다.
(②) For the music companies, those were good times; it
그 음악 회사들에게, 저것들은 좋은 시절이었다; 그것은
was a competitive business, but it was a business[1] they
한 경쟁이 심한 사업이었다, 하지만 그것은 한 사업이었다/ 그들이
knew. (③) They understood the rules, and they could earn
알고 있던. 그들은 이해했다/ 그 규칙들을, 그리고 그들은 벌 수 있었다/
their money by working them. (④) So how to market music?
그들의 돈을/ 작업하는 것에 의해 그것들을. 그래서 어떻게 판매할 것인가/ 음악을?
(⑤) Music companies know[2] the answer lies online, using[3]
음악 회사들은 안다/ 그 답이 온라인에 놓여 있다는 것을, 사용하면서
the word-of-mouth forces that are replacing traditional
그 입소문의 힘들을/ 그 힘들은 대체하고 있다/ 전통적인
marketing in creating demand, but they're still trying to figure
마케팅을/ 수요를 만드는 데에, 하지만 그들은 여전히 시도하고 있다/ 알아내기
out exactly how best to[4] do it.
위해/ 정확히 어떻게 가장 잘/ 그것을 해야 하는지를.

came MTV 도치되기 전의 문장은 MTV came in the 1980s이다.

1/2 that이 생략됐다. p.152

3 콤마 뒤의 현재분사는 '~하면서'로 해석한다. p.64

4 '의문사+to부정사'로 '~해야 할지'로 해석한다. 여기서는 '어떻게 해야 할지' p.153

연습 p.199

정답

1 The student develops insights only after studying hard.

2 Music companies rarely understand the new rules.

3 Radio never reaches as many people as it once did.

4 They knew little about online marketing techniques.

5 Reading books alone hardly teaches the skills in life well.

6 A new way to sell music comes here.

7 The future music stars stand there.

8 The old marketing methods fly away.

9 The importance of radio in music comes back.

10 New insights about moral development emerge here.

50

다음 글의 주제로 가장 적절한 것을 고르시오.

Many disciplines are better learned by entering into the doing than by mere abstract study. This is often the case with the most abstract as well as the seemingly more practical disciplines. For example, within the philosophical disciplines, logic must be learned through the use of examples and actual problem solving. Only after some time and struggle **does the student** begin to develop the insights and intuitions that enable him to see the centrality and relevance of this mode of thinking. This learning by doing is essential in many of the sciences. For instance, only after a good deal of observation **do the sparks** in the bubble chamber become recognizable as the specific movements of identifiable particles.

① history of science education

② limitations of learning strategies

③ importance of learning by doing

④ effects of intuition on scientific discoveries

⑤ difference between philosophy and science

해석

Many disciplines are better learned by entering into the doing
많은 분야들은 더 잘 배워진다/ 들어가는 것에 의해/ 그 행함 안으로/

than by mere abstract study. This is often the case with
단지 추상적인 연구에 의한 것보다. 이것은 자주 그 경우이다/

the most abstract as well as the seemingly more practical
그 가장 추상적인 것들과 함께/ 그 겉보기에 더 많이 실용적인

disciplines. For example, within the philosophical disciplines,
분야들과 함께. 예를 들어, 그 철학적 분야들 안에서,

logic must be learned through the use of examples and actual
논리는 배워져야 한다/ 그 예시들의 사용을 통해/ 그리고 실제

problem solving. Only after some time and struggle does
문제 해결(을 통해). 오직 약간의 시간과 노력 후에/

the student begin to develop the insights and intuitions that
그 학생이 시작한다/ 개발하는 것을/ 그 통찰력들과 직관들을/ 그 직관들은

enable him to see the centrality and relevance of this mode
가능하게 한다/ 그가/ 보는 것을/ 그 중심성과 관련성을/ 이 사고 방식의.

of thinking. This learning by doing is essential in many of the
이 학습은 [행함에 의한] 필수적이다/ 많은 것들에서/ 그

sciences. For instance, only after a good deal of observation
과학들의. 예를 들어, 오직 많은 양의 관찰 후에/

do the sparks in the bubble chamber become recognizable as
그 불꽃들이. [그 거품 상자 안의] 되기 시작한다/ 인식 가능하게/

the specific movements of identifiable particles.
그 특정한 움직임들로서/ 식별 가능한 입자들의.

① history of science education
역사/ 과학 교육의

② limitations of learning strategies
한계들/ 전략들을 학습하는 것의

③ importance of learning by doing
학습의 중요성/ 행하는 것에 의한

④ effects of intuition on scientific discoveries
직관의 효과들/ 과학적 발견들에 대한

⑤ difference between philosophy and science
차이/ 철학과 과학 사이의

해설

does the student 문장이 Only로 시작하는 강조어구여서, 조동사(does)가 주어(the student) 앞으로 도치됐다.

do the sparks 문장이 Only로 시작하는 강조어구여서, 조동사(do)가 주어(the sparks) 앞으로 도치됐다. 본동사는 become이다.

203

51

다음 글의 주제로 가장 적절한 것은?

Human beings do not enter the world as competent moral agents. Nor does everyone leave the world in that state. But somewhere in between, most people acquire a bit of decency* that qualifies them for membership in the community of moral agents. Genes, development, and learning all contribute to the process of becoming a decent human being. The interaction between nature and nurture is, however, highly complex, and developmental biologists are only just beginning to grasp just how complex it is. Without the context provided by cells, organisms, social groups, and culture, DNA is inert**. Anyone who says that people are 'genetically programmed' to be moral has an oversimplified view of how genes work. Genes and environment interact in ways that make it nonsensical to think that the process of moral development in children, or any other developmental process, can be discussed in terms of nature versus nurture. Developmental biologists now know that it is really both, or nature through nurture. A complete scientific explanation of moral evolution and development in the human species is a very long way off.

*decency: 예의 **inert: 비활성의

① evolution of human morality from a cultural perspective

② difficulties in studying the evolutionary process of genes

③ increasing necessity of educating children as moral agents

④ nature versus nurture controversies in developmental biology

⑤ complicated gene-environment interplay in moral development

Human beings do not enter the world as competent moral
인간들은 들어오지 않는다/ 그 세상에/ 유능한 도덕적

agents. Nor does everyone leave[1] the world in that state. But
행위자들로서. 또한 모든 사람이 떠나지 않는다/ 그 세상을/ 저(도덕적인) 상태로. 하지만

somewhere in between, most people acquire a bit of decency
어딘가/ 그 사이에, 대부분의 사람들이 획득한다/ 약간의 품위를/

that qualifies them for membership in the community of moral
그 품위는 자격을 준다/ 그들에게/ 회원 자격을 위한/ 그 공동체 안의/ 도덕적

agents. Genes, development, and learning all contribute to the
행위자들의. 유전자들은, 발달은, 그리고 학습은 모두 기여한다/ 그

process of becoming a decent human being. The interaction[2]
과정에/ 한 품위 있는 인간의 존재가 되는 것의. 그 상호작용은

between nature and nurture is, however, highly complex, and
[본성과 양육 사이의], 그러나, 매우 복잡하다, 그리고

developmental biologists are only just beginning to grasp
발달과 관련된 생물학자들은 오직 단지 시작하고 있다/ 파악하는 것을/

just how complex it is. Without[3] the context provided by cells,
단지 얼마나 복잡한지를/ 그것이. 그 맥락이 없이는 [제공되는/ 세포들에 의해,

organisms, social groups, and culture, DNA is inert. Anyone
유기체들에 의해, 사회적 집단들에 의해, 그리고 문화에 의해], 유전체는 비활성된다. 누구든/

who[4] says that people are 'genetically programmed' to be
[그 누구는 말한다/ 사람들이 '유전적으로 프로그램되어 있다'고/

moral has an oversimplified view of how genes work. Genes
도덕적이 되도록] 가진다/ 한 지나치게 단순화된 관점을/ 어떻게 유전자들이 작동하는지에 대한. 유전

and environment interact in ways that make it[5] nonsensical to
자들과 환경은 상호작용한다/ 방식들 안에서/ 그 방식들은 만든다/ 그것을 무의미하게/

think that the process of moral development in children, or
생각하는 것을/ (~라고) 그 도덕적 발달의 과정이 [아이들 안에서, 또는

any other developmental process, can[6] be discussed in terms
어떤 다른 발달 과정이], 논의될 수 있다고 (측면에서)

of nature versus nurture. Developmental biologists now know
본성 대 양육의 측면에서. 발달과 관련된 생물학자들은 지금 안다

that it is really both, or nature through nurture. A complete
그것이 정말로 둘 다라는 것을, 또는 양육을 통한 본성이라는 것을. 한 완전한

scientific explanation of moral evolution and development in
과학적 설명은 [도덕적 진화와 발달의/

the human species is a very long way off.
인간 종에서] 매우 멀리 떨어져 있다.

① evolution of human morality from a cultural perspective
인간 도덕성의 진화/ 한 문화적 관점에서
② difficulties in studying the evolutionary process of genes
연구하는 데의 어려움들/ 그 진화 과정을/ 유전자들의
③ increasing necessity of educating children as moral agents
증가하는 필요성/ 아이들을 교육하는 것의/ 도덕적 행위자들로서
④ nature versus nurture controversies in developmental biology
본성 대 양육 논쟁들/ 발달 생물학 안에서
⑤ complicated gene-environment interplay in moral development
복잡한 유전자와-환경의 상호작용/ 도덕적 발달 안에서

does everyone 부정어구(Nor)로 문장이 시작해서, 조동사(does)가 주어(everyone) 앞으로 나왔다.
1 enter는 '태어나다'를 비유했고, leave는 '죽다'를 비유했다.

2 주어(The interaction)-동사(is) 사이에 전치사구(between nature and nurture)가 삽입됐다. p.108

3 Wihtout~culture가 부사구이고, 주어는 DNA이다. p.21

4 주어(Anyone)-동사(has) 사이에 who~moral이 삽입됐다. p.186

5 일종의 it~ to~ 구문으로 it은 to think that the process of moral development in children, or any other developmental process, can be discussed in terms of nature versus nurture이다. p.98
6 can의 주어는 the process of moral development이다.

❾ 실패가 두렵지 않은 이유

1 baseball [ˈbeɪsbɔːl] 야구

2 legendary [ˈledʒənderi] 전설적인

3 out of [aʊt əv] ~중에서, ~밖으로

4 at-bats [æt bæts] 타석 (야구)

5 proposal [prəˈpoʊzl] 청혼, 제안

6 feed [fiːd] 먹이다, 부양하다

7 financial [faɪˈnænʃəl] 재정적인

8 certain [ˈsɜːrtn] 확실한

9 bankruptcy [ˈbæŋkrʌptsi] 파산

10 lack [læk] 부족하다

11 no matter how [noʊ ˈmætər haʊ] 아무리 ~해도

12 discouraged [dɪsˈkɜːrɪdʒd] 낙담한

13 attitude [ˈætɪtjuːd] 태도

14 reward [rɪˈwɔːrd] 보상하다

15 deed [diːd] 행위

16 honestly [ˈɒnɪstli] 정직하게

17 area [ˈeriə] 분야

18 fair [fer] 공정한

19 short-term [ʃɔːrt tɜːrm] 단기적인

20 direction [dəˈrekʃən] 방향

21 crucial [ˈkruːʃəl] 중요한

22 conscience [ˈkɒnʃəns] 양심

23 courage [ˈkɜːrɪdʒ] 용기

24 gratitude [ˈɡrætɪtjuːd] 감사

정답

49 ④

50 ③

51 ⑤

In baseball, a player who hits .300 is strong, and one who hits over .400 is legendary. A .300 hitter is someone who gets 3 hits out of 10 at-bats. In dating, this is like a person who succeeds in 3 out of 10 proposals, and in job hunting, it's like someone whose applications pass 3 out of 10 times.

무료강의
rb.gy/nz4e21

In publishing, one book feeds the other 9. In YES24, a book that has over 20,000 points supports the other 9 books. This means 9 out of 10 books are in financial 'failures'.

4 out of 5 restaurants, which are started with high hopes, fail within 5 years. Even big companies, whose success seems certain, have a 90% chance of bankruptcy within 30 years. They don't fail because they lack effort, but because success is hard no matter how hard they try. It's like an eagle trying to swim like a fish or a sea fish suddenly placed on land — both are likely to fail no matter how hard they try.

Everyone experiences failure, from which some people learn and grow while others become discouraged and can't do anything after that. The attitude with which you face failure determines your future.

The reason I can have the attitude is, I believe in God. He watches everything, so he rewards good deeds with good results, and punishes bad deeds with bad things. So a person who lives honestly and works hard should eventually be rewarded.

If you work hard in one area but couldn't succeed, it's fair that you should succeed in other areas. So short-term failure and success aren't important. What's more important is the direction of your life, for which I think there are the three most crucial things: a clean CONSCIENCE, COURAGE to try again after failures, and GRATITUDE to God and the people around you.

에필로그

사랑했던 마음이 클수록, 이별했을 때의 고통도 크다. 마찬가지로 어떤 일을 이루기 위해 쓴 시간이 많을수록, 그 일이 실패했을 때의 고통도 크다.

나는 20년을 노력했다. 음악이 내 여자친구였다. 어려서는 음악만 잘 만들면 모든 게 잘될 줄 알았다. 부모님께서는 무슨 일을 하든 10년만 하면 먹고는 산다고 하셨는데, 음악을 20년 했지만 먹고 살 수 없었다. 친구 결혼식에도 겨우 만 원을 낼 정도였다.

이별의 느낌이란, 마치 열심히 달리던 버스가 목적지를 잃는 것 같다. 내 마음과 몸은 아직도 달리고 있는데, 달리는 의미는 사라진 것이다. 버스로 태어났기에 달려야만 하는데, 달려온 시간만큼 멈출 시간도 필요한데, 세상은 멈출 여유를 주지 않는다.

음악의 실패가 그랬다. 평생을 바쳐 만든 음악이 객관적으로 '어떻다'는 것을 깨달았다. 그렇다고 남을 위한 음악은 더 만들 수 없다. 평생 삼류로 살다가 죽는 길이었다. 음악 말고는 할 수 있는 것이 없었지만 음악에 대한 애정이 사라졌다. 20년간 슬럼프와 괴로움으로 여러 번 음악이 나를 찼지만 버텼다. 그런데 태어나서 처음으로 내가 음악을 찬 것이다.

6살부터 24살까지 하던 음악을 포기하자, 내가 잘할 수 있는 것은 아무것도 없어 보였다. 그때 든 생각은, 하나님께서 나를 만드셨다면, 내가 무슨 일을 해야 될지 나보다 더 잘 아실 것 같았다. 내가 하나님 마음에 들지 않을지라도, 보잘것 없을지도 모르겠지만, 그래도 옳게 살겠다고 하나님 말씀 지키려고 고등학교도 포기했는데, 기도하면 들어 주시지 않을까?

'제가 앞으로 무엇을 해야 될지 알려주세요.'라고 기도하고 잠들었다.

그날 꿈을 꿨다. 나는 성경 말씀을 전파하고 빵을 굽는 일을 했다. 깨어나서 아직 말씀 전파할 자신이 없다고 기도하고는 다른 꿈을 꾸었다. 컴퓨터 관련한 어떤 일을 했다. 당시 방송국 PD 관련 수업을 받고 있었기에, 컴퓨터로 PD일을 하는 것일까? 생각하고 PD 준비를 시작했다. 하지만 PD 일은 적성에 안 맞아서 하지 않았다.

지금 생각하면 음악은 아무 잘못도 없다. 음악에서 명예나 부, 경쟁, 돈, 목적 등 다른 요소에 욕심을 낸 내 잘못이다. 오랫동안 음악을 포기했지만, 2022년부터 <미래소년>으로 1년에 1-2번 피아노 곡을 내고 있다. (들어보기: rb.gy/eo!mqv)

아마도 하나님께서는 내가 평생 음악만 하기는 아깝다고 생각하신 것 같다. 20대 중반부터 영어를 전공했고, 이후에는 주어진 것들을 열심히 하다보니, 결국 영어 책을 출판하게 됐다. 책 집필은 때론 힘들지만 대개는 즐겁고, 어떻게 해도 영어가 안되는 사람들에게 도움을 줄 수 있다는 사실이 기쁘다. 현재의 직업에 매우 만족한다.

솔로몬은 이렇게 말한다: 사람이 먹고 마시며 수고하는 것보다 그의 마음을 더 기쁘게 하는 것은 없나니 내가 이것도 본즉 하나님의 손에서 나오는 것이로다 (전도서 2:24) 나는 내 직업을 하나님께서 주셨다고 생각한다. 진심으로 하나님께 감사한다.

나는 20대 때 방황했다. 내 힘과 노력만으로는 삶이 잘 안풀렸고, 내가 했던 모든 선택은 결국 좋지 않게 끝났다. 어떻게 살아야 되는지 궁금해서 많이 읽고 경험하며 나름의 정답은 찾았다. 그래서 다른 젊은이들은, 최소한 내 자식들은 덜 고생하기를 바라며 책 <TOP10 돈꿈사>도 냈었고, <기복신앙의 비밀>도 출간했다. 영어 명언을 활용한 <신호등 영작 200>도 출간했다. 이 책 <고등영어 독해비급>도, 2년 뒤에 나올 <수능영어 독해비급>도 누군가에게 큰 도움이 됐으면 좋겠다.

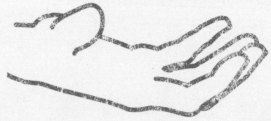

에필로그

수능 영어
단어 분석

A

a 1447
abbreviated 1
ability 27
  testability transportability
able 15
aboard 1
abolishing 1
about 154
above 17
absence 3 10단원
absent 1
absolutely 4 9,10단원
  absolute
absorb 3 11단원
  absorption
abstract 6 17단원
absurd 1
abundance 2
abundant 4
academic 3
academy 1
accelerate 4 7단원
  accelerating
accept 19
  acceptable acceptance
  accepted
access 26 6단원
  accessible
accident 1
accidental 3
  accidentally
accommodation 3
accompanied 2
accomplish 5
  accomplished
  accomplishment
according 19 2단원
account 23 15단원
  accountable accounted
  accounting
accumulate 5
  accumulated accumulation
accurate 18 12단원
  accuracy accurately
accusation 1
achievable 1
achieve 14 15단원
  achieved achievement
  achieving
acid 2 acids
acknowledge 2
  acknowledged
acoustical 2
acquire 12 17단원
  acquiring acquisition
across 23
act 35
  acted acting action
active 14 actively
activity 39
actor 7
actuality 1
actualize 1
actually 23 actual
acuity 1

ad 1
adapt 6
  adapted adapting
adaptability 1
adaptation 7
adaptive 3 adaptively
add 17 added adding
addition 12
additional 14 2단원
  additionally
address 7
  addressed addressing
adequate 4
adjunct 2
adjust 8 7단원
  adjusted adjusting
  adjustment
administrative 5
  administered administrator
admiration 1
admire 2 admired
admission 4 2단원
admittedly 1
adopt 9
  adopted adopting adoption
adrift 1
adult 24 adulthood adult
advance 10 15단원
  advanced advancing
advantage 15
advent 1
adventure 2
adverse 1
adversity 1
advertising 14 15단원
  advertisement advertiser
advice 11
  advise advised adviser
  advisory
advocacy 4
advocate 5
aerial 1
aesthetically 1
affairs 1
affect 12 11단원
  affected affecting
affection 2
affirm 1
affordable 1
afloat 1
afraid 9 1단원
Africa 10 African
after 54
afternoon 1
afterschool 1
afterward 1
again 16
against 11
age 44 aged aging
agency 2
agent 3 17단원
aggressive 1
ago 9
agree 16 1,8,9단원
  agreed agreeing agreement
agriculture 9

agricultural agriculturalist
ahead 5
AI 6
aid 7
aim 3
air 10
airborne 1
airline 1
airport 1
aisle 5 15단원
alarm 5
Alaska 2 Alaskan
album 4
alert 2 alerted 8단원
algorithm 2
alike 2
alive 2
all 143 overall
allergy 3 4단원
  allergic
alliance 1
allocate 2 allocating
allow 34
  allowed allowing
almighty 1
almost 8
alone 6
along 19
alongside 1
already 12
also 71
alter 4 altered altering
alternative 22
  alternate alternately
  alternating alternatively
although 25 1단원
altitude 1 3단원
altogether 1
always 31
am 34 I'm
amateur 1
amazing 4 4단원
  amaze amazed
Amazon 4
  Amazonia Amazonian
ambiguity 5
  ambiguous
ambitious 3 2단원
  ambition
amend 3
America 16
  American
amino 2
among 38
amongst 1
amoral 1
amount 22
amusement 2 amused
an 247
analogy 7
analyze 13
  analyzed analyzing analysis
archive 2
Arctic 1
ancestor 2
ancient 3

and 1386
anecdote 1
anger 11 angered angry
animal 36
animate 1
annoyed 3
annual 17
another 36
answer 17 answered
ant 1
antagonistic 2
anthropologist 1
anthropomorphism 2
anticipate 3
  anticipated anticipation
anxiety 11
  anxious
any 43
anymore 1
anyone 6
anything 7
anytime 1
anywhere 1
apart 2
apartment 3
apocalypse 4
apologetic 2 apologetically
apology 5 apologize
app 3
apparent 8 apparently
appeal 5
  appealed appealing
appear 18
  appearance appeared
  appearing
appetite 3
Apple 1
appliance 1
applicable 2
applicant 1
application 2
apply 9 7단원
  applied applying
appreciate 4 appreciated
appreciation 2
approach 14 5단원
  approached approaching
appropriate 5
  appropriately
approve 2 approval
approximately 3
  approximation
April 1
aquaculture 2
Arabia 2 Arabic
archaeological 1
archaeologist 1
archaeology 2
architect 7 6단원
architecture 3
  architectural

argue 15
  arguable arguably argued
  arguing argument
arise 5
arithmetic 1
arm 10 armed
around 27 2단원
arouse 1
arrange 2 arranged
arrive 10
  arrival arrived arriving
arrow 1
arsenic 1
art 46
  artist artistic artwork
article 2
artifact 3
artificial 7
  artificially artefact
as 434 3단원
ash 1
ashamed 3
Asia 2
aside 2
ask 30 asked asking
aspect 13
aspire 1
assemble 2
  assembled assembly
assertive 6
  assert assertiveness
assess 9
  assessed assessing
  assessment
assign 5 14단원
  assigned assignment
assist 7
  assistants assistant assisted
  assisting
associate 9 associated
association 2
assume 22
  assumed assuming
  assumption
astonished 1
astounding 1
asymmetry 2
at 221
ate 5
atmosphere 3
atop 1
atrium 1
attach 1
attachment 1
attack 4 attacked attacks
attain 1
attainment 1
attempt 10
  attempted attempting
attend 2 attending
attention 27 15단원
  attentional
attentive 4 attentively
attitude 6
attract 7 attracted
attraction 5 15단원
attractive 5 attractiveness

attribute 8
  attributed attributing
attribution 1
atypical 1
audience 9
audio 1
audition 8
auditorium 1
August 1
aura 3
Australia 1
authenticated 1
authenticity 1
author 9
authoritarian 1
authoritative 1
authority 3 8,16단원
auto 1
autobiography 2 10단원
  autobiographical
autocratic 1
automated 1
automatically 3
automation 1
automobile 3
availability 1
available 7 2단원
average 13
avoid 23 avoided avoiding
avoidance 6
awaiting 1 4단원
award 6 awarded
aware 11 awareness 9단원
away 19

B

baby 4
back 40
backfire 1
backspin 1
backstage 1 6단원
backstroke 1
backwards 1
backyard 1 1단원
bad 17
badge 1
badlands 1
badminton 3
bag 10
bake 1
balance 23 7,15단원
  balanced unbalance
  imbalance
balcony 1
ball 9
band 2
bandage 1
bank 1
bankrupting 1
bar 3
barbarous 1
bare 1
barely 1

210

마이클리시 책
공부 순서

단어의 뜻, 발음은
<수능영어 단어사전(3300원)>을
활용하세요.

bargaining 1
barking 1
barren 2
base 5
baseball 8
based 26　　10,15단원
basic 21
basis 4
bathtub 2 bath
batter 5
battle 8 battled
battlefield 1
Baudouin 1
bay 2　　8단원
bazaar 3　　9단원
BC 1
be 346
beach 9
bear 7
bearable 1
beast 1
beat 5 beating
beatles 1
beautiful 6
beauty 1
becak 1
became 26
because 70
become 54 becoming
bed 2
bedded 1
bee 8
been 80
Beethoven 1
before 30
beg 2 begging begged
began 16
begin 22
　　beginner beginning
begun 1
behavior 56　　14,16단원
　　behaving behavior behave
　　behaviour behavioral
　　behavioural
behind 6
being 50
beings 3
belding's 1
Belgium 2 belgian
believe 33
　　believed believing belief
bell 2
belly 1
belonging 1
below 9
belt 4
bench 4
benchmark 1
bender 1
bending 1
beneath 3
benefit 25　　16단원
　　benefiting beneficial
　　beneficiary
bering 1

beside 5 besides
besieged 1
best 35
bet 6
betray 1
better 34
between 51
beverage 1
beyond 15
bias 12 biased　　15단원
bicycle 11
Bielefeld 1
big 9
bigger 6
biggest 8
bigsmall 5
bike 11
bill 4 billed
billion 1
bin 1
bioaccumulated 1
biodiversity 4
biographical 1　　6단원
biological 25
　　biologically biology biologist
bios 1
biosphere 1
bird 6
birth 4
birthday 4
bit 6
bite 4
bitter 1
black 3
blackboard 1
blacksmith 2
blame 5 blamed　　10단원
blank 3
blessing 1
blew 2
blind 10 blindness　　5단원
block 5　　5단원
　　blocking roadblock
blood 3
Bloomfield 1
blue 6
blunt 2
blur 1
blurred 1
board 12
　　overboard skateboarding
　　surfboard aboard blackboard
　　surfboard
boat 6
bob 7
bodied 1
bodily 2
body 12
bond 5
bone 1
bonehunter 1
book 29 notebook
booking 3
boosted 1

booster 1
booth 2
border 2　　3단원
bored 11
　　bore boredom boring
born 9
borrow 6 borrowed
botanic 4 botanical
both 52
bothering 2 bothersome
bottle 5 bottled
bottom 7　　16단원
bought 2
bouncing 1
bound 6
boundary 6　　6,15단원
bounded 2
boundless 1
bow 2 bowed
bowl 1
box 5
boxing 1
boy 6
Bradley 3
brain 27
Bramante 4
branch 1
brand 12
Brazil 2 brazilian
bread 2
break 17
　　breaking broke broken
　　heartbroken
breakfast 3
breakthrough 1
breaststroke 1
breathe 6　　10단원
　　breathed breath breathing
breathtaking 1
breeding 4
brief 3
bright 6
　　brightening brightly
　　brightness
brilliance 1
bring 17 bringing
British 2
broad 7 broader
broadcasting 1
broadening 1
bronze 2
broth 1　　14단원
brother 6
brought 4
brown 2
browsed 2
brun 1
brutally 2 brutality　　17단원
bubble 1　　17단원
bucket 1
budget 1
buffet 1
bug 1
build 28

building buildings built
bulb 1
bullying 1
bump 1　　16단원
bundle 2
burden 2
buried 2
burn 3 burning
burrow 3 burrowed
burst 1
bus 15
business 18
businesslike 1
busy 3
but 224
butter 1
butterfly 7
button 2
buttoning 1
buy 5 buyer
by 265

C
cabanac 1
cabbage 11
cafeteria 1
caged 1
cake 3
calculate 5
　　calculating calculation
calendar 1　　10단원
calf 1
California 2
call 36 called calling
calm 5 calming
calory 8 caloric
Cambodia 1
came 24
camera 10
camp 11 camping
campaign 3
campsite 1
campus 3
can 178
Canada 7 canadian
canal 1
canceled 2 cancelled
cancer 2
candidate 2
canned 2
cannot 27
cansinghill 1
capability 5 capable
capacity 11　　17단원
capital 2
capitalism 3
capitalist 4
captain 1
capture 5 captured　　6단원
car 20
carbon 9　　1,9단원
card 5

care 4
career 11
careful 12 carefully
careless 1
cargo 4
Caria 1
Carl 2
carpenter 1　　13,16단원
carry 12　　13단원
　　carried carriers carrying
cart 2
carton 3
cartooning 2
cartoonist 1
cartoons 1
carve 5 carved carving
case 34
cash 1
cast 2　　7단원
castles 1
casual 1
cat 3
catalog 1
catch 6 catching
category 9　　10단원
　　categorization
catering 1
caterpillars 7
cattle 8
caught 4
Caunus 1
causal 1
causality 1
cause 29
　　caused causing caution
　　cautious
cd 1
celebrate 2 celebration
celebrity 3
Celeste 1
cell 28
celluloid 1
censored 1
cent 1
center 18
　　central centrally centrality
　　centerpiece
centerpiece 1
centralized 1　　8단원
century 19　　2,6단원
　　nineteenthcentury
　　seventeenthcentury
　　twentiethcentury
ceramic 2　　2단원
cereal 2
certain 21　　11,15단원
　　certainly certainty
Cesium 1
chain 2
challenge 33　　14단원
　　challenged challenging
chamber 1　　17단원
champion 4 championship
chance 8
change 72
　　changed changing

channel 4
chaos 3
character 22
　　characteristic
charge 18 charged charging
charisma 1
charity 14　　3,16단원
charmed 1
chart 2
chase 2 chased
chattering 1
cheap 3 cheaper cheapest
check 9
　　checked checking checklist
　　paycheck
cheek 1
cheerful 4 cheered
cheese 1
chef 1
chemical 6 chemically
cherished 1
chess 1
Chicago 4
chicken 1
chicks 1
child 45
　　childhood childish children
chill 4
China 3
chips 1
chocolate 1
choice 17
choose 9 choosing
chord 1
chose 1
chosen 2
Christianity 1
Christmas 1
Christopher 1
*chronological 7
　　chronically
chubby 1
chuck 4
church 3
cicada 3
cinema 4
circle 6
circuit 1
circular 3
　　circulating circulation
circumstance 11
　　circumstantial
citation 1
city 34 citizen
civicminded 1
civics 1
civilisation 3
claim 12
clarify 5
　　clarity clarified clarification
class 33
classic 6　　8단원
classification 10
　　classifying
classroom 6

211

Claude 1
clean 5 cleaner cleaning
clear 26　　　　3단원
　　cleared clearer clearly
clever 4 cleverness
cliché 1
click 1
client 6
cliff 2
cliffield 2
climate 13
climatic 1
climb 1
clinic 1
clip 2
clock 4
close 20
　　closed closer closest closing
closely 3
closet 1
clothes 8 clothing
club 4
clue 1
clumsier 1
cm 1
coach 3
coal 3
coast 6
coastal 1
coaster 2
coat 1
cod 1
code 7　　　　14단원
coercive 2
coevolution 1
coexistence 4 coexist
coffee 1
*cognitive 8
coin 5
coincide 3 coincidental
cold 1
collaboration 2
　　collaborative
collapse 1
colleague 3　　　10단원
collect 20　　　　1단원
　　collected collecting collection
　　collective collectively
　　collector collectivity
college 10
cologne 1
colony 7
color 17 colored colorful
combat 1
combination 4
combine 4
　　combined combining
come 37 coming
comfortable 9　　4단원
　　comfort comforted
comic 2
comma 1
commander 1
comment 7　　　5단원
　　commentary
commercial 9
　　commerce
　　commercialization
commission 1
commitment 3
committed 2
committee 1
commodity 2
common 30　　4,10단원
　　commonly
commonest 1
commonplace 1
commonsense 1 14단원
communal 2
communication 11
　　communicated
　　communicating
　　communicate
community 24
*commute 5

company 28
compare 16
　　comparable compared
　　comparing comparison
compass 1
compatibility 1
compensate 6　12단원
　　compensated compensation
competitive 39　7,17단원
　　competent competing
　　competition compete
　　competitiveness competitor
complain 5　　　3단원
　　complained complaining
complement 1
complementary 1
complete 20
　　completed completely
　　complexity
complex 35
complicated 7　　15단원
component 3
composer 3 composed
composite 2
　　compositional
comprehension 2
compromise 1
computer 12 computing
concealed 2 conceal
conceivably 1
conceive 2 conceived
concentrate 11　　9단원
　　concentrated concentration
concept 19　　　11단원
　　conception
conceptualized 1
concerned 22　　14단원
　　concern
concert 8
concise 1
conclusion 6　　　3단원
　　conclude
concrete 1
condensing 1
condition 14
conduct 9
　　conducted conductor
conference 4
confidence 2
confident 7　　　5단원
　　confidently overconfident
confining 1
confirm 4
conflict 19　　　1단원
　　conflicting
conform 7
　　conforming conformity
confront 7
　　confrontation confronted
　　confronting
confused 8
　　confuse confusing confusion
Congo 1
congratulation 3
　　congratulated
connection 15
　　connect connected
cons 2
consciousness 8
　　consciously subconsciously
consequence 20
　　　　8,12,15단원
　　consequently
conservation 4
　　conserve conserving
consider 23
　　considerable considerably
　　considered considering
consist 7 consisting
consistent 9　　3,8단원
　　consistency consistently
constantly 7　　11단원
　　constant
constitute 5 constituted
constitutional 1
construction 13
　　constructed construct
　　constructive
consulted 1

consume 26
　　consumed consumer
　　consuming consumption
　　time-consuming
contact 5
contagious 1
contain 14
　　contained container
contaminant 1
contemporary 6
content 6
contest 14
context 11
contextual 1
contingency 3
continually 1
continue 22
　　continued continuation
　　continuing continuous
　　continuously
contour 5
contract 4
contraction 1
contradict 2 contradictory
contrary 3
contrast 8
contribute 14　11,17단원
　　contributed contributing
　　contribution
control 29　　　13단원
　　controllable controlled
　　controllers controlling
controversy 3　　15단원
convenient 4
conventional 7
　　convention
converge 2
conversation 1
conversely 1
convert 4 converted
convey 8
　　conveyed conveyer
conviction 1
convincing 1
cook 5 cooked cooking
cookie 2
cool 4
cooperate 11
　　cooperating cooperation
　　cooperative
coordinate 3 coordination
cope 2
Coppola 1
copy 8 coping single-copy
copyright 19 copyrighted
coral 1
core 2
coresearcher 1
corporate 1
correct 11　　3,12단원
　　corrected correction
　　correctly correctness
correlated 2 correlation
correspondence 2
　　corresponding correspond
cost 26　　　　1단원
　　costing costly
costumery 1
cotton 2
couch 1
could 71
council 1
counselor 6
count 10
　　counting countless
　　finger-counting
counter 4
counteract 1
counterintuitive 1
counterproductive 1
country 35　　　1단원
county 4
couple 6 coupled
courage 2
course 22
court 2
cover 13　　　　3단원

covered covering
coverage 4
cow 1
cowardly 2
coworker 1
CPU 1
crab 1
cream 1
create 86
　　created creating creation
　　creative creativity creator
　　creature
credibility 2
credible 1
credit 2
creek 4
crime 2 criminal
crisis 4
criteria 2
critical 16　　　6단원
　　critic criticism criticized
critique 1
crop 9 cropping
cross 10　　　　5단원
　　crossed crossing
crosscultural 3
crosssection 1
crosswalk 1　　5단원
crowd 4
　　overcrowd overcrowded
crucial 6 crucially
crystal 1
cuckoo 2
cue 3
cuisine 1
cultivate 4 cultivated
cultural 35 culturally
culture 32
cup 1
curb 1
cure 4 cured
curious 1
current 15　　　4단원
　　currently
cushion 1
customary 1
customer 15　　13단원
customizing 1
cut 15 cutting shortcut
cute 1
cvl 1
cyberspace 1　11단원
cycle 6 cyclist

D
da 1
dad 4
daily 7
dairy 1
damage 11
　　damaged damaging
dame 2
dance 9
　　danced dancer
dancefloor 2
danger 12 dangerous
dark 6 darkening darkness
dash 2 dashed
data 14 database
date 11
dati 1
daughter 6
day 50
daylight 1
dc 3
dead 4 deadly
deadline 1
deadlock 2
deal 13 dealing
dear 1
death 6
debate 3
debt 1

decade 9　　　12단원
December 9
decent 1　　　17단원
deceptive 1
decide 39
　　decided decision
declare 1
decline 13 declining 17단원
decod 2 decoded decoding
decorated 2
decrease 18 decreased
dedicated 2
deep 18
　　deepen deeper deepest
　　deeply
deer 1
defeated 1
defect 3
defend 4
defense 3　　　3단원
　　defenseless
deficit 1
defied 1
define 17　　　12단원
　　defined defining
definitely 1　　5단원
definition 2
definitive 2 definitively
deforestation 2
degradation 1
degree 7
delay 6 delayed
delete 1
deliberately 4 deliberate
delicious 1
delighted 8
　　delight delightful
deliver 9　　　14단원
　　delivering delivery
della 2
demand 15　　　17단원
　　demanded demanding
democracy 4
　　democratic democratized
demonstrate 5
　　demonstrated
　　demonstrating
Denmark 2
dense 1
densely 1
density 4
deny 9
　　denial denied denying
department 3
departure 1
depend 12
　　dependence dependent
　　depending
depiction 3
deposit 1
depressed 5 depression
depth 3
derive 1 derived
descendant 2
descent 1
describe 21
　　described describing
　　description
desert 2 deserted
design 26
　　designed
designated 1
desire 14 desirable desired
desk 1　　　　2단원
despair 1
desperate 4 desperately
despite 4
dessert 1
destination 7　12단원
destroy 9
　　destroyed destroying
　　destruction destructive
detail 14 detailed
detect 1
deterioration 2
determine 8　　16단원

determinacy determinate
　　determined
devastated 1
develop 59
　　developed developing
　　development developmental
device 5　　　11단원
devise 4 devised
devote 4
　　devoted devotedly devotion
diabetes 1
dialect 2
dialogue 3
Diane 1
diary 6
dicken 1
dictate 2
did 44
died 4
diet 2
different 71
　　differ difference differentially
　　differentiate differently
difficult 32
　　difficulty
digestion 1
digital 9 digitalized
dilbert 1
dilemma 9　　12단원
dimension 4 dimensional
diminish 6
　　diminished diminishing
dinner 5 dining
dinosaur 1
diplomatic 1
direct 39　　　10단원
　　directed direction directive
　　directly director
dirty 1
disabled 3
　　disability disabling
disadvantage 6
disagree 4　　14단원
　　disagreeable disagreement
disappear 4 disappeared
disappointed 11
　　disappointment
disapprove 5
　　disapproving
disassociated 1
disaster 2 disastrous 7단원
discarded 1
discern 1
*discharge 5 discharging
disclosed 3 disclosure
*discipline 8
　　disciplined
disconnected 1
discount 7 discounted
discourage 5　11,13단원
　　discouraged
discover 23
　　discovered discovery
discrete 1
discuss 9
　　discussed discussing
　　discussion
disease 13
disengage 3
　　disengagement
disgusted 2　　11단원
dishonest 1
dislike 1
disorder 1
displacement 1
display 10
　　displayed displaying
disposable 2
dispose 2 disposal
dispute 1
disrupt 1
dissatisfied 1
dissimilar 3　　14단원
dissolved 1
distance 16　　12단원
　　distant
distinct 12

distinction distinctive distinctness
distinguish 5   12단원
  distinguished
distraction 4
distress 4
distribute 10
  distributed distribution
district 2   10단원
*distortion 7
disturb 4
  disturbance disturbed disturbing
dive 2 diver
diversity 20   9단원
  diversify diversified diverse
divert 2 diverting
divide 8
  divided dividing division subdivision
divisive 1
divorcing 1
DNA 2   17단원
do 211 does doing
doctor 6 doctoral
document 6 documented
dodge 1
dog 20
dollar 7
dolphin 1
domain 7
domestic 5
dominance 2
dominant 4
dominated 5
  dominating domination
donation 15   16단원
  donated donate
donato 2
done 13   5단원
donna 2
door 11
doorway 1
dotting 1
double 1
doubt 6 doubtful
down 35
download 2 downloaded
downplay 1
downpour 1
downtown 2
downturn 1
dozen 3
Dr. 4
drag 1
dramatically 4
dramatisation 1
dramatizing 1
drank 1
draw 7
drawback 2
drawing 6
drawn 4 overdrawn
dreaded 1
dream 23
  dreamer dreaming
dress 5
drew 1
dried 1
drill 2 drilled   11단원
drink 4 drinking
drive 26
  driven driver driving drove
drop 2
dry 2
dual 2
duck 1
due 7
dull 1
dumb 2   16단원
  dumber
dumpster 1
duration 11
during 29
dust 1

dvd 1
dwindling 1
dyes 1
dynamic 2
dynamo 1

E

each 68
eagerly 3
eagle 4
ear 4
early 25 earlier earliest
earn 3 earned   6단원
earth 4 earthly
easily 18 ease easier easiest
east 9 eastern eastland
easy 13
eat 28
  eaten eater eating overeat
ecofriendly 3
  ecofriendliness
ecological 6 ecology
economical 5
  economically
economy 29
  economic economics
  economy economist
ecosensitive 1
ecosystem 7   9단원
edge 3   4,16단원
editing 2
edition 5   6,12단원
editorial 1
education 17
  educational educated
  educating educator
effect 44
  effective effectively
  effectiveness
efficiency 13   1단원
  efficient efficiently
effort 20
egg 7
ego 1
Egypt 6 egyptian
Eiffel Tower 1   15단원
eight 6 eighth
eighteen 4 eighteenth
eighty 4
either 18
elaborate 4
elder 2
electability 1
election 6
electoral 1
electric 3
electrical 2 electrically
electricity 17
electronic 4
elegance 1
element 14
elementary 3
elephant 5
elevated 3
elevation 2
eleventhcentury 1
eliminate 5   9단원
  eliminated eliminating
  elimination
elite 1
else 6
elsewhere 1
elusive 2
email 9
embarrassed 3
embody 2 embodied
embrace 1
emerald 1
emerge 9
  emerged emerging
  submerged
emergency 3
emigrated 1
eminent 1

emission 10   1,8단원
emit 5 emitter emitting
emotion 30
  emotional emotionally
emphasize 4
empire 3
employ 23
  employed employee
  employer employing
  employment
empower 4   7단원
  empowered empowering
empty 4
en route 1
enable 10
  enabled enabling
enact 1
enclosure 1
encompass 1
encounter 8   12,15단원
  encountering
encourage 20   2,11단원
  encouraged encouragement
end 35   1,13단원
  ended ending
endangered 4
endeavor 1
endless 6 endlessly
endure 4
  endurance enduring
enemy 10
energy 32 energetically
engage 6 engaged engaging
engine 5
engineer 7   6단원
  engineering
English 7 England
engraved 1
enhance 11   7단원
  enhancing
enjoy 16
  enjoyable enjoying
  enjoyment
enlarged 1
enlightened 1
enormous 2
enough 12
enrolled 2 enrolling
ensue 1
ensure 11 ensured ensuring
enter 9 entered entering
*enterprise 6
entertainment 2
  entertaining
enthusiastically 2
  enthusiasm
entire 9 entirely   3단원
*entity 5
entrance 3
entry 5
envious 2
environment 46
  environmental
envision 1
envy 1
equal 11   14단원
  equality equally
equation 2
equilibrium 5
equipment 3   3단원
equivalent 1
era 3
erase 5 eraser
erosion 1
error 6
erupted 1 erupted
escalate 1
escape 3
escort 1
especially 11
essay 2
essential 23   7,17단원
  essence
establish 11   3단원
  established establishing

esteem 2
estimate 7
  estimated estimation
  overestimate
etc 2
ethical 10 ethicist   12단원
ethnic 1
ethnocentrism 4
euphemism 3
Europe 11 European
evaluated 8
  evaluating evaluation
evaporated 2 evaporation
eve 1
Evelyn 2
even 87
evening 5
event 38
eventually 12 eventual
ever 20   4단원
Everest 4 Everester   3단원
everlasting 1   1단원
every 22
everybody 1
everyday 1
everyone 8
everything 11
everywhere 2
evidence 23   16단원
evident 1
evoke 4
evolve 26   17단원
evolution
  evolutionary evolved evolve
  evolving
exactly 9 exact
exam 4
  examination examining
example 53
exceed 9
  exceeded exceeding
excel 1
excellent 1
except 7
  exceptionally exception
excess 1
excessive 3
exchange 4
  exchanging exciting
excited 18   4,11단원
  excitedly excitement
exclaimed 1
exclusively 3
excuse 1
executive 1
exemplify 2 exemplified
exercise 7 exercising
exerting 1
exhaust 4
  exhausted exhaustion
exhibit 12
  exhibited exhibiting
  exhibition
exist 18
  existed existence existing
  nonexistence
exit 1
exotic 2
expand 2 expanding
expect 22
  expectantly expectation
  expected expecting
expedition 2
expel 1
expend 1
expense 4
expensive 6
experience 46
  experienced experiencing
experiment 33
  experimental experimenter
  experimenting
expert 17
  expertise nonexpert
explain 7
  explained explaining
  explanation

explicit 4 explicitly
*exploit 5 *exploitation
exploration 2
explore 12
  explored explorer exploring
explosion 1
export 1
exposed 6 *exposition
exposure 3
express 22
  expressed expressing
  expression
extend 11
  extended extension
  extensive
extent 8
external 5
externality 1
extra 2
extracted 2
  extraction extractive
extraordinary 1
extreme 1
  extremely extremist
extrinsic 4
extrovert 7 extroverted
eye 25

F

fabrication 1
fabulous 1
face 28   9,16단원
  faced facing
facial 1
facilitate 3
  facilitating facilitator
facility 1   2단원
fact 37
factor 14   7단원
factory 5
factual 2
fade 2 faded
fail 23 failed failing failure
faint 4
fairtrade 1
faith 2 faithful
fake 3
fall 13 falling
false 3
falsify 2
fame 6 famed
familiar 8 familiarity
family 13
famous 8 famously   6단원
fan 3 fanned
fancy 1
fantasy 8
  *fantasmatic fantastic.
far 21
Faraday 3
farm 8 farmer farming
farther 1
fascinated 3
  fascinating fascination
fashion 11 fashioned
fast 24 faster fastest
fatal 3 fatally fatality   1단원
fate 2
father 2
fatigue 1
fatter 1
fault 2 faulty
favor 21
  favorable favorably favorite
  favoritism favour favoured
fear 17 feared fearful
feather 1   14단원
feature 13   13단원
February 1
fed 1
federal 1
fee 12   2단원
feed 5 feeding
feedback 1

feel 56   12단원
  feeling
feet 3
fell 4
fellow 1
felt 13
female 6
feminism 1
fence 7
fender 1
festival 6
few 35 fewer fewest
fiber 7
fiction 6 fictional
field 17
fifteen 1
fifth 1
fight 3 fighting
figure 9 figuring   10단원
file 2 filed
fill 7 filled filler filling   1단원
film 43
  filmic filming filmmaker
filter 6 filtered overfilter
finally 17 final
financial 7   9단원
find 43 finding
fine 5 finest
finger 7
  fingerprint fingertip
  finger-counting
finish 4 finished
fire 7 firefighter
firm 11 firmly
first 46
fish 34
  fishery fishermen fishing
fitness 5
fitter 1
five 13
fix 12 fixed fixing
fixate 2 fixation
flash 4 flashier flashing
flashbulb 1
flat 2 flatland
flattered 1
flavor 1
flaw 1
flea 1
flew 2
flexible 4 flexibility   9단원
flight 2 flightless
flipped 1
float 5 floated floating
flock 1   14단원
flood 1
floor 3
florence 2
Florida 1
flow 7
  flowed flowing overflow
flower 5 flowering
fluctuate 4 fluctuating
flying 6
focus 34 focused focusing
foggy 1
follow 21   1단원
  followed following
fond 1
food 45
foot 4
football 3
for 544
forbid 2   10,11단원
force 17   11단원
  forced workforce
ford 1
foregrounded 1
foreign 2 foreigner   3단원
foreseeable 1
forest 18 forested rainforest
foretell 2
forever 2

forget 11
  forgetting forgot forgotten
form 35 formed forming
format 4
formation 5
former 7   6단원
formidable 1
formula 2
formulation 1
forth 4
forthwith 1
fortunately 3 fortune
forty 1
forum 1
forward 8   4단원
  straightforward
fossil 8
fought 1
found 26
foundation 6
fountain 1
four 13 fourth
fraction 1
fragility 1
frame 4 framed
framework 2
France 3
frank 2
free 35
  freed freedom
freestyle 1
freewheeling 1
freewriting 2
freeze 1
fremont 3
French 4
frequency 4
frequently 12
fresh 2
freshman 1
freshwater 1
Friday 3
friend 41 friendly friendship
frightened 5 fright
frog 1
from 229
front 10
frontiersman 1
fruit 3 fruitful
frustrate 7   5,7단원
  frustrated frustrating
  frustration
fry 3 frying
fsharp 1
fuel 8
fulfillment 1
full 14 fully
fun 5
function 22
  functional functionality
  functionally functioned
  functioning
fund 2 nonrefundable
fundamental 11
  fundamentally
funny 7
furious 2
further 13
furthermore 5
fury 1
fuse 4
fusion 1
future 30 futuristic

G

gain 15 gained
galaxy 1
gallery 1
game 13
gap 4
garbage 2
garden 5 gardener
gas 6

gather 7 gathered gatherer
gave 8
gaze 3
GDP 1
gear 2 geared   11단원
gender 1
gene 14   13단원
geneculture 1
general 21 generally 2단원
generalization 5
generate 6 generated
generation 15
genetic 6   17단원
  genetically
genius 2
genre 1
gently 2 gentler
geography 2   11단원
Germany 7 German
gesture 4 gesturing
get 56 getting   5,13단원
giant 2
gift 2
girl 3
give 53
  given giver giving
gladly 1
glamorous 1
glance 3 glancing
glass 1
gleaming 1
glide 1
global 14 globally   1단원
globe 1
glorify 1
glorious 1
glow 1
glue 1
go 40 going
goal 14
god 2
goddess 1
goer 1
goggle 1
gold 4 golden
goldbeach 3
gone 3
good 43
goods 7
goody 1
gossip 2   16단원
got 12 gotten
gourmet 1
government 9   3단원
  governing governance
  governmental
GPS 1
grab 1   5,15단원
grade 2
gradually 4
graduating 1
graduation 1
grain 1
grained 1
grammy 2
grandest 1
grandma 9
grandmother 8
grandparents 1
grant 5 granted
graph 13
graphics 1
grasp 3   17단원
grass 3
grateful 3 gratefully 10단원
grave 1
gravel 1
gravity 4
gray 4
graze 4 grazing overgrazing
great 61
  greater greatest greatly
  greatness

greed 3 greedily
Greek 4
green 18
greenhouse 2
greet 8
  greeted greeting
grew 1
grid 1
grief 3
grip 1   15단원
grocery 1
gross 1
ground 4
group 67 grouping
grow 24
  growing grown growth
guarantee 6   4단원
  guaranteed
guard 1
guardian 3
guess 2 guessed
guest 1
guided 6 guidance guiding
guideline 4   14단원
guilt 10 guilty   14단원
guitar 4 guitarist
gulf 1
gun 1
gut 1   12단원
guy 1
gym 2   2단원
gymnastics 1

H

habit 6 habitual
habitat 8
had 121
hair 2
hairdo 1
half 7
hall 5
hallway 2
halves 1
hamlet 2
hand 38
  handed handful handle
handsome 2
handwritten 3
hang 3 hanging
happen 21
  happened happening
happenstance 1
happy 10 happier happiness
harang 1
harbored 1
hard 18 harder
hardcover 1
hardly 4
hardship 1
hardware 1
hardwired 1
harm 7 harmful harming
harmony 7 harmonized
harsh 3
Harvard 2
has 128
hat 1
hatred 1
have 260 having I've
hazard 4
he 169
head 10   4단원
  headed heading
headphones 1
heal 1
health 9 healthy
hear 23
  heard hearer hearing
heart 9 heartbroken
heat 2
heavy 10 heavily
hectare 1
height 2   3단원

heighten 1
hello 1
helmet 4
help 49
  helped helping helpless
hemisphere 1
hence 5
her 111
herd 1
here 14
hereafter 1
*heritage 6
hero 1
herself 7
hesitate 1
hey 1
hidden 5   3단원
hide 2
hierarchical 1
Higgs 1
high 73   16단원
  higher highest post-high
highly 12
hike 5 hiker   4단원
hill 5   16단원
him 56 himself
hint 3
hip 1
hire 1
his 151
history 46
  historian historic historical
  historically prehistoric
hit 14 hitting   17단원
hive 3
hold 23 holding held
hole 2
holiday 3
holland 1
hollow 1
home 20
homeostasis 2   7단원
homeroom 1
homo 1
honesty 4
honey 3
honeybee 1
hong 1
honor 3   6단원
  honored honoring
hook 1
hop 1
hope 12
  hoped hopeful
horizon 4
horn 1
horrified 1
horse 2
hospital 3
host 11   15단원
  hosted hosting
hot 3
hour 34 subhourly
house 12
  housed housing
household 4   9단원
how 98 somehow 7,16단원
however 73
hug 1
human 95   2,12단원
  humanity humankind
  nonhuman
humancentric 1
humid 2 humidity
humiliated 2 humiliation
humility 1
humor 10
  humorous humour
  nonhumorous
hundred 5
hunter 11 hunting
hurried 2
hurt 4
husband 2
hybrid 3

hydro 2
hypertext 1
hypothesis 5
I 220 I'll I'm I've
Ialysus 3

I

ice 2
icing 1
iconic 1
ictional 1
id 1
i'd 4
idea 32
ideal 5
  idealism ideally
identical 2
  identically
identification 3
identify 18   17단원
  identifying identified
  identifiable
identity 4   12단원
ideology 2
  ideological
idiom 2
idling 1
i.e. 1
if 105
ignorance 4
ignore 8
  ignored
ii 5 ii's
ill 9 illness
illegal 1
illusion 9 illusionist
illustrated 6
  illustrate illustrating
  illustration illustrative
image 25
  imagery imaginative
imagine 14
  imagination imagined
imbalance 1
imitate 7   12,13단원
  imitating
immature 1
immeasurable 1
immediate 14   16단원
  immediately
immigrant 2
immoral 4 immortality
impact 18   12,13단원
impartially 1
imperfectly 1
imperium 1
implemented 1
implication 2
imply 2 implied
important 43
  importance importantly
impossible 8
impoverished 2
impractical 5
imprecise 2 imprecisely
impression 5
  impressed impressionist
  impressive
improper 1
improve 16   1단원
  improved improvement
  improving
*improvise 7
  improvisatory improvised
  improviser
impulses 1
in 1112 within
inaccurate 2
inadequate 2
  inadequately
inappropriate 2
  inappropriately
inborn 1   11단원
incapable 2
incapacity 1
incentive 3

inch 2
incident 6 incidental
inclined 2 inclination
include 38
  included including
income 2
inconceivable 1
incorporate 3
  incorporated
incorrect 2 incorrectly
increase 45
  increased increasing
  increasingly
incredible 5   13단원
  incredibly
indeed 12
independent 3
  independently
India 4
indicate 8
  indicating indicator
indifferent 8   5단원
indirect 2
individual 58 7,9,14,15단원
  individuality individualized
Indonesia 1
indoor 1
induce 2   13단원
indulge 1
industry 13
  industrial industrialization
  preindustrial
inefficient 1   9단원
inement 1
inequality 1
inescapable 1
inevitable 5 inevitably
inexcusable 1
inexpensively 1
infant 4
infected 3
  infectious
infer 1
inference 2
inferior 4
infinite 3
infinity 1
inflame 1
inflated 1
inflow 1
influence 26   2단원
  influenced influential
informal 1
information 84
  informant informational
  informed informing
infrastructure 1
ingredient 2
inhabited 2 inhabiting
inherent 6 inherently
inherit 1
inhibits 1
initially 8 initial initiated
initiative 1
injury 3
inland 1
*innate 5
inner 2
innovation 19
  innovate innovative
  innovator
inoffensive 1
inorganic 3
input 5
inquiry 1
insect 3
insensitivity 1
insert 1
inside 5
insider 1
insight 10   13,17단원
insightful 1
inspection 1
inspiration 4
inspire 7   7단원
  inspired inspiring

morning 6
mosquito 1
most 92 mostly
mother 20
motion 2
motivate 11   5,14단원
　motivated motivation
　motivational motivator
　motive
motor 5   11단원
　motorness motorspace
mountain 6 mountaintop
mouth 14 mouthed
move 26
　moved movement
movie 19 moving
mr 4
ms 5
MTV 2   17단원
much 58
mud 1
multicourse 1
multimedia 2
multiple 13
multitasking 4 multitask
municipal 1
murder 3 murdered
muscle 17
museum 6
music 28 musical musician
must 35
*mutation 8
mutually 1   8단원
my 89
myriad 1
myself 1
mysterious 6
myth 5 mythology   13단원

N
naive 1
name 17 named
narrative 6
narrow 4
　narrowing narrowly
natal 3
nation 10 national
native 6
natural 31   16단원
　naturalist naturally
nature 36
nautical 1
navigational 4 navigate
Neanderthal 3
near 9 nearby nearly
neat 2 neatly
necessary 30   9,10단원
　necessarily necessitate
　necessity
need 65   1단원
　needed needing
negative 14   12,13단원
neglect 1
negotiation 11
　negotiated negotiating
　negotiator
neighbor 5 neighborhood
neither 4
Nepal 3
nervous 3
nest 2
Netherlands 2
network 7   9단원
neural 2
neuroimaging 1
neurological 1
neurons 1
neuroscience 1
neutral 4
neutrality 1
never 36
nevertheless 4
new 132 newly
newborn 1

newcomer 1
news 38
　newsletter newspaper
　newsstand
Newton 4
next 25
nibble 1
nice 2 nicely
night 12 overnight
nine 1
nineteenth 2
　nineteenthcentury
ninety 1
no 76
nobel 4
nobody 1
nodd 5 nodded nodding
noise 8 noisy
nomination 1
nonbreeding 2
none 30
　non nonexistence nonexpert
　nonhuman nonhumorous
　nonindigenous
　nonintellectual
　nonleguminous
　nonliterate nonmarket
　nonmember nonperishable
　nonproductive
　nonrefundable nonscientific
　nonsense nonsensical
　nonstandard nonstick
nonetheless 4
nor 7
norm 14 normal normally
north 8 northern
nose 4
nostalgically 1
not 382
notable 3 notably
note 20 notebook noted
nothing 19
notice 13   2,16단원
　noticed noticing notified
notion 7 notional
notoriously 1
notre 1
nourishment 1
novel 15   9단원
　novelization
November 10
now 43
nowhere 1
nuclear 1
number 70
　numeral numerical
　numerous
nurture 5 nurturing   17단원
nut 1
nutrient 3
nwp 4

O
obedient 1
object 33
　objectionable objection
　objective objectively
　objectivity
obliged 1
observe 25
　observable observance
　observation observed
　observing
obsessed 2 obsession
obstacles 1
obtain 7 obtained obtaining
obvious 8 obviously
occasion 4
occasional 2 occasionally
occur 26   10단원
　occurred occurrence
　occurrent occurring
ocean 5
octave 1
October 10
odd 4 oddly
oecd 2

of 1880
off 23   7단원
offense 6
　offence offended offender
　offensive
offer 21 offered offering
office 8
official 1
offspring 2
often 49
oil 2
okay 4 OK
old 29 older
Olivia 15
Olympic 2
on 335   3단원
once 23
one 199 oneself
ongoing 1
online 16
only 106
onto 9
opera 3
operate 8 operation
opinion 6
opponent 2
opportunity 15
oppose 9   10,14단원
　opposed opposing opposite
　oppositional
optical 1
optimistic 2 optimism
option 7
or 306
orange 2
orchard 1
orchestra 4
order 18
ordinary 4
organ 2
organic 7   8단원
organism 9   7단원
organization 19   4단원
　organizational
organize 9
　organised organized
orient 4 oriented
orientation 1
origin 15 original originally
orphaned 2   10단원
oscar 2
Ostrom 2
other 180
otherwise 4
otherworld 1
ought 4
our 173 ours ourselves
out 111 sellout without
outbreaks 1
outcome 12
outdated 1
outdoor 3
outgrowth 1
outlet 1
outline 2 outlined
outpace 1
output 6
outrage 2 outraged
outside 11 outsider
outspoken 1
outward 1
outweigh 1
oven 1
over 110
　overcome overcoming
　overconfident overcrowd
　overcrowded overdrawn
　overeat overeating
　overestimate overfilter
　overflow overflowing
　overgrazing overhype
　overhyping overlap
　overlooked overly overnight
　overseeing overshadowed
　oversimplified overstated
　overstructuring overtaken
　overtourism overwhelming
overall 7
overboard 1
overcome 4 overcoming
overeat 2 overeating
overestimate 2
overfilter 1
overflow 2 overflowing
overgrazing 2
overlap 2
overly 2
overwhelming 2
own 73
　owned owner ownership
oxygen 1

P
pace 2
Pacific 5
pack 10
　package packaged packaging
　packed packet
pad 8
paddle 2
page 4
paid 3
pain 4
painful 4
paint 34
　painted painter painting
pair 2
palm 2
pan 7
panel 2
panic 2 panicked
pants 1
paper 10
parade 2
paradigm 9
paradox 3 paradoxical
parallel 3
parcel 1
parents 17 parental parent
park 34 parking
parliamentary 1
parson 2
part 34 parted
partiality 1
participate 28 participant   17단원
particle 1   17단원
particular 35   14,16단원
　particularly
parting 1
partitioning 1
partner 2 partnership
party 9
pass 16
　passage passed passing
passion 5 passionate
passively 1
past 28
pasta 2
pastime 1
pasture 6 pastureland
pat 1
patch 2
patent 1
path 8 pathway   12단원
patient 5 patience   3단원
patron 2
pattern 8
pause 3   1단원
pave 1
paws 1
pay 17
　paycheck paying payment
　payoff taxpayer
pc 1
peace 4 peaceful
peach 1
peak 3   3단원
peanut 1

pearl 1
peat 2
pedal 1
pedestrian 2
peer 4
pen 6
pencil 4
penetrate 2
people 185   6단원
　salespeople
per 15
perceive 5 perceived
percentage 58 percent
perception 12
perfect 4
perform 45   5단원
　performance performed
　performing
perhaps 12
perhour 1
period 14
permanent 2
permitted 3 permission
persist 5
　persisted persistently
person 72
　personal personality
　personally personhood
　repairperson salesperson
perspective 15   17단원
persuade 3   1,3단원
　persuasive
pet 2
pets 3
phases 1
phd 2
phenomenon 13
　phenomena
philharmonic 2
philosophy 6 12,15,17단원
　philosophical philosopher
phobia 2   3단원
phone 6
photograph 34
　photo photographer
　photographic photography
phrase 2
physical 17   7,9,11단원
　physically
physics 12 physicist
*physiology 5   7단원
　physiological
piano 13 pianist
pick 8 picked picking
picnic 2   3단원
pictogram 2
picture 10   11단원
pie 1
piece 15
　timepiece centerpiece
pied 1
pile 3 piled
pillar 1
pine 1
pink 1
pinpointed 1
pioneer 3 pioneered
pirate 1
pistol 1
pitch 5 pitched
pity 1
place 60
　placed placing marketplace
　workplace
plagued 1
plain 2
plan 20
　planned planner planning
plane 1
planet 1
plant 7   8단원
plastic 2
plasticity 3
plate 1   2단원
plateau 1   3단원
platform 3

play 57
　played player playful
　playground playing
playbook 2
plaza 1
please 31   1단원
　pleasant pleased pleasurable
　pleasure
plot 2
plus 1
pm 25
pocket 1
poet 14
　poem poetic poetry
point 38
　pointed viewpoint
poison 2   4단원
　poisoning poisonous
polarised 1
policeman 3 policemen
policy 7
policymaker 1
politely 1
political 29
　politically politician politics
pollute 7   1,8단원
　polluted polluting pollution
pool 1
poor 19
　poorer poorest poorly
pope 1
popular 11
　popularity popularized
population 19
port 1
portray 3 portrait
posing 1
position 12
　positioned positioning
positive 26
possess 5 possession
possibility 8
possible 30 possibly
post 19
　posted post-high poster
posture 1
potato 1
potential 21   7,8,9단원
　potent potentiality
　potentially
pottery 5   2단원
pound 1
pounded 1
pour 4 poured pouring
poverty 1
power 35
　powerful powerfully
practice 26   12,17단원
　practical practiced practicing
Prague 4   10단원
praise 3 praised   6단원
pre 30
　prehistoric preindustrial
　preinternet prejudice
　premonitory preoccupation
　preparation preprint
　preschooler prescribe
　prescriptive preselected
　preserve presuppose
　pretending
precedent 1
precision 19
　precise precisely
preconceptions 1
predators 1
predetermined 2
predict 9
　predictable predicted
　predictor
predominate 2
　predominated
prefer 14
　preferably preferred
preference 8   9단원
　preferentially
prehistoric 2 prehistory
preindustrial 1
preinternet 1
prejudice 1

premium 1
*premonitory 5
  premonition
preoccupation 1
preparation 2
prepare 6
  prepared preparing
preprints 5
preschooler 1
prescribe 3
  prescribed prescription
prescriptive 1
preselected 1   3단원
present 42   3,5단원
  presence presentation
  presentational presented
  presently
preserve 5
  preservation preserving
president 5   3단원
press 10
  pressed pressing pressure
presumably 1
presuppose 1
pretending 1
pretty 5
prevailing 1
prevent 13   8단원
  preventing prevention
previous 14
  preview previously
prey 6
price 23
  priced priceless pricing
pride 1
priest 1
primary 5 primarily
primates 1
primitive 4
principal 4
principle 22
print 10
  preprints printed printing
prior 6
prioritise 2 prioritize
private 6
privileged 1·
prize 9
probably 19
  probable probability
problem 49 problematic
proceed 2 proceeded
process 43   12,16단원
  processed processing
  procedure
produce 39
  produced producer
  producing
product 52
  productive nonproductive
  production productivity
prof 2
professional 12 profession
professor 4   11단원
profit 10 profitable
profoundly 1
program 26
  programmed programmer
  programmer programm
  programming
progress 11   5단원
  progressed progressing
  progressive
project 14   2,13단원
  projected projection
promise 9 promised
promote 10
  promoted promoter
  promoting promotion
prompt 3
  prompted promptly
prone 1
proof 1   13단원
propaganda 1
propelled 1
proper 5 properly
property 5
*prophet 5

prophecy prophetic
proportion 4
proposed 7
  proposal proposition
pros 2
prospect 2
prosper 2 prosperity
protect 21
  protected protecting
  protection protective
Protogenes 5
protrusion 1
proudly 1
prove 6 proved
proverb 1
provide 45
  provided provider providing
province 6
provision 2
psychology 19
  psychological psychologically
  psychologist
public 38
  publication publicity
  publicize publicizing publicly
publish 8   10단원
  published publishers
  publishing
puddle 1
Pulitzer 1
pull 8 pulled pulling   3단원
punctuated 1
punish 9
  punished punishing
  punishment
puppy 1
purchase 12
  purchased purchaser
  purchasing
purely 4 purification purity
purpose 19
pursue 2
push 7 pushed pushing
put 32 putting
puzzle 1
pyramid 1

Q
QR 2
qualify 3 qualified   17단원
quality 19
quantity 5
  quantitative quantifying
queen 3
quest 1
question 18
  questionable questioned
  questioning
quickly 21 quick quicker
quiet 2
quit 1
quite 9
quo 2
quote 1

R
race 7 racing racist   5단원
racket 1
radar 1
radically 1
radio 4
rag 1
rage 1
rain 10 rainforest raining
raise 7 raised raising
rallies 1
ran 1
random 3 randomly
range 6 ranged
rank 1
rapid 4 rapidly
rare 9 rarely
rat 3
rate 14 rated

rather 30
rating 1
rational 8   7단원
  rationale rationalization
raw 1   16단원
ray 2
reach 28 reached reaching
reacting 1
reaction 6   4,11단원
reactivity 1
read 29 reader reading
readership 1
ready 13 readily   5단원
real 82   15단원
  realism realistic realist reality
  realize realized really
realm 1
rearing 1
reason 35   3단원
  reasonable reasoned
reassures 1
recall 6 recalled
receipt 1
receive 21
  received receiver receiving
recent 9 recently
receptive 1
recess 1
recipe 5
recipient 1
recognize 22   5,8단원
  recognise recognition
  recognizable recognized
  recognizing
recommend 3
  recommendation
  recommended
reconstruct 1
record 22
  recorded recording
recounting 1
recovery 12
  recover recovered
  recovering
recreation 6 recreate
recruit 2
rectangle 1
recycle 5 recycling
red 4 reddish   10단원
redistribution 1   8단원
reduce 28   11단원
  reduced reducing reduction
reef 2 reeves
Reese 1
ref 2
refer 9 reference referred
referential 1
refine 6 refined refining
reflect 17
  reflected reflecting reflection
reform 5 reforming
reframe 1
refreshment 1
refrigerator 1
refuge 1
refund 1
regained 1
regard 20   8,16단원
  regarded regarding
  regardless
region 7 regional
register 9
  registered registration
regret 3 regretful
regular 8   5단원
  regularity regularize regularly
regulation 1
  regulate
regulatory 1
rehearsal 2 rehearse
reindeer 2
reinforce 4 reinforced
reinterpreted 1
reinvented 1
reject 7   13단원
  rejected rejection
rejoiced 1

relate 16 related relating
relation 24   1,14단원
  relationship
relative 12   10단원
  relatively relativity
relax 8 relaxation relaxed
release 3
relevant 5 relevance17단원
reliable 6 reliability reliance
relieved 12 relief   15단원
religion 5 religious   8단원
relive 1
reluctance 2
rely 8
rem 1
remade 1
remain 17
  remained remaining
remark 6
  remarkable remarked
remedied 1
remember 14
  remembered remembering
remind 2
  reminded reminder
remnant 2
remote 4 remotely
remove 6 removal removed
Renaissance 1
renewable 6   2단원
  renewal renewed
renovation 1   2단원
renowned 3
rent 1
repair 12
  repairing repairperson
repay 1 repaying
repeat 9
  repeatable repeated
  repeatedly
repertoire 1
repetitive 3
replace 7   17단원
  replaced replacing
replanting 1
*replicate 6
  *replicable replicated
  replication
reply 1 replied
report 11
  reported reportedly reporter
represent 12   7단원
  representative represented
  representing
representation 19
  representational
reproduce 11
  reproduction reproductive
reputation 1
request 8   13단원
  requested
require 40
  required requirement
  requiring
rereading 1
rescue 6
  rescued rescuer rescuing
research 41
  researched researcher
resentment 2
reservation 3 reserve
resident 16 residing
resist 7 resistant resisted
resolution 1
resolve 2 resolving
resort 1   2,9단원
resource 22   9단원
  resourceful
respect 18
  respectable respected
respective 2 respectively
respondent 7
response 36   11,13단원
  respond responded
  responsive
responsibility 21
  responsible
rest 7   1단원

restage 1
restaurant 4
restore 3 restoring
restraint 1
restrict 9
  restricted restricting
  restriction
rests 1
resubmerge 1
result 58
  resulted resulting
resultant 1
retail 8
retain 3 retained retaining
retiring 2
retraining 1
retreat 2
retrospect 2
return 11   7단원
  returned returning
reunion 3 reunite
reveal 6 revealed
reverse 1
review 6
revised 2   6단원
revolution 3   11단원
revolve 1
reward 8 rewarded
rewriting 1
rich 7 richly richness
rid 2
ride 14
right 34
rigid 1
ring 2 ringing
rip 1 ripped
rise 7 rising
risk 27 risky   1,4,16단원
ritual 2
rival 3
river 6
road 10 roadblock
roast 6 roasting
robbed 2
robot 6
rock 4
rode 1
role 30 roller rolling
romantic 1
Rome 10 Roman   2단원
room 13
root 3 rooted
rose 3
rotation 2
rotting 1
rough 2
round 4 rounding
route 2
routine 5
row 3
royalty 1
Rudolf 1
ruin 1
rule 20 ruling   14단원
rumor 1
run 28
  runner running
rural 9
rush 2 rushing
Russian 1

S
sabotage 1
sacrifice 1
sad 2
safe 4 safely
safety 7
said 35
sail 1
salami 1
salary 1
sale 31   6단원

salesman salespeople
  salesperson
Salke 1
salmon 5
salt 10
same 56
sample 2 sampled
sandcastle 1
Sanjo 1
Sapiens 1
satellite 5
satisfy 10
  satisfaction satisfied
  satisfying
Saturday 6
satyr 6
Saudi 1
save 4 saving
saw 19
say 60 saying
scale 4
scan 1
scarcely 1
scared 3 scare
scarf 1
scattered 2
scenario 2
scene 2
scent 1
schedule 3 scheduled2단원
schemata 1
scheme 4 schematic
scholar 2
school 49
  preschooler schooler
science 150   15단원
  scientific nonscientific
  scientism scientist
scope 1
*score 5
scream 1
screen 4
script 2
scroll 2
scrutiny 1
sculpture 4   6단원
  sculptor sculpted
sea 12
seaport 1
search 27 searching
season 6
seat 6 seated
seaworld 3
second 23
secret 4 secretly
sector 1
secure 3
security 3
see 46 seeing overseeing
seed 8
seek 11 seeking
seem 39 seemed
seemingly 1   6,9,12,17단원
  seeming
see 18 seen
seldom 2
select 17
  preselected selected
  selection selective
self 19 selfhood
sell 12 seller selling sellout
semester 1
seminar 2
send 10 sending
senior 1
sensation 2 sensational
sense 48
  nonsense nonsensical
  sensed sensemaking sensible
  sensing sensitive sensory
sent 2
sentence 3   3단원
sentiments 3
separate 12
  separated separating
  separation

스스로 끝까지 볼 수 있는 기존에 없던 최고의 책만을 만듭니다.
수준에 맞는 책을 선택하시면 절대 후회하지 않으실 것입니다.
자세한 책 소개는 <영어 공부법 MBTI (1000원)>를 참고하세요.

수준 | **입문** 영어를 읽기 어려운 수준 | **초급** 초등학생 ~ 중학생 수준

말하기 · 쓰기

아빠표 영어 구구단
영상 강의 포함

단단 기초
영어공부 혼자하기
영상 강의 포함

6시간에 끝내는
생활영어 회화천사
<5형식/준동사>
음성 강의 포함

6시간에 끝내는
생활영어 회화천사
<전치사/접속사/
조동사/의문문>
음성 강의 포함

8문장으로 끝내는
유럽여행 영어회화
음성 강의 포함

단어
시리즈

2025 출간 예정

유레카 팝송
영어회화 200
영상 강의 포함

읽기

TOP10 영어공부
음성 강의 포함

2시간에 끝내는
한글영어 발음천사
영상 강의 포함
음성 강의 포함

원서
시리즈 2

2025 출간 예정

중학영어 독해비급
영상 강의 포함

챗GPT 영어명언
필사 200

마이클리시 책
공부 순서

소개영상, 구매
rb.gy/ixe8mw

중급 중학생 ~ 고등학생 수준　　고급 대학생 ~ 영어 전공자 수준

4시간에 끝내는
영화영작
<기본패턴>

4시간에 끝내는
영화영작
<응용패턴>

4시간에 끝내는
영화영작
<완성패턴>

모든 책에 책의 본문 전체를 읽어주는
'원어민MP3'를 담았기에,
말하기/듣기 훈련이 가능합니다.

대부분의 책에 '무료 음성 강의'나
'무료 영상 강의'를 포함하기에,
혼자서도 익힐 수 있습니다.

한 번에 여러 권을 사지 마시고,
한 권을 반복해서 2번~5번 익힌 뒤에,
다음 책을 사는 것을 추천합니다.

신호등
영작 200
풀이 영상 강의 포함

이상한 나라의 앨리스
영화 영어공부
공부법 영상 강의 포함

TOP10 연설문
음성강의 포함

2025 출간 예정

잠언 영어성경

고등영어 독해비급

수능영어 독해비급

토익파트7 독해비급

TOP10
영한대역 단편소설

책이 세상에 나오게 해주신 **여호와**께, **예수**께 감사드립니다.
요한이 대답하여 가로되 만일 하늘에서 주신 바 아니면 사람이 아무 것도 받을 수 없느니라 - 요 3:28

멋진 그림을 그려주신 **조연재** 작가님께 감사드립니다.
책의 컨셉에 영감을 준 **작가**들, **격투가**들께 감사드립니다.
독해 지문의 패러프레이징에 도움을 준 claude.ai 운영진들께 감사드립니다.
어휘 분석에 도움을 준 wordfrequency.org 운영진들께 감사드립니다.
원어민 음성 파일에 도움을 준 naturalreaders.com 운영진들께 감사드립니다.
나쁜 수능영어를 출간해 주셨던 위즈덤하우스 관계자 분들과 **임명진** 편집장님께 감사드립니다.

영어와 디자인을 가르쳐 주신 선생님들(**강수정, 권순택, 김경환, 김태형, 문영미, 박태현, 안광욱, 안지미**)께 감사드립니다.
책을 제작 해주신 재영P&B **윤상영** 이사님, 보관/배송해주시는 런닝북 **윤한식** 대표님께 감사드립니다.

이 책을 소개·판매해 주시는 교보문고(**공현철, 진기쁨**), 랜스토어(**김선희**), 북센(**송희수**), 북채널(**김동규**), 북파트(**홍정일**), 세원출판유통(**강석도**), 알라딘(**김영민**), 영풍문고(**이슬, 이현아**), 한성서적(**문재강**), YES24(**이재은**) 그리고 오프라인의 모든 MD분들께 감사드립니다.

판매에 도움을 주시는 유튜브 관계자분들, 네이버 카페, 블로그, 사전 관계자분들, **블로거분**들, 잡지사 관계자분들, 신문사 관계자분들, **팟빵** 관계자분들께 감사드립니다.

꾸준히 마이클리시 책을 구매해주시고, 응원해 주시는 독자분들께 진심으로 감사드립니다.
즐겁게 영어 공부하실 수 있도록 열심히 집필하고 무료 강의 올리겠습니다.
궁금하신 점은 010-4718-1329, iminia@naver.com 으로 연락 주세요.

고등영어 독해비급

1판 1쇄	2024년 12월 14일
지은이	Mike Hwang
발행처	Miklish
전화	010-4718-1329
홈페이지	miklish.com
e-mail	iminia@naver.com
ISBN	979-11-87158-70-7

정답표

1 ③	2 ③	3 ③	4 ⑤	5 ②	6 ③
7 ②	8 ④	9 ④	10 ①	11 ④	12 ②
13 ④	14 ③	15 ③	16 ④	17 ④	18 ①
19 ③	20 ③	21 ①	22 ⑤	23 ④	24 ②
25 ②	26 ①	27 ④	28 ⑤	29 ②	30 ④
31 ①	32 ①	33 ⑤	34 ④	35 ①	36 ①
37 ⑤	38 ①	39 ③	40 ⑤	41 ⑤	42 ③
43 ①	44 ⑤	45 ②	46 ⑤	47 ②	48 ②
49 ④	50 ③	51 ⑤			

영어 습관 만들기 이벤트!

bit.ly/4hk62hr

매일 아침 영어 카톡

문법 주제별(매월 변경) 영어명언+해석/해설을 매일 무료로 드립니다.

독해 실력 향상 및 영어 감을 유지할 수 있습니다. 또한, 영어에 대해 궁

금한 점은 실시간 질문/답변이 가능합니다. 어서 들어오세요!

bit.ly/4866xku

원하는 도서 1권 증정

마이클리시 책으로 익히는 모습을 하루 1회씩 10회 이상 올리시면 원

하시는 마이클리시 책을 드립니다. 단, 배송비 절약문고는 불가능하며,

1인당 1회만 가능합니다. 자세한 사항은 QR코드로 접속하세요.